유아교육개론

| 김이영 · 김은나 · 박경희 · 오성숙 · 이영미 · 임미혜 공저 |

Introduction of
Early Childhood Education

양 성 원

머리말

우리나라에 제도화된 유아교육으로 자리잡은 지는 100여 년의 역사를 지니고 있으며, 특히 최근 30~40년 간 일어났던 유아교육계의 변화는 참으로 크고 급격하였다고 할 수 있다. 구체적으로 여성의 경제활동 참여와 노동인력 확대의 필요성, 한국 사회의 지속적이면서도 고질적인 저출산 문제, 다문화가정의 급증과 같은 요인은 유아교육에 많은 영향을 미친 요인으로 작용하게 되었다. 이로 인해 유아교육에 대한 관점과 인식에 커다란 변화가 일어나게 되었으며, 결과적으로 유아교육의 당면 과제와 문제는 더욱 복잡하고 다양화되었으며, 유아교육에 기대하는 요구와 과제도 다양화되었다.

따라서 본 책은 유아교육학을 처음 접하거나 관심이 있는 예비유아교사들에게 유아교육에 대한 개괄적인 이해가 가능하도록 유아교육의 핵심적인 내용들을 포괄적으로 다루면서도 이해하기 쉽게 정리하여 제시하고자 하는 목적에서 시작되었다. 즉, 예비유아교사들에게 유아교육계의 변화에 대한 대응, 사회적 요구에 대한 해결책, 학문적 변화의 수용, 앞으로의 동향 등에 대해 쉽고 자세하게 전달하고자 총 10장으로 구성하였다.

본 책의 구성을 자세하게 살펴보면 다음과 같다. 1장 유아교육의 개념 및 중요성에서는 유아교육의 개념, 유아교육기관의 유형 및 유아교육의 중요성에 대해 소개하였으며, 2장 유아교육사상에서는 서양의 유아교육사상과 우리나라의 유아교육사상에 대해 기술하였다. 3장 우리나라 유아교육체제와 정책의 변천에서는 우리나라 유아교육 체제와 유아교육 정책의 변천과정에 대해 자세하게 소개하였으며, 4장 유아교육과 발달이론에서는 성숙주의 이론, 정신역동 이론, 행동주의 이론, 인지이론, 동물행동학 이론 및 생태학적 체계이론에 대해 학자들의 강조점을 기술하였다. 5장 유아교육 프로그램에서는 몬테소리 프로그램, 프로젝트 접근법, 레지오 에밀리아 접근법 및 발도르프 유아교육 프로그램에 대해 구체적인 기법과 적용의 시사점을 소개하였으며, 6장 유아교육과 놀이에서는 놀이의 개념, 놀이의 구성요소, 놀이이론, 놀이발달에 영향을 주는 요인 및 교사의 놀이지도를 기술하였다. 7장 유아교육과 부모에서는 학부모와의 관계 형성, 학부모와의 의사소통 및 부모교육에 대한 다양한 이론들을 소개하였으며, 8장 유아교육과 교사에서는 유아교직의 전문성, 유아교사의 역할과 자질, 유아교사 양성과정 및 유아교사 현직교육에 대해 기술하였다. 9장 유아교육기관의 환경에서는 환경구성의 중요성, 실내환경 공간 구성 및 실외환경 공간 구성에 대해 소개하였으며, 10장 유아교육의 주요문제에서는 유아 창의인성 교육, 유아와 전자 미디어 교육, 다문화 반편견 교육, 아동학대 예방 교육 및 4차 산업혁명시대와 유아교육에 대해 기술하였다.

유아교육이 제도화된 교육으로 이 땅에 자리를 잡은 역사는 짧지만 우리나라의 근대화 시기가 격변의 시기였던 만큼 유아교육도 정치, 사회, 문화의 영향 아래 많은 변화를 겪었다. 이러한 복잡하고 다양한 유아교육의 전후좌우 관계를 한 권의 책에 담아내기란 쉽지 않지만 가능한 한 유아교육의 모든 것을 종합하여 충실히 정리해 보고자 하였다.

유아교육 전반에 대한 방대한 내용을 짧은 시간과 한정된 지면에 표현하는 것이 무엇보다 어려운 작업이므로 마무리를 짓고 나니 아쉬운 마음이 든다. 그러나 추후 새로운 이론과 기술을 보완시켜 나가야 한다는 생각에 위안을 삼아본다.

마지막으로 본 책에 포함된 많은 내용들은 현장의 교사들의 노력이 아니었다면 완성되지 못했을 것이다. 교사를 천직으로 알고 오늘도 열심히 아이들을 위해 고생하고 계신 유아교사들에게 감사의 마음을 전하며, 촉박한 시간에도 성심껏 출판을 맡아 주신 양성원 여러분께 고마운 마음을 전하고 싶다.

2023년 2월

저자일동

차 례

Chapter 01

유아교육의 개념 및 중요성

01

Chapter

유아교육의 개념 및 중요성

배울 내용

1. 유아교육의 개념
2. 유아교육기관의 유형
3. 유아교육의 중요성

학습목표

1. 유아교육의 개념을 이해한다.
2. 유아교육기관의 유형을 파악한다.
3. 유아교육의 중요성을 이해하고 앞으로의 발전 방향을 탐색한다.

유아기는 신체 및 인지발달과 더불어 사회 · 정서발달을 위한 대부분의 틀이 완성되는 중요한 시기이다. 우리나라도 최근 급속한 사회 변화에 따라 유아교육의 중요성을 인식하고 국가적 차원에서 생애 초기 단계인 영유아기 교육 및 보육에 대한 다양한 지원 체제를 확대해 나가고 있다. 바람직한 유아교육은 궁극적으로 유아가 행복한 삶을 영위해 나갈 수 있도록 유아의 전인적 성장과 발달을 돕는 교육을 의미한다. 따라서 본 장에서는 유아교육의 기본적 이해를 위해 교육 및 유아교육의 개념, 유아교육기관의 유형 그리고 유아교육의 중요성에 대해 살펴보고자 한다.

1 유아교육의 개념

1) 교육의 개념

교육의 개념은 시대적 변화와 사회적 관점에 따라 그 강조점에서 조금씩 차이가 있다. 대표적으로 듀이(Dewey)(1916, 2008)는 그의 저서 『민주주의와 교육(Democracy and education)』에서 '교육은 곧 생활이며, 성장이다'라고 하였다. 그리고 '교육은 계속적인 경험의 재구성이며, 사회적 과정이다'라고 하였다. 이것은 곧 '교육은 환경에 개인이 적응하게 하는 습관을 획득하는 일로 정의될 수 있으며, 이러한 습관은 개인의 성향과 태도를 형성하게 한다'라고 할 수 있다. 특히, 성향은 생득적인 것이 아니라 환경과 상호작용하는 과정에서 발달하는데, 유아가 활동에 직접 참여함으로써 비로소 이루어진다. 따라서 올바른 교육은 반드시 '행함으로써 배우는(learning by doing)' 상황에서 출발하여야 한다는 것을 의미한다(김경배, 김억환, 2004).

우리나라의 교육학 사전에서는 보편적 개념으로 교육의 의미에 대해 '인간의 정신적, 신체적 성장 · 발달을 어떤 이상이나 목적, 가치기준 등에 의해 통제하거나 조력하는 일련의 인위적 과정'으로 규정하고 있다(서울대학교 교육연구소, 1994). 일반적으로 학교교육은 실제 생활에서 자연스럽게 이루어지는 비형식적 교육과는 달리, 체계적이고 의도적이며 형식적인 교육을 통해 학습자의 행동이 변화되고 발전되도록 하는 것을 목적으로 한다. 이와 유사한 맥락에서 김진영 등(2009)은 교육이란 인간이 교사의 도움을 받아 현재보다 더 바람직한 방향으로 변화하고 발전하는 과정을 의미한다고 하였다. 그리고 이러한 교육은 학교는 물론 가정이나 지역사회 어느 곳에서든지 이루어질 수 있는데, 학교에서 이루어지는 교육은 실제 생활에서 자연스럽게 이루어지는 비형식적인 교육과는 달리 체계적이고 의도적이며 형식적이라는 특징을 가지고 있다. 그 밖에 이기숙 등(2014)에 의하면, 교육은 그 대상이 누구이며 어떤 방향으로 나아가야 할 것인지에 대한 관점에 따라 그 개념이 달라질 수 있다고 주장하였다.

이러한 교육의 개념들을 종합해보면, 일반적으로 교육은 이끌어 내는 힘의 발현으로 인간의 잠재적 능력이나 소질의 신장 및 계발을 의미하는 것으로 정의할 수 있다. 그리고 진정한 의미의 교육은 인간의 행동을 변화시키기 위해 매우 계획적이고 지속적인 노력이 필요함을 알 수 있다.

2) 유아교육의 개념

우리나라의 「유아교육진흥법」 제2조에서는 유아교육의 개념에 대해 유아를 대상으로 발달특성에 적합한 교육과정을 다양한 교수방법으로 실시하는 학교교육으로 정의하고 있다. 한미라 등(2002)은 유아교육에 대해 유아의 정신적, 신체적 성장 · 발달을 도와줌으로써 유아의 잠재적 능력과 소질을 신장 및 발휘시키고 유아의 삶을 긍정적으로 변화시키는 교육으로 정의하였다. 또한 지옥정 등(2014)은 유아교육에 대해 유아가 행복한 삶을 영위할 수 있도록 교사뿐만 아니라 부모와 사회 구성원들이 가정과 사회에서 유아발달에 적합한 교육목적과 교육내용, 교육방법 등을 통해 영유아의 전인적 성장 · 발달을 이룰 수 있도록 해야 한다고 정의하였다. 이를 위해 유아교육은 유아가 신체적, 정신적으로 안정감을 형성하고, 즐겁게 활동할 수 있는 교육내용과 방법을 통해 교육해야 한다고 강조한 바 있다.

한편, 유아교육과 관련하여 유아교육과정에 대한 정의도 다양하다. 유아교육과정은 프로그램과 같은 의미로 받아들여지기도 하며, '학습의 내용과 과정, 교사의 역할 그리고 교수학습 상황에 대한 조직화된 틀'(National Association for the Education of Young Children: NAEYC, 1991)로 정의될 수 있다. 즉, 넓은 의미로는 '유아에게 가르치고 유아가 배우는 모든 것'(MaCarthy & Houston, 1980)을 의미하기도 하며, 좁은 의미로는 계획되고 조직된 학습경험의 목록'(Spodek, 1991)으로 정의될 수 있다. 이와 같이 유아교육과정은 형식적이고 비형식적인 교육을 모두 포함하는 포괄적인 개념을 의미한다.

유아교육의 연령 범위는 시대나 학자, 국가에 따라 다르게 정의되어 왔다. 현대에 이르러 많은 유아교육 전문가들과 더불어 미국의 전국유아교육협회(NAEYC)에서는 유아교육의 대상을 형식적 교육과 비형식적 교육을 모두 포함하여 출생부터 만 8세에 이르기까지의 유아로 제시하고 있다. 또한 태교의 중요성이 부각되면서(Morrison, 1998), 출생 이전의 기간도 유아교육의 대상이 되어야 한다는 인식이 더욱 확대되기도 하였다. 우리나라에서도 임재택(1993)은 유아교육의 개념을 유아교육이 가지고 있는 상호 관련성에 근거하여 '유아교육은 0~8세까지의 유아와 함께 부모를 대상으로 하는 교육으로 가정이나 유치원, 보육시설 및 초등학교 저학년에서 이루어지는 유아의 전인적 성장·발달을 위한 교육이다'라고 규정하였다.

보편적으로 유아교육은 만 6세 이전의 유아에게 실시되는 교육으로 인식되어 왔으며, 취학 전 교육, 학령 전 교육, 조기교육, 보육 등으로 혼란스럽게 사용되어 왔다. 하지만 최근 유아교육은 영유아기 교육의 중요성이 더욱 부각되면서 대상 연령의 범위가 넓어지고 있다. 또한 부모 역할 대행이나 보육 등의 신체적 보호 중심의 전통적 개념보다 전인적 성장·발달, 즉 신체·언어·인지·사회·정서발달이 균형을 이루어 조화롭게 발달하도록 돕는 교육으로 이해되고 있다.

이상과 같이 유아교육은 교육목적, 연령, 교육 장소 및 기관의 유형 등에 따라 다양하게 정의되고 있다. 더불어 전통적 관점과 달라진 현대 유아교육의 주요 변화를 종합해 보면 다음과 같다(이기숙 외, 2014; Morrison, 1998; Peters & Klinzing, 1990).

첫째, 영아에 대한 연구와 이론들이 급속하게 증가하고 있으며, 맞벌이 부부가 늘어나면서 유아교육의 연령이 점차 하향화되고 있다. 이에 따라 앞으로 가정에서의 부모와 같이 영아를 이해하고 보살필 수 있는 교사교육이 더욱 필요하다.

둘째, 아동 중심 교육과정이 강조되고 있다. 아동 중심 교육과정은 교과 중심 교육과정에 반대하여 등장하였으며, 아동의 흥미와 경험, 활동 중심으로 구성된다. 따라서 유아교육현장에서는 유아에게 발달적으로 또 개인적으로 적합한 교육이 요구되고 있다.

셋째, 유아교육은 직접적 혹은 간접적으로 유아와 그 가족에게 보다 광범위한 프로그램을 제공하고 있다. 따라서 앞으로 교사뿐만 아니라 여러 영역의 전문가나 사회사업가, 의사나 특수교육자들이 서로의 지식과 전문성을 나누고 소통하며 협조해야 할 필요가 있다.

넷째, 현대사회의 가족 구조의 변화와 가족 이동현상은 지역사회 내에 여러 문화를 초래하고 있다. 특히, 다문화가정의 증가로 유아를 위한 다문화교육의 필요성이 증가하고 있다〈그림 1-4〉. 이에 따라 다양한 인종이나 사회적 계층에 대해 이해하고 포용할 수 있는 교사교육이 필요하다.

다섯째, 유아교육의 대상이 점차 다양한 유아들을 대상으로 하고 있다. 즉, 장애유아 또는 발달적으로 지체되거나 문제가 있는 유아가 유아교육에 점점 더 통합되고 있다〈표 1-8〉. 이에 따라 장애유아 통합교육에 대한 이해를 높이고, 이들을 지도할 수 있는 교사교육이나 유아교육시설 등이 요구되고 있다.

여섯째, 유아교육의 개념에 대해 좀 더 통합적 접근법과 재개념화가 이루어지고 있다(양옥승, 2004; Goldstein, 1997, 2001). 또한 다중지능이론 및 뇌 발달연구에 대한 관심이 증가하면서 다각적인 관점에서 유아교육의 중요성이 더욱 부각되고 있다(Gardner, 1993, 2006; Kuhl, 2011; Twardosz, 2012).

일곱째, 최근 취업모의 증가 등으로 종일제 프로그램이 확산(교육과학기술부 유아교육지원과, 2009; 김정원, 김유정, 2006)되고 있다. 이에 보육시설이 보편화됨에 따라 신체의 보호만을 위한 유아교육의 개념에 머물지 않고, 통합적이고 포괄적인 유아교육 프로그램이 지향되고 있다. 따라서 교육(education)과 보육(care)을 이원화하기보다는 통합적 유아교육으로의 인식 전환이 필요하다.

이에 우리나라는 유치원 교육과정과 어린이집 표준교육과정을 공통과정으로 일원화하기 위해 2013년부터 만 3~5세 누리과정을 도입하여 유아교육현장에 적용하고 있으며, 2019 개정 누리과정에서는 유아중심, 놀이중심 및 교사의 자율성 강화를 기본방향으로 개정되어 운영하고 있다. 이러한 누리과정(교육과학기술부, 2012)에서는 유아교육기관에서의 주제에 대한 통합뿐만 아니라 신체운동 및 건강, 의사소통, 사회관계, 예술경험, 자연탐구의 5개 영역의 내용이 균형 있게 통합적으로 이루어질 것을 권장하고 있다.

2 유아교육기관의 유형

유아교육기관의 유형은 각 나라마다 차이가 있으며, 학자들마다 유형을 서로 다르게 구분하고 있다. 일반적으로 유아교육기관은 크게 유치원과 보육시설로 구분되는데, 우리나라의 경우 만 3세부터 초등학교 취학 전까지의 유아를 담당하는 유치원과 6세 미만의 영유아를 담당하는 어린이집으로 나눌 수 있다.

1) 유치원

유치원은 설립 유형에 따라 국·공립유치원과 사립유치원으로 구분된다. 국·공립유치원은 단독 건물에서 단설유치원으로 운영되거나 초등학교 내의 병설유치원으로 운영되기도 한다. 그리고 사립유치원은 부분 법인이나 개인에 의해 설립되어 운영되고 있다〈표 1-1〉, 〈표 1-5〉. 그리고 〈표 1-2〉, 〈표 1-3〉, 〈표 1-4〉, 〈표 1-7〉에서 보는 것과 같이 2021년 우리나라의 유치원 수는 8,660개소였으며, 원아 수는 58만 5,572명, 유치원에 근무하고 있는 교원 수는 5만 2,503명으로 나타났다. 한편, 우리나라 유치원은 운영시간에 따라 기본 교육과정으로 1일 3시간에서 5시간 미만 운영되는 반일제, 1일 5시간 이상 8시간 미만 운영되는 시간연장제, 1일 8시간 이상 방과 후 과정으로 운영되는 종일제 유치원으로 구분될 수 있다.

표 1-1 설립 유형에 따른 유치원 분류

구분	분류
국 · 공립유치원	국립유치원
	공립유치원(단설유치원, 병설유치원)
사립유치원	법인(학교법인, 재단법인, 사단법인, 사회복지법인)
	종교단체(기독교, 천주교, 불교, 기타 종교단체)
	개인
	군부대 및 기타

표 1-2 설립유형별 유치원 및 어린이집 수(2021) (단위: 개원, 개소(%))

구분	유치원				어린이집							
	계	국립	공립	사립	계	국공립	사회복지법인	법인단체 등	민간	가정	협동	직장
전체	8,660 (100.0)	3 (0.0)	5,058 (58.4)	3,599 (41.55)	33,246 (100.0)	5,437 (16.4)	1,285 (3.9)	640 (1.9)	10,603 (31.9)	13,891 (41.8)	142 (0.4)	1,248 (3.8)
대도시					12,022	2,764	340	181	3,563	4,547	56	571
중소도시					14,486	1,690	262	161	4,527	7,354	61	431
농어촌					6,738	983	683	298	2,513	1,990	25	246

자료: 1) 한국교육개발원(2021). 교육통계연보.
2) 보건복지부(2021). 보육통계(2021년 12월말 기준).
출처: 1) 한국교육개발원 교육통계서비스. http://kess.kedi.re.kr/index. 2022. 3. 31. 인출.
2) 보건복지부 홈페이지. www.mohw.go.kr. 2022. 4. 25. 인출.

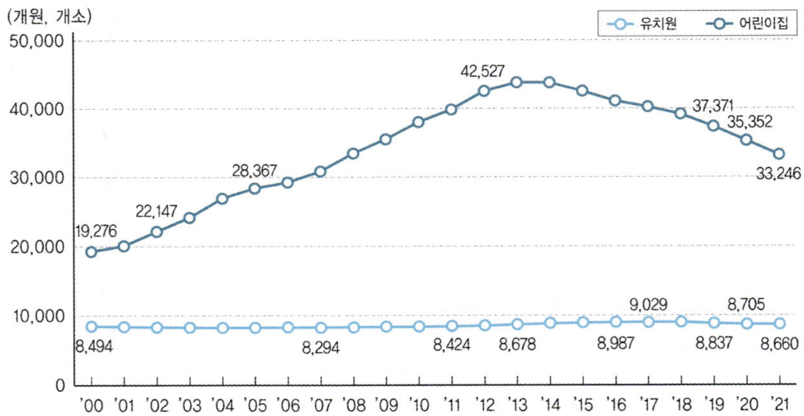

그림 1-1 유치원 및 어린이집 기관 수 추이(2000~2021)

자료: 1) 한국교육개발원(2021). 교육통계연보.
2) 보건복지부(2021). 보육통계(2021년 12월말 기준).
출처: 1) 한국교육개발원 교육통계서비스. http://kess.kedi.re.kr/index. 2022. 3. 8. 인출.
2) 보건복지부 홈페이지. www.mohw.go.kr. 2022. 4. 25 인출.

표 1-3 연도별 유치원 및 어린이집 수(2000~2021) (단위: 개소)

연도	유치원				어린이집							
	계	국립	공립	사립	계	국·공립	사회복지법인	법인 단체 등	민간	가정	협동	직장
2000	8,494	3	4,173	4,318	19,276	1,295	2,010	324	8,970	6,473	미분류	204
2001	8,407	3	4,207	4,197	20,097	1,306	1,991	313	9,490	6,801	미분류	196
2002	8,343	3	4,237	4,103	22,147	1,330	1,633	575	10,471	7,939	미분류	199
2003	8,292	3	4,281	4,008	24,142	1,329	1,632	787	11,225	8,933	미분류	236
2004	8,246	3	4,325	3,918	26,903	1,349	1,537	966	12,225	10,583	미분류	243
2005	8,275	3	4,409	3,863	28,367	1,473	1,495	979	12,769	11,346	42	263
2006	8,290	3	4,457	3,830	29,233	1,643	1,475	1,066	12,864	11,828	59	298
2007	8,294	3	4,445	3,846	30,856	1,748	1,460	1,002	13,081	13,184	61	320
2008	8,344	3	4,480	3,861	33,499	1,826	1,458	969	13,306	15,525	65	350
2009	8,373	3	4,490	3,880	35,550	1,917	1,470	935	13,433	17,359	66	370
2010	8,388	3	4,498	3,887	38,021	2,034	1,468	888	13,789	19,367	74	401
2011	8,424	3	4,499	3,922	39,842	2,116	1,462	870	14,134	20,722	89	449
2012	8,538	3	4,522	4,013	42,527	2,203	1,444	869	14,440	22,935	113	523
2013	8,678	3	4,574	4,101	43,770	2,332	1,439	868	14,751	23,632	129	619
2014	8,826	3	4,616	4,207	43,742	2,489	1,420	852	14,822	23,318	149	692
2015	8,930	3	4,675	4,252	42,517	2,629	1,414	834	14,626	22,074	155	785
2016	8,987	3	4,693	4,291	41,084	2,859	1,402	804	14,316	20,598	157	948
2017	9,029	3	4,744	4,282	40,238	3,157	1,392	771	14,045	19,656	164	1,053
2018	9,021	3	4,798	4,220	39,171	3,602	1,377	748	13,518	18,651	164	1,111
2019	8,837	3	4,856	3,978	37,371	4,324	1,343	707	12,568	17,117	159	1,153
2020	8,705	3	4,973	3,729	35,352	4,958	1,316	671	11,510	15,529	152	1,216
2021	8,660	3	5,058	3,599	33,246	5,437	1,285	640	10,603	13,891	142	1,248

자료: 1) 한국교육개발원(2021). 교육통계연보.
2) 보건복지부(2021). 보육통계(2021년 12월말 기준).

출처: 1) 한국교육개발원 교육통계서비스. http://kess.kedi.re.kr/index. 2022. 3. 31. 인출.
2) 보건복지부 홈페이지. www.mohw.go.kr. 2022. 4. 25. 인출.

표 1-4 연도별 유치원 및 어린이집 영유아 수(2000~2021)

(단위: 명)

연도	유치원				어린이집							
	계	국립	공립	사립	계	국·공립	사회복지 법인	법인 단체 등	민간	가정	협동	직장
2000	545,263	272	121,936	423,055	686,000	99,666	157,993	15,949	336,625	67,960	미분류	7,807
2001	545,142	263	122,152	422,727	734,192	102,118	161,419	16,483	369,044	77,247	미분류	7,881
2002	550,256	267	119,301	430,688	800,991	103,351	142,035	30,289	425,647	90,939	미분류	8,730
2003	546,563	269	120,592	425,702	858,345	103,474	140,994	37,911	461,640	103,935	미분류	10,391
2004	541,713	268	123,638	417,807	930,252	107,335	135,531	48,414	507,398	119,787	미분류	11,787
2005	541,603	253	124,030	417,320	989,390	111,911	125,820	56,374	552,360	129,007	933	12,985
2006	545,812	253	121,071	424,488	1,040,361	114,657	120,551	58,808	582,329	148,240	1,238	14,538
2007	541,550	261	118,161	423,128	1,099,933	119,141	118,211	55,906	612,484	177,623	1,444	15,124
2008	537,822	249	118,879	418,694	1,135,502	123,405	113,894	53,818	615,647	210,438	1,491	16,809
2009	537,361	231	125,305	411,825	1,175,049	129,656	112,338	52,718	623,045	236,843	1,655	18,794
2010	538,587	236	126,341	412,010	1,279,910	137,604	114,054	51,126	671,891	281,436	1,898	21,901
2011	564,834	240	125,855	438,739	1,348,729	143,035	112,688	50,676	706,647	308,410	2,286	24,987
2012	613,749	226	127,121	486,402	1,487,361	149,677	113,049	51,914	768,256	371,671	2,913	29,881
2013	658,188	225	141,827	516,136	1,486,980	154,465	108,834	51,684	770,179	364,113	3,226	34,479
2014	652,546	258	148,011	504,277	1,496,671	159,241	104,552	49,175	775,414	365,250	3,774	39,265
2015	682,553	256	161,083	521,214	1,452,813	165,743	99,715	46,858	747,598	344,007	4,127	44,765
2016	704,138	258	170,091	533,789	1,451,215	175,929	99,113	45,374	745,663	328,594	4,240	52,302
2017	694,631	249	172,272	522,110	1,450,243	186,916	96,794	43,404	738,559	321,608	4,508	58,454
2018	675,998	249	172,121	503,628	1,415,742	200,783	92,787	41,298	711,209	302,674	4,360	62,631
2019	633,913	275	177,055	456,583	1,365,085	232,123	86,775	38,538	664,106	273,399	4,121	66,023
2020	612,538	273	178,628	433,637	1,244,396	253,251	78,322	34,066	578,196	230,444	3,716	66,401
2021	585,572	264	177,097	405,211	1,184,716	268,967	72,085	30,998	535,428	208,842	3,465	64,931

자료: 1) 한국교육개발원(2021). 교육통계연보.
2) 보건복지부(2021). 보육통계(2021년 12월말 기준).
출처: 1) 한국교육개발원 교육통계서비스. http://kess.kedi.re.kr/index. 2022. 3. 31. 인출.
2) 보건복지부 홈페이지. www.mohw.go.kr. 2022. 4. 25. 인출.

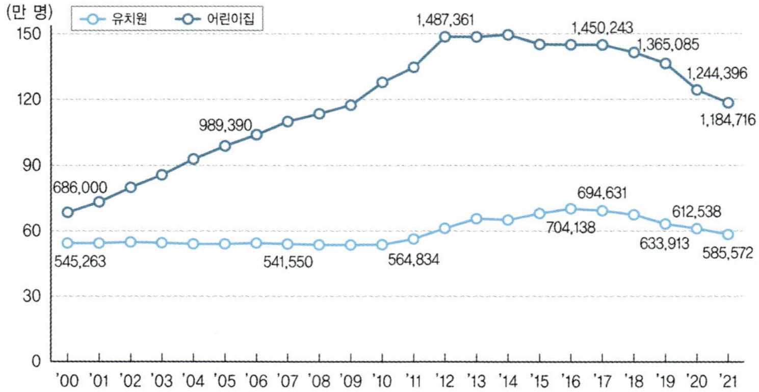

그림 1-2 유치원 및 어린이집 영유아 수 추이(2000~2021)

자료: 1) 한국교육개발원(2021). 교육통계연보.
2) 보건복지부(2021). 보육통계(2021년 12월말 기준).
출처: 1) 한국교육개발원 교육통계서비스. http://kess.kedi.re.kr/index. 2022. 7. 8. 인출.
2) 보건복지부 홈페이지. www.mohw.go.kr. 2022. 4. 25. 인출.

표 1-5 설립유형별·연령별 유치원 취원율(2008~2021) (단위: %)

연도	계	설립유형		연령		
		국·공립	사립	3세	4세	5세
2008	36.8	8.2	28.7	21.1	37.4	51.4
2009	38.4	9.0	29.4	23.1	39.2	51.1
2010	39.7	9.3	30.4	24.9	41.7	51.9
2011	41.0	9.2	31.9	27.2	43.9	53.8
2012	43.5	9.0	34.5	28.1	46.5	56.3
2013	46.7	10.1	36.6	32.1	50.0	56.1
2014	47.0	10.7	36.4	33.1	51.0	57.3
2015	48.9	11.6	37.4	36.2	52.7	58.4
2016	49.0	11.8	37.1	35.8	53.2	58.4
2017	49.4	12.3	37.1	36.6	52.4	58.2
2018	49.3	12.6	36.8	37.3	52.6	57.3
2019	47.8	13.4	34.4	35.9	51.0	56.5
2020	47.2	13.8	33.4	36.5	49.7	54.9
2021	52.6	16.0	36.6	40.1	57.1	58.6

주: 1) 유치원 취원율=(취원아 수/취원대상아 수)×100 2) 6세 이상 과연령은 5세에 포함함.
3) 유치원 취원율의 취원대상아수는 교육통계 조사 시점 한해 전의 주민등록인구통계-만 3, 4, 5세 합을 이용하고 있어 〈표 2-5〉의 유치원 이용 비율과 차이가 있음.
자료: 1) 한국교육개발원(각년도). 교육통계서비스.
2) 행정안전부(각년도). 주민등록 인구통계: 만 3~5세(12월 31일 기준).
출처: 1) 한국교육개발원 교육통계서비스. http://kess.kedi.re.kr/index. 2022. 6. 7. 인출.
2) 행정안전부 홈페이지. http://27.101.213.4/#. 2022. 6. 7. 인출.

표 1-6 설립유형별·연령별 어린이집 이용률(2008~2021)

(단위: %)

연도	계	설립유형							연령					
		국·공립	사회복지법인	법인·단체	민간	가정	협동	직장	0세	1세	2세	3세	4세	5세
2008	34.6	3.8	3.5	1.6	18.8	6.4	0.0	0.5	10.6	35.9	55.8	48.5	39.1	35.4
2009	36.4	4.0	3.5	1.6	19.3	7.3	0.1	0.6	12.1	40.4	59.9	52.4	41.0	30.9
2010	39.9	4.3	3.6	1.6	20.9	8.8	0.1	0.7	14.0	49.3	67.2	54.3	41.5	31.5
2011	42.0	4.5	3.5	1.6	22.0	9.6	0.1	0.8	15.9	56.1	73.5	55.0	40.8	31.5
2012	45.6	4.6	3.5	1.6	23.5	11.4	0.1	0.9	19.0	68.3	83.5	55.4	39.3	33.3
2013	45.6	4.7	3.3	1.6	23.6	11.2	0.1	1.1	16.3	68.7	84.9	57.2	39.4	32.7
2014	46.6	5.0	3.3	1.5	24.2	11.4	0.1	1.2	16.1	70.1	86.3	56.1	39.6	33.2
2015	45.6	5.2	3.1	1.5	23.5	10.8	0.1	1.4	15.9	70.1	85.8	53.3	38.1	34.5
2016	46.0	5.6	3.1	1.4	23.6	10.4	0.1	1.7	16.9	72.5	87.8	53.9	37.9	34.1
2017	47.6	6.1	3.2	1.4	24.3	10.6	0.1	1.9	18.5	74.7	89.1	53.7	38.5	34.2
2018	48.7	6.9	3.2	1.4	24.5	10.4	0.2	2.2	18.7	77.6	89.7	53.0	38.4	34.6
2019	50.1	8.5	3.2	1.4	24.4	10.0	0.2	2.4	20.2	81.1	91.3	54.1	39.4	35.1
2020	48.6	9.9	3.1	1.3	22.6	9.0	0.1	2.6	20.4	79.3	88.4	52.1	39.2	33.9
2021	49.6	11.3	3.0	1.3	22.4	8.7	0.1	2.7	47.1	92.0	98.6	57.3	44.3	38.6

주: 1) 6세 이상 과연령은 5세에 포함함.
2) 연령별 어린이집 이용률의 취원대상아수는 교육통계 조사 시점 한해 전의 주민등록인구통계-만 0, 1, 2, 3, 4, 5, 6세 합을 이용하고 있다.

자료: 1) 보건복지부(각년도). 보육통계(2021년 12월말 기준).
2) 행정자치부(각년도). 주민등록 인구통계: 만 0~6세(12월 31일 기준).

출처: 1) 보건복지부 홈페이지. www.mohw.go.kr. 2022. 6. 7. 인출.
2) 행정안전부 홈페이지. https://jumin.mois.go.kr/#. 2022. 6. 7. 인출.

표 1-7 연도별 유치원 및 어린이집 교사 수(2001~2021)

(단위: 명)

연도	유치원				어린이집							
	계	국립	공립	사립	계	국·공립	사회복지법인	법인·단체	민간	가정	협동	직장
2001	28,974	15	6,286	22,673	67,143	8,051	11,891	1,332	33,534	11,912	미분류	827
2002	29,669	15	6,383	23,271	76,075	8,719	13,740	1,838	36,092	14,800	미분류	886
2003	30,287	16	6,535	23,736	81,545	8,547	12,730	3,059	39,372	16,835	미분류	1,002
2004	30,202	16	6,709	23,477	104,298	10,666	12,844	5,244	51,631	22,454	미분류	1,459
2005	31,030	17	6,928	24,085	114,352	11,057	12,216	5,521	57,301	26,447	160	1,650
2006	32,093	18	7,718	24,357	134,717	12,219	12,626	6,416	66,838	34,423	216	1,979
2007	33,501	19	8,143	25,339	153,118	12,949	13,268	6,283	74,761	43,317	300	2,240
2008	34,598	20	8,461	26,117	172,559	14,224	13,041	6,224	82,035	54,055	289	2,691
2009	35,411	19	8,608	26,784	185,901	15,331	13,359	6,211	86,486	61,218	306	2,990
2010	36,457	19	8,807	27,631	204,538	16,520	13,537	5,972	93,385	71,313	342	3,469
2011	38,468	15	9,037	29,416	219,793	17,475	13,496	5,969	99,109	79,231	416	4,097
2012	42,030	16	9,759	32,255	247,110	18,614	13,635	6,230	108,618	94,362	533	5,118
2013	45,936	20	10,794	35,122	255,882	21,094	14,031	6,647	113,506	93,609	618	6,377
2014	48,258	16	11,648	36,594	262,121	22,934	14,111	6,633	117,297	92,922	712	7,512
2015	50,645	17	12,255	38,373	271,454	24,425	13,975	6,542	121,167	95,782	796	8,767
2016	52,484	18	12,959	39,507	270,449	26,074	13,877	6,362	120,807	92,072	801	10,456
2017	53,295	18	13,657	39,620	275,789	28,735	13,841	6,229	121,809	92,329	870	11,976
2018	54,892	22	15,847	39,023	278,971	33,260	14,221	6,298	121,968	89,018	865	13,341
2019	52,631	25	16,579	36,027	277,141	41,562	14,009	6,178	116,252	83,640	853	14,647
2020	52,809	25	18,245	34,539	273,165	50,074	13,704	5,901	108,300	78,077	851	16,258
2021	52,503	21	19,337	33,154	269,172	56,444	13,245	5,674	103,474	72,649	829	16,857

주: 1) 유치원교사는 원장, 원감, 보직교사, 수석교사, 교사, 기간제교사의 합.

2) 어린이집 설립유형은 2012년 이래의 기준이며, 2005~2011년까지는 사회복지법인이 법인으로, 법인·단체 등이 민간(법인외), 민간이 민간(개인)으로 구분되었고, 민간(법인외)와 민간(개인)이 민간전체로 구분되었음. 2004년 이전에는 국공립, 민간법인, 민간 법인 외, 민간 개인, 직장, 가정으로 분류됨.

3) 어린이집 교사 수는 원장, 보육교사의 합으로 보육교사에는 대체교사, 방과 후 교사, 보조교사 등이 포함된 수치임.

4) 2001년 어린이집 교사수는 12월말 기준으로 세부분류 통계가 없어 3월말 기준 통계임.

자료: 1) 한국교육개발원(2021). 교육통계연보.

2) 보건복지부(2020). 보육통계(2020년 12월말 기준).

출처: 1) 한국교육개발원 교육통계서비스. http://kess.kedi.re.kr/index. 2022. 3. 1. 인출.

2) 보건복지부 홈페이지. www.mohw.go.kr. 2022. 7. 8. 인출.

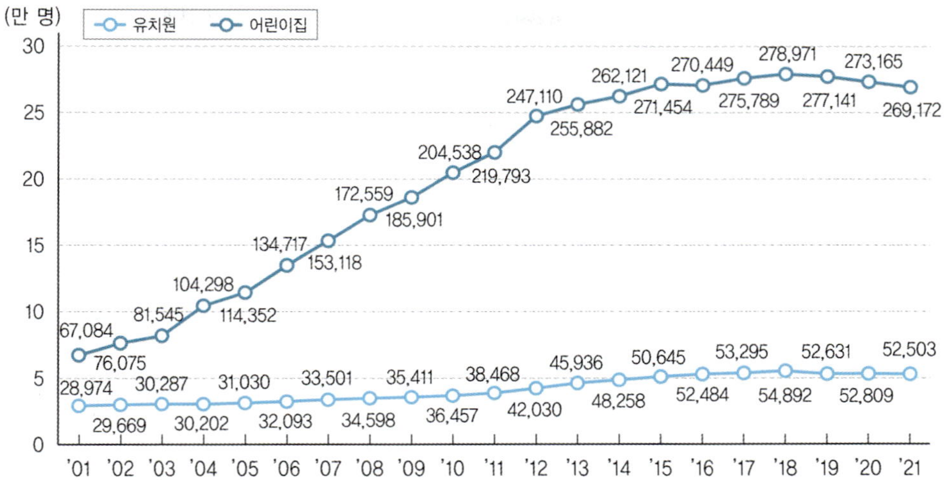

그림 1-3 유치원·어린이집 교사 수 추이(2001~2021)

자료: 1) 한국교육개발원(2021). 교육통계연보.
2) 보건복지부(2021). 보육통계(2021년 12월말 기준).

출처: 1) 한국교육개발원 교육통계서비스. http://kess.kedi.re.kr/index. 2022. 3. 31. 인출.
2) 보건복지부 홈페이지. www.mohw.go.kr. 2022. 7. 8. 인출.

표 1-8. 연도별 장애영유아 현황(2009~2021) (단위: 명)

구분	2009	2010	2011	2012	2013	2014	2015	2016	2017	2018	2019	2020	2021
계	13,329	11,965	11,138	10,950	11,093	11,018	11,701	12,808	13,620	14,040	14,337	14,515	15,283
0세	132	36	37	33	29	31	26	46	46	41	43	36	28
1세	774	493	401	508	437	446	459	521	517	482	483	381	409
2세	1,499	1,170	1,023	1,097	1,088	1,067	1,066	1,047	1,157	1,066	1,014	916	801
3세	1,732	1,880	1,569	1,473	1,549	1,583	1,566	1,583	1,640	1,804	1,721	1,614	1,599
4세	2,338	2,122	2,322	1,967	1,908	2,032	2,196	2,293	2,313	2,482	2,898	2,825	2,734
5세	3,041	2,747	2,581	2,808	2,431	2,498	2,809	3,108	3,310	3,300	3,520	3,957	4,121
6세	3,813	3,517	3,205	3,064	3,651	3,361	3,579	4,210	4,637	4,865	4,658	4,786	5,591

출처: KOSIS(국가통계포털). 복지, 장애인현황, https://kosis.kr/statisticsList/statisticsListIndex.do?menuId=M_01_01&vwcd=MT_ZTITLE&parmTabId=M_01_01&outLink=Y&entrType=#content-group. 2022. 5. 11. 인출.

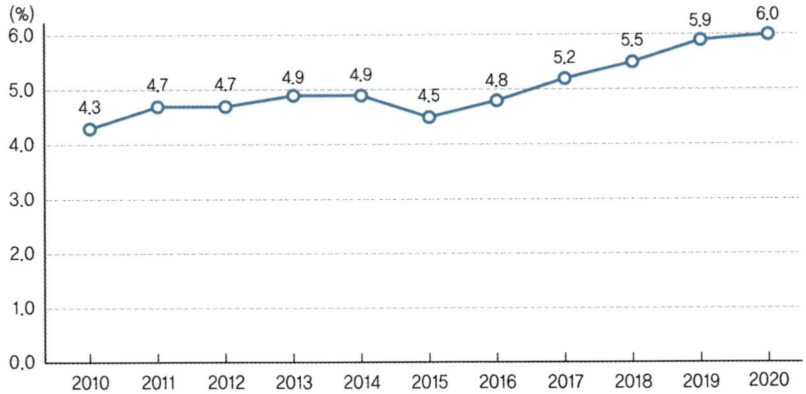

그림 1-4. 다문화 출생 비중(2009~2020)

출처: KOSIS(국가통계포털). 인구, 인구동향조사, 다문화, https://kosis.kr/statisticsList/statisticsListIndex.do?menuId=M_01_01 &vwcd=MT_ZTITLE&parmTabId=M_01_01&outLink=Y&entrType=#content-group. 2022. 5. 5. 인출.

2) 어린이집

어린이집은 〈표 1-6〉, 〈표 1-9〉와 같이 국·공립어린이집, 법인어린이집, 민간어린이집, 가정어린이집, 부모협동어린이집, 직장어린이집 등으로 분류될 수 있다. 2021년 우리나라에는 〈표 1-2〉, 〈표 1-3〉과 같이 3만 3,246개소의 어린이집이 있으며, 118만 4,716명의 영유아가 보육서비스를 제공받고 있는 것으로 나타났다〈표 1-4〉. 그리고 어린이집에 근무하고 있는 보육교직원은 26만 9,172명으로 해마다 어린이집에서 근무하고 있는 보육교직원이 조금씩 증가하고 있는 것으로 나타났다〈표 1-7〉. 한편, 우리나라 어린이집은 보육 대상이나 운영시간에 따라 영아보육(영아 전담보육), 장애아보육(장애아 전담보육, 장애아 통합보육), 언어발달보육, 시간연장보육(야간 보육, 24시간 보육, 휴일 보육) 등으로 구분될 수 있다. 우리나라는 매년 이러한 어린이집을 이용하는 영유아들이 늘어나다가 2015년 이후 감소하고 있는 추세이다.

표 1-9 설립 주체에 따른 어린이집 분류

구분	규모	설치·운영 주체
국·공립어린이집	11인 이상	국가, 지방자치단체
법인어린이집	21인 이상	사회복지사업법에 의한 사회복지법인
민간어린이집	21인 이상	사회복지법인이 아닌 법인, 단체, 개인
가정어린이집	5인 이상 20인 이하	개인
부모협동어린이집	11인 이상	보호자 15인 이상이 조합을 결성하여 설치·운영
직장어린이집	5인 이상	사업주 단독 혹은 공동 운영

출처: 여성가족부(2006). 보육사업 안내.

3 유아교육의 중요성

1) 아동관의 변화

유아는 어떤 존재이며 어떻게 성장하고 발달하는지에 대한 인식은 각 시대의 정치적·사회적·문화적 요인에 따라 함께 변화되어 왔다. 역사적으로 볼 때 고대에는 아동에 대한 이해가 이루어지기 이전으로 아동을 사회나 국가의 도구로 인식하였다. 중세에는 유아를 성인의 축소판으로 간주하였으며, 유희는 인간을 나태로 이끄는 악마의 유혹이라고 하여 아동의 놀이를 부정하기도 하였다. 당시에는 모든 아동을 성인기준에서 평가하였으며, 성서를 무리하게 암기시키는 등의 형식적 훈련이 중요시되었다.

코메니우스(Comenius)

루소(Rousseau)

17세기 전후 코메니우스(Comenius)와 루소(Rousseau)는 유아교육에 대한 철학적 원리를 제시하였는데, 이러한 교육원리는 유아교육의 시초가 되었다. 유아기의 중요성을 강조했던 코메니우스는 유아교육의 대상 연령을 출생에서부터 만 6세까지의 유아로 정의하였으며, 유아를 위한 학교를 모친학교라고 하였다. 특히, 6세 이전의 유아교육은 어머니의 무릎에서 이루어져야 한다고 하였으며, 각 가정에서 어머니의 자녀교육을 중요시하였다. 루소는 교육이란 성인사회의 사고나 도덕을 주입시키는 적극적 교육이 아니라 아동의 마음이 이미 만연된 오류나 악덕에 물들지 않도록 보호하기 위해 소극적 교육, 즉 최소한의 교육을 해야 한다고 하였다. 그리고 자신의 교육사상을 대표 저서인 『에밀(Emile)』에 제시하였다.

페스탈로치(Pestalozzi)

프뢰벨(Fröbel)

19세기에는 페스탈로치(Pestalozzi)와 프뢰벨(Fröbel) 등에 의해 유아를 위한 교수방법이 체계화되기 시작하였다. 페스탈로치는 비약이 없고 순서와 질서를 따른다는 합자연의 원리를 교육의 기본원리로 삼았다. 따라서 교육은 유아의 본성과 교육의 실천이 조화를 이루는 데 있다고 하였다. 이는 권위에 의한 강요가 아닌 유아에게 적합한 교육으로 자연의 법칙을 따라야 한다는 것이다. 프뢰벨은 이러한 페스탈로치의 교육방법에 가르침을 받고 많은 감명을 받아 아동 중심적 아동관을 갖게 되면서 유아는 부모에게서 태어나지만 부모나 성인의 부속물이 아닌 독립적이고 자주적인 존재라고 생각하였다.

그리고 놀이는 유아에게 가장 고귀하고 순수한 활동이며, 인간에게 잠재된 자연성의 발로라고 하였다. 또한 놀이는 모든 선의 원천이며, 놀이를 통해 내적 기질 등이 개발된다고 하면서 유아의 놀이에 특별한 의미를 부여하였다.

듀이(Dewey)

몬테소리(Montessori)

피아제(Piaget)

비고츠키(Vygotsky)

그러나 20세기 이전은 인간발달에 대한 과학적 연구가 활발해지기 이전으로 주로 철학적이고 관념론적으로 유아교육을 조망하였다. 이 시기 학자들의 공통점은 자연주의와 유아 존중 사상이었다. 이러한 사상은 20세기에 이르러 듀이(Dewey), 몬테소리(Montessori), 피아제(Piaget), 비고츠키(Vygotsky) 등으로 이어졌으며 여러 교육사상가들이 독립적인 유아교육이론을 수립하였다. 더불어 아동의 세기라고 할 만큼 유아에 대한 연구와 활동이 많이 이루어졌다. 지금도 세계 각국에서는 유아교육에 대한 노력과 관심으로 끊임없는 연구가 계속해서 이루어지고 있다(김미량, 김수희, 2013; 김진영 외, 2009).

2) 발달연구의 근거

초기 유아교육의 토대는 코메니우스, 로크, 루소, 페스탈로치, 프뢰벨 등과 같은 사상가들에 의해 이루어졌다. 20세기 초에는 아동에 대한 과학적 접근으로 아동연구 운동이 일어나면서 유아교육은 발달심리학자들에 의해 연구되어 왔다. 이어 정신분석 이론, 성숙 이론, 행동주의 이론, 인지발달 이론, 동물행동학 이론 등과 같은 발달심리학이론들이 나타나면서 인생 초기의 경험이 이후 발달에 어떠한 영향을 미치는지에 대해 관심을 두게 되었다. 그리고 유아의 신체, 인지, 성격 및 사회성발달 등을 도울 수 있는 방법에 대해 학자들은 자신들만의 독특한 이론을 토대로 연구를 진행하였다.

이러한 연구 중 프로이트(Freud)에서 시작되어 에릭슨(Erickson)으로 이어지는 정신분석 이론에서는 유아의 발달에서 양육자와 영아 간에 형성되는 정서적 관계에 관심을 가졌으며, 유아의 연령에 따른 발달과업과 이에 따른 부모 및 교사 역할의 중요성을 제안하였다. 이러한 정신분석 이론은 인간의 내면을 객관화하는 데 한계를 갖기도 하였다. 하지만 인간의 인성발달 및 유아기 놀이의 중요성과 역할을 부각시키면서 유아교육과정에서 유아의 사회성 및 정서발달의 중요성을 강조하게 된 계기가 되었다(이기숙 외, 2014).

최근에는 첨단 과학의 발전으로 뇌 구조와 기능에 대한 연구가 활발히 이루어지면서 유아교육의 중요성이 여러 측면에서 더욱 부각되고 있다. 특히, 두뇌 발달이 유전적이라고 생각되어 왔던 과거와는 달리 최근 많은 연구들은 유전과 환경의 끊임없는 상호작용에 의한 것이라는 것을 보여 주고 있다.

인간의 두뇌는 무수히 많은 뉴런(neuron, 신경세포)으로 구성되어 있고 이러한 뉴런들은 뉴런과 뉴런 간의 수많은 연결점인 시냅스(synapse)를 통해 연결되어 있다. 태내의 뇌 발달은 뉴런의 형성과 뉴런의 이동 및 제거로 나눌 수 있는데, 출생경의 두뇌는 성인 무게의 25%에 이르다가 만 2세경에는 성인 무게의 75%까지 증가하지만 이후부터 점차 안정기에 이르게 된다. 이 과정을 통해 두뇌 성장이 급등하는 시기를 확인할 수 있다(Shaffer, 2002, 2005). 이러한 두뇌의 성장기 동안 뉴런 간의 시냅스 연결 형성인 시냅스 생성(synaptogenesis) 과정이 급속하게 이루어진다. 실제로 영유아기에는 시냅스라고 불리는 뉴런 간의 연결이 집중적으로 일어나고 정리된다. 만 2세 무렵 영아의 시냅스 수는 성인수준에 이르고, 만 3세 무렵 유아의 뇌에는 1,000조 개의 시냅스가 존재하게 된다. 이처럼 유아의 뇌는 최종적으로 필요로 할 시냅스의 2배를 만들어 내는데, 아기의 뇌는 1,000억 개의 뉴런이 1,000조 개가 넘는 시냅스를 형성하게 된다. 이때 반복해서 이용하는 시냅스는 강화되고 그렇지 못한 것은 퇴화된다(Shore, 1997, 2001).

여기서 흥미로운 사실은 인생 초기 과잉 생산된 뉴런과 시냅스 중 대략 절반 정도는 이후 전혀 사용되지 않고 사라져버리게 된다는 것이다. 만 2세까지 시냅스의 급격한 증가는 점차 둔화되며 만 3~10세까지는 시냅스 밀도가 안정기(plateau period)에 이르게 된다. 그리고 사춘기 초기부터는 시냅스 제거가 우세한 과정이 된다. 즉, 생의 초기에 생성된 수많은 뉴런들은 적절한 자극을 받지 못하면 죽게 되고, 생존한 뉴런들도 시냅스를 형성하더라도 시냅스 역시 적절한 자극을 받지 않으면 사라지게 되는 것이다(Shaffer, 2002, 2005).

이와 같이 과잉 생성된 시냅스가 환경적 경험에 의하여 선택적으로 보존이 된다는 사실은 뇌 발달의 가소성(plasticity)을 시사한다(우남희, 2004). 그러한 예로 〈그림 1-5〉와 같이 출생부터 사춘기까지의 뇌의 각 영역에 따른 시냅스의 밀도(Carter, 1999, 2007), 즉 영아기의 시냅스 형성과 그 이후 시냅스의 가지치기(pruning)를 보여 주고 있다. 특히, 유아의 뇌는 시냅스 밀도가 가장 많이 증가되다가 유아기 이후에는 그 밀도가 점차적으로 감소되는 것을 볼 수 있다.

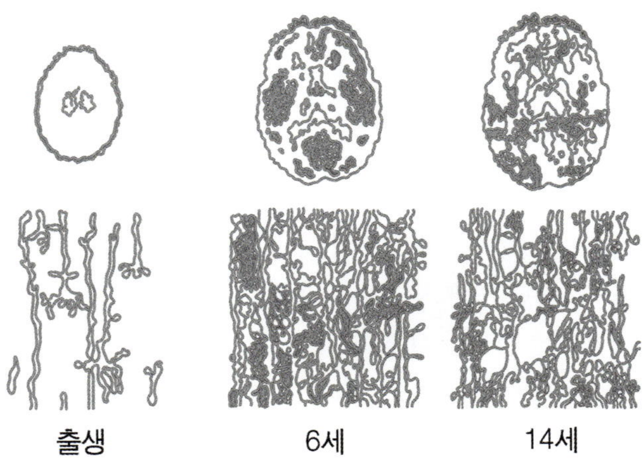

그림 1-5 시냅스의 형성과 가지치기

출처: Carter(1999, 2007).

한편, 인간의 뇌는 세 부위로 나누어 설명할 수 있는데, 이를 삼위일체의 뇌로 부르기도 한다(MacLean, 1990). 이러한 뇌의 3층 구조는 어디까지나 설명하기 쉽게 편의상 만든 개념이다. 하지만 이에 따라 뇌를 바라보면, 인간의 주요 정신활동인 생각, 감정, 무의식을 더 쉽게 이해할 수 있다. 세 개의 뇌 부위는 개별적으로 작용하거나 상호작용하는데, 생명의 뇌인 뇌간과 감정의 뇌인 대뇌변연계, 생각의 뇌인 대뇌피질로 나눌 수 있다〈그림 1-6〉. 맨 아래에 위치한 파충류의 뇌인 뇌간은 생명을 유지하는 데 필요한 기본적인 신체기능과 감각을 조율한다. 그리고 포유동물의 뇌인 대뇌변연계는 뇌간과 대뇌피질 사이에 위치하여 공포와 분노, 애착이나 기쁨 등의 기본적인 감정을 관장한다.

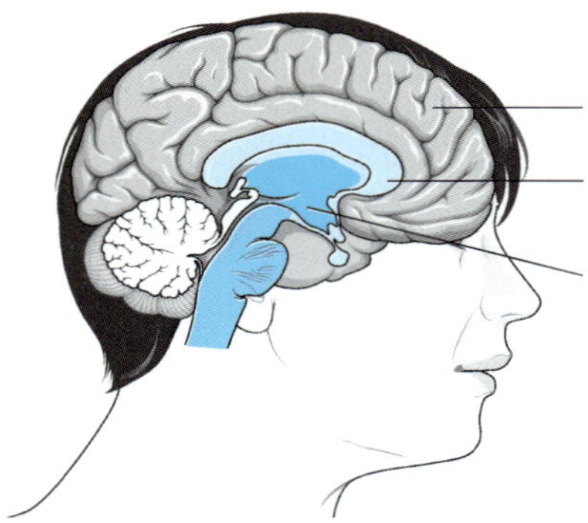

그림 1-6 뇌의 구조와 기능

출처: Hannaford(1995), MacLean(1990).

인간의 대뇌피질은 크게 4엽(葉, lobe)으로 전두엽, 두정엽, 후두엽, 측두엽 4개의 주요 영역으로 구성되어 있다. 이러한 대뇌피질은 기억과 언어 및 사고, 추론 등의 고차적 사고나 계획을 담당하는 부위로 다른 부위에 비해 늦게 이루어져서 성인기까지도 발달이 지속되는데(Hannaford, 1995), 출생 후 만 3세까지는 뇌 전반에 걸친 기초 공사가 진행된다. 이 시기는 감정과 정서발달이 중요한 시기인데, 생후 첫 1년 동안 맺게 되는 부모(양육자)와의 애착관계는 아기의 삶에 매우 중대한 영향을 미치게 된다. 이 시기에 형성된 안정 애착은 부모가 자녀에게 물려줄 수 있는 최대의 재산이라고 할 수 있으며,

부모의 사랑은 자녀의 사춘기와 중 · 고등학교의 힘든 학업 스트레스도 이겨내도록 하는 밑거름이 될 수 있다.

그리고 만 3~6세 무렵에는 원시적인 충동을 조절하고, 정서를 이성적으로 조절해 나가는 전두엽이 발달하는 시기가 된다. 따라서 유아기는 언어나 인지발달보다 정서를 이성적으로 조절하는 능력을 발달시킬 수 있도록 인성 및 도덕성발달이 무엇보다 중요한 시기임을 의미한다. 즉, 건물을 짓는 것처럼 두뇌도 1층이 잘 발달되어야 2층이 더 발달할 수 있고, 나아가 3층도 잘 발달될 수 있는 것이다.

영유아기 뇌 발달은 유전적 요인도 중요하지만 그 양상은 사람마다 개인차가 있으며, 환경의 영향을 많이 받는다. 뇌 발달의 긍정적인 요인은 영유아가 섭취하는 영양상태(Richardson & Montgomery, 2005), 수면(Marquet, 2001), 부모와 자녀 간의 애착이나 유대관계(신의진, 2002) 등이 있다. 반면, 부정적인 요인으로는 영유아나 부모가 받는 심각한 스트레스, 위협, 학대, 외상(trauma), 모친의 우울증, 지나친 인지교육 등이 있다. 특히, 위협, 학대, 외상 등과 같은 경험은 뇌의 조절능력을 크게 손상시킬 수 있으며, 이런 상태가 지속되면 기본적인 생명활동에 필요한 뇌간만 지나치게 발달될 수 있다. 그 밖에 지나친 유아학습(인지교육)은 뇌 위축을 유발할 수 있다. 실제로 인지의 뇌가 아직 발달하지 않은 상태에서 과도한 학습을 영유아기에 경험시킬 경우, 뇌의 정보처리방식이 부정적으로 변화하거나 오히려 학습에 대한 부정적 태도를 형성시킬 수 있다. 그리고 정서의 뇌가 충분히 발달하지 않아 낮은 정서지능을 형성하게 하는 등 뇌 발달에 심각한 영향을 줄 수 있다(김유미, 2002, 2006).

이러한 결과에 따라 유아기에는 조기교육보다는 발달 시기에 맞는 적기(適期)교육이 이루어지도록 하는 것이 중요하다(김유미, 2006; 정미라 외, 2011; Blackmore & Frith, 2005). 즉, 유아의 발달을 고려하지 않고 인지 및 언어 중심으로 교육이 이루어져서는 안 될 것이다. 과도한 조기교육은 뇌의 과부하가 되게 할 수 있다. 또한 뇌 기반 교육에서는 유아의 정서를 보호하는 것을 최우선으로 여긴다. 이를 위해 유아에게 편안하고 따스한 분위기를 제공하고, 교사와 부모가 유아와 정서적 유대관계를 형성하는 것이 중요하다(정미라 외, 2011; Wolf & Brandt, 1998). 더불어 유아에게 다양하게 경험할 수 있는 풍요로운 환경을 제공해야 한다(김유미, 2006; Jenson, 1998). 여기서 풍요로운 환경은 화려한 시설이나 엄청난 양의 교구·교재, 단순히 많은 학습활동을 부여하는 환경을 의미하는 것은 아니다. 심각한 스트레스나 위협, 외상 등과 같은 뇌 발달에 부정적인 요소들이 없는 상태에서 유아에게 도전적 분위기를 제공하여 유아가 자발적 선택의 기회를 통해 성취감을 느끼며 주도성을 기를 수 있는 환경을 의미한다.

3) 사회의 변화에 따른 요구

유아교육은 앞서 살펴본 아동관 및 발달연구의 변화에 따라 강조되고 있지만 사회의 변화와도 밀접하게 관련되어 그 중요성이 부각되고 있다. 이에 최근 OECD 회원국들은 유아교육과 보육의 공공성을 강화하기 위해 무상교육 및 보육을 확대하고 있으며, 만 2~5세까지의 유아를 지원하고 있다. OECD 평균 유아교육비 공공 부담 비율은 79.7%로 핀란드 90.6%, 프랑스 94.0%, 영국 86.1%, 미국 77.8% 등 대부분의 EU 국가들 및 북미는 OECD 평균 이상의 수준이다. 하지만 우리나라는 공공 부담 비율이 49.7%에 그치고 있다. 이에 유치원이나 어린이집의 교육비를 생활수준에 따라 전액 또는 일부를 지원해 주는 등 유아교육에 대한 국가의 공적인 투자를 확대해 나가기 위해 노력하고 있다(교육과학기술부, 보건복지부, 2012).

과거의 유아들은 공동체 의식과 소속감, 정서적이고 사회적인 유대감, 공동으로 양육됨으로써 얻을 수 있는 안전함 등에 대한 욕구를 확대가족이나 더 큰 공동체를 통해 충족시킬 수 있었다(Katz & McClellan, 1997, 2003). 그러나 지난 50여 년간 우리나라는 급속한 산업화와 도시화, 서구화 등의 진행에 따라 가족 구조에 커다란 변화를 겪고 있다. 특히, 여성의 경제활동이 늘어나면서 핵가족화가 가속화되고 점차적으로 가족 세대가 분화되고 있다.

더불어 전 세계적으로 고령인구의 증가와 저출산 등으로 인해 생산 가능 인구가 감소되면서 사회·경제 및 정치적 구조도 변화되고 있다. 특히, 우리나라는 저출산현상으로 인하여 한두 자녀 시대에 접어들면서 가정에서 형제간 우애나 다른 사람을 배려하는 마음을 배우고, 상부상조의 관계를 경험할 수 있는 기회가 매우 부족해졌다. 더욱이 교육기관에서는 단일연령 학급이 일반화되어 대부분 같은 연령의 또래 간 상호작용이 보편적인 실정이다. 그리고 다른 연령 간 상호작용은 매우 제한되어 다양한 연령의 상호작용이 보편화된 사회의 유아에 비해 경쟁적이고, 공격적이며, 의존적이고, 공동체적 참여와 책임의식이 부족한 편이다(마송희, 2003). 이에 유아교육기관에서도 다른 연령의 유아들이 서로 상호작용하며 의미 있는 관계를 형성할 수 있는 기회의 필요성이 더욱 커지고 있다. 이러한 사회의 변화에 따라 유아교육기관에서 같은 연령 간 상호작용뿐만 아니라 단일연령체제를 유지하면서 다른 연령 간 서로 교류할 수 있는 교육방안에 대한 연구도 이루어지고 있다(박경희, 이진희, 2011, 2014; 이경민, 강정원, 2011).

한편, 의학기술의 발달로 평균수명이 길어지고, 컴퓨터와 정보통신기술의 발달로 전 세계가 네트워크를 형성해 지구촌이 하나 된 환경으로 변화되고 있다. 이에 최근 미래학자들은 창의적이고 능동적이며 유연한 사고를 할 수 있는 인재, 타인을 존중하고 배려하며 소통 및 협력할 수 있는 인재 등을 길러낼 것을 제안하고 있다(김애자 외, 2012).

반면, 스마트폰을 비롯한 디지털 문화가 우리의 일상이 되면서 뇌 발달 저해, 정서불안, 집중력 감퇴, 자아통제력 약화 등에 대한 우려의 목소리도 커지고 있다(이정주, 2014). 일생의 최초 6년 동안은 신체 및 인지발달과 더불어 사회 · 정서발달을 위한 대부분의 틀이 완성되는 중요한 시기이다(Furman, 1995; Hyson, 1994; Mayer & Salovey, 1997). 특히, 두뇌와 정서발달이 제대로 이루어지기 전 디지털 세상에 무한정 노출되는 것은 어린 유아에게 더욱 치명적일 수 있다.

이상과 같이 급속한 사회의 변화는 유아교육에도 영향을 미치고 있다. 앞으로 우리나라도 유아교육의 필요성 및 중요성을 인식하여 국가 수준에서 관심을 두고 여러 지원책을 지속적으로 펴나가야 할 것이다.

Chapter 02

유아교육사상

02
Chapter

유아교육사상

배울 내용

1. 서양의 유아교육사상
2. 우리나라의 유아교육사상

학습목표

1. 서양의 유아교육사상의 원리와 흐름을 이해한다.
2. 우리나라의 유아교육사상의 원리와 흐름을 이해한다.
3. 유아교육사상이 현대 유아교육에 주는 함의점을 모색해본다.

교육은 인간 삶의 한 측면으로서, 그 방향은 시대가 변화되어 감에 따라 규정되는 아동에 대한 관점과 밀접하게 관련되어 있다. 이는 궁극적으로 철학과 사상의 흐름이 그 저변에 자리 잡고 있다고 할 수 있다. 따라서 이 장에서는 서양과 우리나라의 교육사상으로 나누어 유아교육이론의 형성배경을 살펴보고, 현재 유아교육이 당면한 문제를 명료화하고 의사결정을 하는 데 다양한 관점과 체계적 절차를 제공해줌으로써 유아교육이 나아갈 방향을 정립해 줄 수 있도록 하고자 한다.

1 서양의 유아교육사상

서양교육의 사상적 근원은 고대 그리스와 로마시대에서 시작한다. 그리고 중세를 거쳐 근대와 20세기 이후로 구분할 수 있다. 이에 유아교육사상을 고대에서 현대에 이르는 유아교육의 철학적 기초를 마련한 교육사상가들을 중심으로 고찰해보고자 한다.

1) 고대와 중세사회

고대 그리스는 아테네, 스파르타 등 수많은 폴리스(도시국가)로 이루어진 도시국가의 집합체로 종교의식과 올림픽 경기를 통해 민족적 단결을 꾀하였다. 일찍이 민주정치가 발달한 아테네는 다양한 문화를 경험할 수 있는 지리적 영향으로 개인주의와 자유주의가 꽃을 피웠다. 이에 따라 교육은 심신의 조화로운 발달과 인문적 교양을 갖춘 전인적 자유시민 양성을 강조하였다. 반면, 스파르타는 피지배계급이 절대 다수를 차지하고 있었기 때문에 지배계급의 지위를 유지하기 위해 강력한 전체주의적 군국주의체제를 채택하였다. 스파르타는 지혜와 이성을 소유한 인간을 중시하면서도 건강한 신체와 강력한 전투능력이 더 강조되었다. 따라서 교육의 목적은 용기와 군사적 기술, 법과 관습에 대한 복종심, 윗사람에 대한 존경심을 기르는 것이었다. 아테네와 스파르타는 국가의 지향점이 달랐으나 철저한 신분사회 속에서 7세까지의 영유아기에는 어머니 교육기라고 하여 가정에서의 양육을 강조하였다.

로마는 역사적으로 그리스의 문화를 흡수하고 융해하여 근대와 현대에 전달해 준 가교 역할을 하였다. 그리스인과는 다르게 실제적이고 현실적이며 모방적 특징을 가진 로마인들은 지적·예술적 창조성은 부족했지만, 그리스문화를 현실적으로 생활화한 실천적 재능은 매우 탁월하였다. 교육에 있어서는 가정에서의 실생활교육을 중시하는 풍토에서 그리스문화가 유입되면서 개인적 교양을 강조하는 지적 능력 함양이 중시되었다.

기독교가 인간 삶의 모든 영역을 지배하던 중세에는 아동은 수정된 순간에 이미 완전하게 만들어져서 태어난다는 전성설(前成說, preformation theory)을 믿었다. 그 결과 아동은 성인의 축소판으로 인식되어 성인과는 오로지 신체 크기의 차이만을 인정하였다. 이 시기의 아동은 성인과 똑같이 취급되었기 때문에 가혹한 체벌이 허용되었고, 교육은 성경을 중심으로 반복과 훈련을 통해 이루어졌다.

(1) 플라톤(Planton, B.C. 427~347)

아테네 귀족 출신인 플라톤은 세계가 물질과 이데아(Idea)로 구분된다는 이원론을 주장하였다. 이데아는 사물의 본질로서 감각이나 경험에 선행하며, 순수한 이성으로만 인식할 수 있는 영구불변의 진리로 보았다. 다시 말해 인간은 몸과 정신으로 이루어졌고 정신이 육체보다 더 중요하기 때문에 이성적 요소를 훈련하여 이성과의 조화를 꾀하는 것이 교육이라고 보았다. 즉, 교육의 본질은 물질과 대립되는 절대적인 관념인 이데아를 파악하여 형상화하는 것으로 여겼다.

플라톤(Planton)

플라톤은 유아기는 이후 이데아 세계에 도달할 수 있는 정신과 성격의 토대를 형성한다고 보고 매우 중요한 시기로 인식하였다. 교육내용으로는 정신 형성에 결정적 영향을 미치는 이야기와 동화, 영혼의 덕을 함양하기 위해 리듬과 하모니가 조화된 음악교육, 용기 있는 사람이 되기 위한 체육교육이 필요하다고 주장하였다. 이러한 교육은 놀이를 통해 지도하는 것이 효과적이라 하였는데, 그 이유는 자발적인 내적 요구가 자연스럽게 표출되기 때문이라는 것이다.

(2) 아리스토텔레스(Aristoteles, B.C. 384~322)

플라톤의 제자로 그리스 최대의 철학자인 아리스토텔레스는 교육의 궁극적 목적은 국가의 일부로서 시민의 행복을 증진시키는 것으로, 행복한 생활을 영위하는 것이라고 주장하였다. 행복은 이성의 합리적 활동, 즉 완전한 덕을 통해서만 얻을 수 있기 때문에 국가는 학교를 설립하여 교육해야 된다고 하였으며, 국민의 교육은 국가의 가장 중대한 관심사임을 역설하였다.

아리스토텔레스(Aristoteles)

그는 교육의 순서를 가정교육기, 공공교육기로 구분하였고, 신체 발육, 습관 형성, 이성의 도야라는 3단계로 제시하였는데, 유아기는 가정교육기로서 신체적 발육에 중점을 두어야 한다고 하였다. 가정에서 들려주는 동화나 허용하는 놀이는 장래의 일을 모방하는 것이 되어야 하며, 적절한 운동이 포함된 놀이를 통해 신체를 단련해야 한다고 주장하였다. 또한 유아는 단련된 신체를 기반으로 습관을 형성하고 이성을 도야하는 과정을 거쳐 도덕적 시민이 될 수 있다는 것을 강조하였다.

(3) 아우구스티누스(Augustinus, B.C. 354~430)

중세의 사상은 유아교육관은 원죄설을 기독교적 신앙에 따라서 유아의 자발적인 표현이나 놀이활동을 죄악시하였다. 이러한 종교관을 아동에게 적용하여 끊임없이 감독

아우구스티누스(Augustinus)

하고 훈육하는 것이 좋은 교육방법으로 고려되었다. 따라서 인간의 천성은 선한 것이 아니며, 원죄로 인해 인간은 태어날 때부터 악에 기울어지게 되므로 기독교 신앙을 받아들여 은총을 입을 수 있도록 교육해야 한다고 보았다. 교육의 가치는 믿음, 희망, 자비, 겸손의 기독교적 가치로 영혼을 채움으로써 죽음을 넘는 생을 위한 준비로 보았다. 이 시기에는 특별히 어린이를 위한 교육계획이나 사상이 따로 있었던 것은 아니었다.

2) 근대사회

중세의 기독교적인 인간관을 거부하고 과학의 발달에 힘입어 아동은 성인의 축소판이라는 전성설이 무너지면서 아동을 독립된 인격체로 인식하게 되었다. 사상적으로는 실생활에 유용한 인간 양성을 목표로 하는 실학주의, 교육을 통해 이성적 인간을 양성하고자 했던 계몽주의, 지 · 정 · 의를 균형 있게 겸비한 전인 양성을 주장한 신인문주의 시대로 정의할 수 있다.

(1) 코메니우스(Comenius, 1592~1670)

코메니우스(Comenius)

코메니우스는 17세기 최대의 교육자이며 과학적 사고를 교육에 적용한 현대교육의 시조라고 할 수 있다. 그의 사상은 철저하게 기독교적 세계관에 기초를 두고 있다. 인간은 신의 이성적 피조물, 다른 피조물을 지배하는 피조물로서, 창조주의 형상으로 보았다. 그리고 신은 인간에게 외적인 빛(감각), 내적인 빛(이성), 영원한 빛(계시)이라는 세 개의 빛을 주었는데, 이들의 협동작용을 통해 세계의 내용을 파악할 수 있게 된다고 보았다.

이는 감각에서 이성으로, 이성에서 계시로 올라가 신의 통일적인 내용을 완성하게 된다는 것을 의미한다.

그의 대표적 저서로 세계 최초의 교육학 저서인 『대교수학』과 감각적 직관을 강조하는 세계 최초의 그림책인 『세계도회』가 있다. '모든 사람에게 모든 것을 가르치는 보편적인 기술'이라는 부제가 있는 『대교수학』에는 인간이 학교에서 교육받아야 할 시기를 24세까지로 규정하고 영아학교(0~6세), 아동학교(7~12세), 소년학교(13~18세), 청년학교(19~24세)의 네 단계로 나누어 교육내용을 제시하였다. 이 중 영아학교는 어머니의 무릎학교라 하며, 신체 건강과 일상 및 신앙의 기초지식을 가정에서 받는 단계로 보았다. 코메니우스의 교육방법은 '자연의 질서를 따라서(Alles nach der Methode der Natur)'라는 합자연의 원리(객관적 자연주의)를 강조하였다. 그는 학습을 자연의 법칙과 일치시켜야 한다는 신념하에 자연의 특성에 따라 교육해야 한다고 〈표 2-1〉과 같이 주장하였다.

표 2-1 코메니우스의 교육방법

- 자연현상에 적당한 시기가 있듯이 학습도 적절한 시기에 이루어져야 한다.
- 자연은 형태 있는 것을 만들기 전에 재료를 준비하듯이 학습에서도 충분한 자료를 준비해야 한다.
- 모든 자연의 활동이 그 내부에서 발전하듯이 학습은 유아의 흥미와 욕구를 일깨워 즐거운 생활이 될 수 있도록 진행되어야 한다.
- 자연이 비약하지 않고 한 걸음씩 전진하듯이 학습도 단계적 순서에 따라 행해져야 한다.

(2) 로크(Locke, 1632~1704)

로크는 17세기 영국의 철학자이자 사회적 실학주의 교육사상가로서 계몽주의의 탄생에 기여하였다. 그는 백작의 주치의 겸 비서, 가정교사, 정치인, 저술가 등 다양한 경력을 가진 인물이다. 이러한 경험을 바탕으로 인간 분석을 시도한 『인간오성론』을 저술하여 인간의 정신은 백지상태(tabula rasa)로서 모든 인식은 감각과 반

로크(Locke)

성이라는 경험에 의해 이루어진다는 교육만능론을 주창하였다. 또한 환경이 정신을 형성하며, 유아기의 학습으로 조기교육의 중요성을 강조하였다. 그리고 인간의 정신은 유아기에 가장 유연하므로 반복과 모방을 통해 올바른 습관이 형성되도록 철저한 훈육이 필요하다고 보았다. 이 과정에서 체벌은 불가피할 경우에만 사용하고, 억압보다는 칭찬을 통한 동기유발과 놀이를 통한 즐거운 학습이 되도록 할 것을 제안하였다. 학습과 경험에 대한 그의 주장은 유아기 교육의 중요성과 학습에서 유전보다는 환경적 경험의 중요성을 강조하는 계기를 마련하였다.

교육은 건전한 신체 속에 건전한 정신의 성취로서 당시 영국사회가 이상으로 한 '신사 양성'을 목표로 삼았다. 이를 위해 체육 · 덕육 · 지육을 중요하게 여겼으나, 경험은 신체의 건강이 담보되어야 하므로 무엇보다도 체육을 통한 철저한 단련주의를 강조하였다. 그는 인위적인 틀을 제공하는 학교교육보다는 본성 그대로의 개별적 교육이 가능한 가정교육이 아동에게 더 유익하다고 보았다.

(3) 루소(Rousseau, 1712~1778)

루소(Rousseau)

18세기는 철학적으로 이성과 합리주의, 개인주의가 지배한 시대였다. 당시 유럽의 두드러진 교육사조로 등장한 것이 자연주의였다. 자연주의는 자연과 합일된 것이 이상적이고 가치 있는 삶이라는 것이다. 이는 합리적 계몽사상가이면서 주정주의(인간의 정신활동에서 이성이나 의지보다는 감정이나 정서를 중시하는 경향)로 인해 계몽주의자들의 비판의 대상이었던 루소가 주도하였고, 부패한 사회를 개혁하기 위해서 '자연으로 돌아가라'고 외쳤다.

루소의 교육사상은 '자연으로 돌아가라(Retoumeza la nature)'는 대명제를 실현하기 위한 것이었다. 이를 위해 사람의 천성은 본래 선한 것이며 이를 보존하면서 자유와 권리를 인정하는 사회건설을 교육의 목적으로 삼았다. 루소는 인위적인 모든 것을 거부하고 자연과 합일된 교육을 통하여 자연인이라는 완전하고 이상적 인간을 육성하려 하였고, 그 결정체로 제시한 것이 『에밀』이다. 루소는 교육의 주체를 자연, 인간, 사물로 나누고 이 세 교육이 모두 일치되어 같은 목표를 지향하면서 어떤 경우에든 적응할 수 있게 하는 자연에 의한 교육이 인간과 사물에 의한 교육을 이끌 때 이상적 교육이 이루어지고 원만한 삶을 살게 된다고 보았다.

에밀이라고 하는 이상적 인간을 형성하기 위해 제공된 교육은 아이들이 스스로의 경험이나 생활을 통하여 습득하는 경험 중심, 생활 중심의 교육내용이었다. 즉, 경험이 교훈에 선행되어야 하는 것이다. 이는 성인이 의도한 대로 이끄는 것이 아니라, 아동의 자연성을 최대한 발휘하도록 도와주는 소극적인 교육이 훌륭한 교육방식이라는 것을 주장한 것이다.

> 만일 젖먹이 아이가 하루아침에 이성을 갖춘 아이가 된다면 시간을 아끼는 교육이 적당하겠지만 그렇지 않기 때문에 교육을 자연에 맡겨야 한다. 따라서 최초의 교육은 순전히 소극적 혹은 부정적으로 되어야 한다. 그 교육은 덕이나 진리를 가르치는 것이 아니라 마음을 악덕으로부터 보호해야 한다. 극단으로 말해 12세까지 아무것도 배우지 않고 건강하게 자라기만 한다면 그 후의 교육은 훨씬 수월하고 빠른 속도로 이루어진다. 왜냐하면 조기교육에서 얻은 편견이나 습성을 제거할 헛수고가 덜어지기 때문이다.
>
> ……
>
> 아이들에게 어떤 교육이 필요한가를 어른들 마음대로 생각해서는 안 된다. 그들이 타고난 재능이 무엇인가를 우선 알아야 하는데, 그러기 위해서는 신중해야 한다. 오랜 시간에 걸쳐서 관찰해야 하고 아이들의 성격이 자유롭게 표현될 수 있게 아무 일도 강요해서는 안 된다.

그리고 교사는 먼저 자신이 인간으로 형성되어 있어야 한다. 교사는 신중해야 하며 좋은 때가 올 때까지 기다려야 한다. 루소는 아동에게 선과 악의 지식을 주려는 것을 유혹이라 규정하고, 교사는 유혹하는 역할을 하지 않아야 함을 강조하였다. 그래서 교사가 에밀에게 요구하는 가장 중요한 조건은 건강상태였다. 허약한 신체는 정신을 약화시키므로, 신체가 정신의 유용한 도구로 쓰여지기를 바라기 때문이었다.

(4) 페스탈로치(Pestalozzi, 1746~1827)

페스탈로치(Pestalozzi)

빈민과 고아의 교육에 헌신하고 새로운 교수법을 개발하고 실천하여 '근대교육의 아버지'로 불리는 페스탈로치는 교육을 통해 인간성을 계발하고자 하였다. 인간성의 계발은 덕성을 중심으로 지 · 덕 · 체를 상호 조화롭게 발전시켜 이를 기초로 사회를 개혁하는 것이었다. 덕성교육을 원만히 이루기 위해서는 가정교육이 가장 중요하다고 보았다. 페스탈로치가 지향한 교육의 목표는 3H(머리 · 가슴 · 손)의 조화로운 발달을 이루어 전인교육을 하는 것이다. 이를 위한 교육적 실천은 루소의 자연주의 교육관에 기초한 합자연의 원리와 직관교수 및 노작교육의 원리이다. 첫째, 합자연의 원리를 네 가지로 요약하면 〈표 2-2〉와 같다.

표 2-2 합자연의 원리

구분	내용
자발성의 원리	인간에게 깃들어 있는 자연의 힘은 내적인 힘에 의해 스스로 발전한다는 것이다. 즉, 교육은 외부에서 인위적인 방법으로 학습자에게 주입하는 것이 아니라 아동의 능력을 내부로부터 스스로 발전시켜야 하는 것이다. 자기 활동적인 방법, 자율적인 교육방법을 중시한다.
조화의 원리	교육은 인간이 갖는 고유능력이 조화적으로 발전되어야 한다. 덕성을 중심으로 지성과 심정력의 조화와 발전을 도모하는 것이다.
단계의 원리	인간성은 일정한 단계를 거치며 발달하기 때문에 교육도 질서 있는 단계에 따라 이루어져야 한다. 도덕성도 특별한 규범적 의식 없이 행동하는 무율의 단계에서 명령이나 관습, 제도에 따라 행동하는 타율의 단계 그리고 스스로의 도덕적 규범에 따라 행동하는 자율의 단계로 나아간다. 교육은 바로 자율의 단계에 이르도록 돕는 것이다.
사회의 원리	개인과 사회와의 상호 유기적 관계를 강조하는 것이다. 사회가 개인을 형성하며 사회의 개선은 개인의 향상을 통해 이루어지므로 개인과 사회는 협동관계여야 하며, 교육상 사회생활의 필요성을 강조한 것이다.

둘째, 직관의 원리이다. 모든 인식의 절대적 기초는 직관으로서 실물관찰과 직접 경험을 통한 교수가 인위적 판단이나 추론에 선행되어야 한다. 따라서 모든 교수나 훈련에서 아동이 실제 대상을 직접적으로 체험하면서 얻게 되는 인상을 내면화하도록 돕는 방법이다.

셋째, 페스탈로치가 인간성 개발의 원리로 중시하였던 노작의 원리이다. 이는 생산활동을 교육의 기초로 삼고 교육과 노동의 결합을 통해 교육의 생활화, 관념의 명료화 및 주의력의 집중화가 가능하다고 보았다.

(5) 프뢰벨(Frebel, 1782~1852)

프뢰벨(Frebel)

유치원의 창시자인 프뢰벨은 코메니우스의 감각교육, 루소의 자연주의교육, 페스탈로치의 교육원리를 망라하여 '신성한 육아의 자연'을 사상의 기초로 독특한 교육학설을 정립한 교육사상가이자 실천가이다. 교육이란 인간의 본질적 사명완수를 도와주는 활동으로 보고 교육의 목적을 두 가지로 설정하였다. 먼저 아동이 갖고 태어난 신성의 본질이 왜곡되지 않도록 보호하는 것이며, 신성의 발현이 원활하도록 도와주는 것이다. 두 번째의 목적은 교육에 있어 놀이의 의미와 중요성을 밝히는 것이었다. 프뢰벨은 인간발달에서 초기 발달을 중시하는데, 신과 인간과 자연의 일치는 어린이의 자유로운 영혼에서 나타난다고 보았기 때문이다. 그래서 어린 시기부터 자기 활동적인 본능을 바르게 길러주는 최고의 방법을 놀이로 보았다.

인간의 발달을 유아, 유년, 소년, 청년, 노년의 단계로 구분하였지만 각 단계는 상호 침투해 가면서 연속적으로 발달하는 것으로 보았다. 특히, 유아기는 생명, 그 자체의 단계로서 내적인 것을 외부로 나타내는 것을 주로 하기 때문에 놀이나 작업, 노작이 신적인 본질을 표현하기에 적합하다고 보았다. 그는 아동교육을 실천함에 있어 〈표

2-3〉의 원리를 따를 것을 강조하였다.

표 2-3 프뢰벨의 교육원리

구분	내용
통일의 원리	우주에는 근본이 되는 힘, 즉 절대적인 것이 있는데, 그것을 신으로 보았다. 만물의 조화와 통일의 중심에 신이 있고 신은 생명의 근원이다. 따라서 자연과 정신은 통일을 추구해야 하며, 교육은 신성을 충분히 의식하여 생활 속에서 표현할 수 있는 방법과 수단을 제공해주는 것이다.
자기 활동의 원리	프뢰벨은 교육을 창조적인 자기 활동의 과정으로 규정하였다. 아동의 신성을 계발하기 위해서는 외부의 간섭이나 타율을 배제하고 아동의 흥미와 욕구에 충실한 자발적·능동적 교육이 이루어져야 한다고 주장한다.
노작의 원리	페스탈로치의 노작교육을 계승한 것으로 생산활동을 의미하며, 아동 최초의 생산활동을 놀이로 간주하였다. 노작은 생명 그 자체를 활동, 노작, 창조로 보았다. 노작교육은 그 자체가 목적이며 인간교육이고 노동을 통하여 신성을 표현한다. 그는 신의 선물로서 은물을 고안하여 놀이의 자료가 되도록 하였다.

이처럼 프뢰벨의 유아 및 아동교육사상이 현대 유아교육에 크게 영향을 미치고 있는 점으로는 아동 중심의 교육과 아동의 자기 표현 및 창조적 자기 활동의 원리를 들 수 있으며 유희의 교육적 가치에 대한 인식과 장난감의 교육적 의의, 노작교육의 정신을 말할 수 있으며, 교육에서의 개성과 사회성 존중을 들 수 있다. 특히 자기 활동의 원리는 미국의 교육, 노작교육, 예술교육 운동 및 몬테소리 교육 등에 많은 영향을 주었다.

3) 현대사회

아동의 세기라고 불리는 20세기는 인간의 권리에 대한 재조명이 이루어진 시기이다. 또한 교육의 대중화가 동반되면서 교육제도를 마련하고 유아교육에 대한 관심도 급증하였다. 현대사회의 교육사상에 많은 영향을 미친 듀이(Dewey)와 몬테소리(Montessori)를 살펴보면 다음과 같다.

(1) 듀이(Dewey, 1859~1952)

듀이(Dewey)

20세기를 대표하는 미국의 진보주의 교육사상가 존 듀이는 진보주의사상의 기반이 되는 미국 고유의 철학인 실용주의(Pragmatism)를 체계화시켰다. 실용주의는 관념이나 사상을 행위와 관련하여 파악하려는 철학으로 경험이나 행동과정에서 발생하는 여러 문제를 해결하는 도구로 인식하였다. 이러한 인식의 기반 위에 교육이란 이상이나 관념의 추구가 아니라 실생활 그 자체로서 현실생활의 일부이며, 경험을 통해서만 참된 교육이 가능하다고 보았다.

이에 따라 교육의 목적은 '성장'이며, 교육의 본질은 '계속적인 경험의 재구성'으로 규정하였다. 이는 경험을 통한 자기 경신의 연속이며, 바람직한 방향으로 변화되는 과정으로 성장의 연속인 것이다. 듀이는 성장의 원천 조건으로서 '미성숙'을 제시하였다. 미성숙은 결핍이나 부족, 미흡이 아니라 가소성(plasticity)과 의존성(dependence)의 특징을 지닌다고 하였다. 먼저 아동에게 '가소성'이 있다는 것은 이전의 경험을 바탕으로 현재의 문제에 맞게 기존의 경험을 적절히 변형하는 유연한 대처능력이 아동에게 내재해 있음을 의미한다. 또한 '의존성'이 있다는 것은 주위 환경에 대한 민감한 주의력과 주위 사람들이 하는 일에 대한 사회적 관심을 가지고 있다는 것을 의미한다. 미성숙의 힘 자체는 주위 환경과의 상호작용 속에서 발달하는 것으로 보아야 한다는 것이다.

듀이는 유아를 선하고 순수한 존재로서 문제 상황을 해결하기 위해 자신의 지성을 사용하고 경험하는 개체로 여겼다. 이처럼 듀이는 아동을 능력 있는 존재, 활동적인 존재, 환경에 능동적으로 상호작용하는 존재로 파악하였다. 그래서 문제해결의 경험이 부재하여 어린이의 삶과 분리되어버린 전통교육을 비판하였으며, 학교교육이 아동 중심 교육으로 전환되어야 함을 주장하였다. 또한 교육과정의 구성에 있어서 아동의 경험을 출발점에 두어야 하며, 아동에게 의미 있는 경험적 상황에서 다양한 선택의 자유를 부여하는 것이 가장 좋은 교육방법이라고 하였다.

(2) 몬테소리(Montessori, 1859~1952)

몬테소리(Montessori)

몬테소리는 이탈리아 역사상 최초의 여성 의사이다. 그녀는 로마대학 부속 정신병원에서 정신지체아를 치료한 경험으로 교육에 관심을 갖게 되었다. 지적장애와 정신질환의 구분이 명확하지 않은 시대에 의료적 접근보다는 교육적 접근을 통해 이들을 치료하고자 하였다. 몬테소리는 정신적 결함을 지닌 유아를 위한 교육방법을 개발한 세겡(Seguin)과 청각 및 언어장애 아이를 위한 교육방법을 발달시킨 이타르(Itard)의 영향으로 감각을 통한 학습방법을 발전시켰다. 이후 루소, 페스탈로치, 프뢰벨의 영향으로 아동의 자연적 성향을 따르는 교수법을 발전시켰다. 1907년 '어린이의 집(Casa dei Bambini)'을 개원하여 2~7세의 노동자 자녀를 교육하면서 장애아에게 사용한 교구를 활용하면서 자신의 교육사상을 발전시키고 몬테소리 프로그램을 개발하였다.

몬테소리는 아동을 '스스로 성장하고자 하는 내적 생명력을 가진 자유로운 존재'로서 무한한 가능성을 가진 능동적인 존재로 파악하였다. 그가 발견한 아동은 작업하기를 좋아하고, 질서를 지키며, 자기 주도적 학습능력이 있고, 정신적 조절이 가능하며, 정서적으로 안정된 특징을 나타내었다. 몬테소리 교육의 목적은 유아를 정상화시키는 것이다. 그녀의 교육의 핵심개념은 흡수정신, 민감기, 준비된 환경, 자동교육이다 〈표 2-4〉.

표 2-4 몬테소리 교육의 핵심개념

구분	내용
흡수정신	적극적으로 환경 속에 있는 정신의 요소를 흡수하여 자신을 성장시키는 창조력을 가진 무의식적인 정신 형태를 말한다. 유아는 정신발달에 필요한 기능을 출생 시에 가지고 태어나지만 정신적으로는 아직 미숙한 상태이다. 흡수정신은 태어날 때부터 시작되어 3세까지 활발하며 6세까지 계속된다. 출생 후 3세까지는 무의식적 단계로 환경의 다양한 인상을 적극적, 능동적, 전면적으로 흡수한다. 이 시기는 다양한 환경과 자극이 필요하며, 특히 모국어의 습득이 중요하다. 3~6세까지는 의식적 단계로 유아 전기에 무의식적으로 흡수한 환경들을 의식적으로 이해하면서 체계화해 나간다.
민감기	개인차가 있으나 주로 0~6세에 나타나며 유아가 특정한 것에 민감하고 예민해져서 적극적으로 환경과 상호작용하여 쉽게 배우는 독특한 시기이다. 민감기를 이루는 요인은 환경 속의 특정 요소, 민감한 감수성, 일정한 기간이다. 민감성은 연속적으로 이루어지며 한 가지에 집중되었던 민감성이 쇠퇴하면 다른 영역의 민감성이 발달하게 된다.
준비된 환경	몬테소리는 유아를 탐색자로 불렀는데, 유아의 탐색활동을 지원하기 위해서 교사는 직접적인 지도가 아니라 준비된 환경을 제공해 줌으로써 가능하다. 이로써 유아는 지적 · 심리적 성장을 위한 영양분을 외부의 환경으로부터 공급받게 되는 것이다. '준비된 환경'은 환경을 이차적인 삶 자체로 중시해야 하며, 아동을 위해 지적이고 감각적인 성인에 의해 조심스럽게 준비되어야 하고, 성인은 아동의 삶과 성장 속에 참여할 수 있어야 한다는 조건을 중시한다.
자동교육	유아는 준비된 환경 속에서 자신의 발달과 능력에 맞게 학습할 수 있다. 몬테소리 교구는 교구 속에 잘못이나 오류를 정정할 수 있도록 고안되어 유아가 시행착오를 거쳐 스스로 정정하며 교구의 교육목적을 이룰 수 있으며, 타인에게 의존하는 배움이 아니라 스스로 자율적인 자기 교수가 가능하다.

몬테소리는 교사는 보다 적게 가르치고 보다 많이 관찰하라고 강조한다. 교사는 유아의 활동을 지켜보고 유아와 환경을 자연스럽고 역동적으로 매개하는 안내자가 되어야 한다. 또한 유아의 자기활동의 조성자가 되어 민감기를 포착하고 내 · 외적 환경을 최상의 준비된 환경으로 구성해야 한다.

몬테소리는 프뢰벨의 교육사상에 많은 영향을 받았다. 몬테소리의 가장 두드러진 공헌은 과학적 교육학의 수립과 어린이집에 대한 새로운 발견에 있다. 그녀는 과학자의 눈으로 어린이집의 유아들을 직접 관찰하고 실험하여 어린이의 존재를 증명하였다. 그녀는 자신이 집필한 "어린이의 집에서의 유아교육에 적용된 과학적 교육의 방법"에서 과학적 교육학의 수립을 강조하였다. 몬테소리 교육은 유아들의 자유를 강조한 점에 그 특징에 있다. 즉, 교사의 지시를 받는 것이 아니고 자유로운 선택으로 자립을 배운다는 것이다.

2 우리나라의 유아교육사상

우리나라는 우리 고유의 천신숭배사상에서 삼국시대와 고려시대를 거치며 중국에서 전래된 불교가 정치와 삶을 지배하였다. 이 가운데 유학사상은 형식적인 교육기관을 중심으로 영향력을 발휘하였고, 특히 성리학을 지도이념으로 건국된 조선이 유교를 강력하게 장려하면서 모든 분야에서 중심 사상으로 자리매김하였다. 이후 조선이 대내·외적으로 혼란을 겪는 과정에서 출현한 동학사상이 민중들의 큰 호응을 받으며 생활 깊숙이 파고들었다.

우리나라의 전통사회는 영유아를 위한 형식적인 교육기관이 존재하지 않았지만, 가정을 중심으로 조기교육을 실시하였다. 우리나라의 유아교육사상을 안경식(2005)의 『한국 전통아동교육사상』에서 제시하고 있는 내용을 중심으로 불교, 유교 및 동학(천도교)사상을 살펴보면 다음과 같다.

1) 불교

불교에서는 인간 삶의 고통과 번뇌는 우주만물의 진상인 무상(無常), 무아(無我), 무지(無知)에서 비롯되는 것으로 보고 교육은 인과적 방법으로 바른 깨달음을 통해 바른 인격을 형성하여 자족하는 삶의 태도를 가지도록 돕는 것이다. 따라서 교육의 목적은 과학적 사고를 계발하고 증진시켜 자아와 세계를 바르게 이해하는 데 있다.

불교에서 인간의 존재는 연기(緣起)의 존재, 변화의 존재로서, 업(業)과 윤회(輪廻)의 산물이다. 그래서 인간은 전생의 업에 의해 현세가 결정되고, 현세의 업에 의해 내세가 결정되는 인과론적 삶을 살게 된다. 따라서 불교에서는 현상의 결과보다는 그 결과를 낳게 한 원인을 중시한다. 빈부귀천에 상관없이 깨달을 수 있는 가능성의 존재이기 때문에 누구나 깨달음을 통해 부처가 될 수 있다고 보았다. 때문에 아동을 미숙한 존재가 아니라 마음이 세속에 물들지 않아 순수함을 유지하고 있는 이상적 인간상으로 보고 신앙의 대상으로까지 여겼다. 즉, 중생이 추구해야 할 이상이라고 인식한 것이다.

중국 송나라 때 불서(佛書)인 『벽암록(碧巖錄)』에 교육의 의미를 성찰하게 하는 줄탁동시(啐啄同時)라는 사자성어가 있다. 이는 알 속의 병아리가 껍질을 깨뜨리고 나오기 위해 껍질 안에서 아직 여물지 않은 부리로 사력을 다하여 껍질을 쪼아대는 것을 줄(啐: 떠들 줄)이라 하고, 이때 어미 닭이 그 신호를 알아차리고 바깥에서 부리로 쪼아 깨뜨리는 것을 탁(啄: 쫄 탁)이라 한다. 줄과 탁이 동시에 일어나야 한 생명이 온전히 탄생하는 것이다. 이 비유는 알 껍질을 쪼는 병아리는 깨달음과 생명을 향하여 앞으로 나아가는 제자, 어미 닭은 제자에게 깨우침과 생명의 길을 일러주는 스승을 상징한다. 병아리와 어미 닭이 동시에 알을 쪼지만, 어미 닭이 병아리를 세상 밖으로 나오게 하는 것이 아니고 도움만 줄 뿐, 알을 깨고 나오는 것은 결국 병아리 자신이다. 줄탁동시(啐啄同時)에는 교육은 인격적 만남을 전제로 학습자의 노력과 교사가 깨우침의 적기를 포착하는 각별한 주의와 관심 그리고 적절한 지원의 중요성을 설명하고 있다. 결국 아동과 교사 간의 상호 교감을 통해 아동이 스스로 문제를 해결하도록 교사는 조력자의 역할에 충실해야 함을 강조하는 것이다.

2) 유교

조선조 500년 동안에는 유교로서 사상이 통일되면서 유교가 크게 발전하였으며, 이후 오랜 기간 동안 우리 사회의 기본적 윤리로 존중되면서 성인 중심의 사고체계 형성에 영향을 미쳤다. 이러한 사회 전반의 성인 중심적 사고가 교육에도 반영되어 교육은 성인 중심의 방향으로 이루어지게 되었다.

유학에서는 신분에 관계없이 인간의 본성은 선하다고 인정하는 긍정적인 인간관을 전제한다. 그러나 인간은 선한 본성을 지니고 있음에도 기질의 맑고 흐림, 순수하고 잡됨의 차이가 생기고 이는 수기(修己)를 통해 원래의 모습으로 돌아갈 수 있으므로 교육이 필요하다고 보았다. 즉, 본성이 기질에 가리워지게 되어 선악의 차이가 생기기 때문에 교육은 조기에 이루어질수록 효과적인 것으로 간주되었다. 교육은 어릴 때부터 적극적으로 관여하여 나쁜 행동과 생각이 스며들지 못하도록 해야 하는 것이다. 교육목표는 인욕(人慾)을 제거하고 하늘이 부여한 성품을 잘 보존하고 기르는 것이며, 이를 통해 성인군자가 됨을 제시하고 있다.

유교의 아동교육은 성인과 아동의 서열을 중시하면서 전 일상생활영역에서 유교의 사상을 행동으로 습관화시키는 것이 목표이다. 그래서 배움은 '본받는 것'이며, 익힘은 '새가 날갯짓 하듯 반복하는 것'으로 성인의 표준을 따르는 것이다. 즉, 아동들이 배워야 할 이상적인 인간은 과거 역사에서 성인군자로 칭송받는 이들이었고, 교육은 이들의 언행을 본받아 성인이 되는 것이다. 유아교육내용의 특징은 가정교육 중심, 남녀의 분별교육이고 발달적 특징을 고려하여 심리상의 절제나 행동상의 절도는 강조하지 않았다. 가정에서 아이들은 안채에서 어머니나 조모 등 여성 가족원들에 의해 양육되고 자조능력과 일상생활 적응훈련을 하였다. 그리고 7세가 되면 여아들은 그대로 안채에서 가사와 관련된 교육을 받았다. 남아들은 사랑채로 옮겨 조부와 함께 생활하면서 남자들의 일상적 삶을 통해 역할행위를 배우고 권위를 전수받았다.

3) 동학

동학은 조선 말기 국가적·사회적 위기 상황에서 개인과 사회, 국가를 구제할 수 있는 새로운 개벽(開闢)사상을 주장하며 등장하였다. 동학은 1860년 수운(水雲) 최제우(崔濟愚)가 창도한 민족종교사상으로, 한울의 도(天道)와 한울님(天主)을 믿고 모시는 시천주(侍天主) 사상을 주장하였다. 수운의 시천주사상은 그 뒤 해월 최시형의 사인여천(事人如天) 사상으로, 이어서 의암 손병희에 의해 인내천(人乃天)사상으로 전개되면서 인간평등과 인간존중을 주장하는 근대적 사상으로 발전하였다. 이는 인간을 누구나 한울님을 모신 평등한 존재로 인식하는 것이다. 아동교육과 관련해서는 실천적 지식인인 소파(小波) 방정환[1]에 의해 근대적 아동교육사상으로 이어졌다. 이러한 사상은 전통적 유교질서에서의 차별윤리를 거부할 뿐만 아니라, 인간을 비롯한 모든 생명체는 다 존중받아야 한다는 사상을 담고 있다.

소파 방정환

동학적 사상과 아동관을 계승한 방정환은 어린이는 선한 존재로 성인의 축소판이나 부속물이 아니라 완전한 하나의 인격체라고 정의하였다. 이상 세계인 하늘나라의 성품을 가진 '한울 뜻 그대로의 산 한우님'이라는 것이다. 이에 따라 교육은 아동의 성장과 활동을 돕는 것이기 때문에 교사는 성인의 생각을 어린이에게 강요하거나 재촉하지 말고, 선한 성품을 그대로 보존하고 확충하도록 지원해야 한다고 보았다. 완전한 사람은 조화로운 인물을 뜻하므로 지 · 정 · 의의 조화를 추구하면서 성장단계를 고려하여 감정의 동화를 동반한 흥미와 독특한 자기 세계를 표현할 수 있도록 하는 것이 중요하다고 하였다.

소파 방정환의 아동교육론의 의의는 본성적 측면과 환경적 측면으로 파악될 수 있다. 먼저 본성적 측면에서는 '아동의 세계'를 인정했다는 것이다. 아동의 어림(幼)과 미성숙은 계몽되어야 할 어떤 것이 아니라, "크게 자라날 어림"인 잠재 가능성이자, "새로운 큰 것을 지어낼 어림"인 성장 가능성으로 해석하였다. 환경적 측면에서는 아동의 올바른 성장을 도와주는 좋은 환경은 제공하고, 올바른 성장을 방해하는 나쁜 환경은 제거하라는 것이다.

1) 어린이날을 만들고 어린이의 복지 향상을 위해 활동한 작가이다. 어려서 계모 밑에서 자랐으며, 1917년 천도교 교주 손병희의 딸과 결혼하면서 손병희의 영향을 받아 인생의 전환기를 맞았다. 1920년 일본 도요대학에서 아동문학과 아동심리학을 공부했으며, 이듬해 천도교소년회를 조직하고 소년운동을 전개하였다. 그는 5월 1일을 '어린이날'로 선포하고, 세계명작동화집 〈사랑의 선물〉과 순수아동잡지 〈어린이〉를 창간하였다. '어린이'라는 명칭을 만드는 일에서부터 동화 창작과 번역, 구연, 강연 등 어린이를 위한 다양한 활동을 전개했지만 과로와 고혈압으로 인해 33세의 나이에 생을 마감하였다.

Chapter 03

우리나라 유아교육체제와 정책의 변천

03
Chapter

우리나라 유아교육체제와 정책의 변천

배울 내용

1. 우리나라 유아교육체제
2. 유아교육정책의 변천과정

학습목표

1. 우리나라 유아교육체제를 알게 된다.
2. 시대별로 유아교육정책의 변화에 대해 이해할 수 있다.

현재 우리나라 유아교육체제는 이원화되어 있다. 본 장에서는 이원화되어 있는 우리나라 유아교육체제를 이해하고, 유치원과 어린이집이 설립된 이후 시대에 따라 변화되어 왔던 유아교육정책을 살펴보고자 한다.

1 유아교육체제

현재 우리나라에서 출생 후부터 만 5세까지 유아를 위한 유아교육기관으로는 교육부의 유치원과 보건복지부의 어린이집으로 이원화되어 있다. 이 두 기관은 영유아를 대상으로 질 높은 교육과 보호를 제공하여 전인적 성장과 발달을 도모한다는 면에서는 근본적으로 동일하지만 현행법 상 유치원은 교육기관으로, 어린이집은 사회복지시설로 분류되어 있다.

2004년 「유아교육법」이 제정되면서 유치원은 「초·중등교육법」에서 분리되어, 2017년 4월 기준 「유아교육법」에 따라 교육부와 교육청에서 감독하고 있다. 한편, 어린이집 등 보육시설은 「영유아보육법」에 따라 보건복지부와 지방자치단체가 감독하고 있다.

이렇듯 유치원과 어린이집의 담당 기관이 이원화되어 있어 취학 전 어린이에 대한 체계적인 관리가 진행되기 어렵다는 비판도 있다. 그 예로 국가 수준의 유아교육과정 역시 유치원과 어린이집은 동일한 연령임에도 불구하고 다른 유아교육과정을 적용해 왔다. 즉, 유치원에서는 유아교육과정을, 어린이집에서는 표준보육과정에 따라 교육이 이루어져 왔다. 이에 교육과학기술부와 보건복지부에서는 유치원과 어린이집의 공평한 교육과 보육 기회 보장을 위해 2012년 3월 만 5세를 대상으로 어린이집 표준보육과정과 유치원 교육과정을 통합한 공통과정인 누리과정을 시작으로, 2013년 3월부터는 만 3~4세까지 확대되어 시행하고 있다. 따라서 현재 우리나라 유아교육과정은 만 3~5세 2019 개정 누리과정과 출생 후부터 만 2세까지 영아를 위한 표준보육과정이 시행되고 있다.

앞으로도 우리나라 미래의 주역인 영유아들에게 질 높은 유아교육을 제공할 수 있는 유치원 · 보육시설 통합으로 유아교육체제를 일원화하기 위하여 중앙정부에 영유아교육을 총괄하는 부처를 설치하고 행정체계를 정비함으로써 유치원과 어린이집의 대상연령 및 기능의 중복 등으로 인한 행 · 재정적 낭비와 혼란을 해소(이경희 외, 2012 재인용)할 수 있는 방안을 모색하는 데 많은 노력을 기울여야 할 것이다.

이원화되어 있는 우리나라 유아교육체제를 비교하면 〈표 3-1〉과 같다(이정원, 이혜민, 2014; 황해익 외, 2016).

표 3-1 유치원과 어린이집 체제 비교

<table>
<tr><th colspan="2">구분</th><th>유치원 교육</th><th>보육</th></tr>
<tr><td colspan="2">법적 근거</td><td>• 유아교육법(2005.1.30. 시행)
• 유아교육기관</td><td>• 영유아보육법(1991년 제정)
• 사회복지기관</td></tr>
<tr><td colspan="2">명칭</td><td>유치원</td><td>어린이집</td></tr>
<tr><td colspan="2">기능</td><td>교육(主) + 보호</td><td>보호(主) + 교육</td></tr>
<tr><td colspan="2">설립유형</td><td>• 국립유치원
• 공립유치원(단설 및 초등학교 병설)
• 사립유치원</td><td>• 국 · 공립어린이집
• 법인어린이집
• 민간어린이집
• 직장어린이집
• 부모협동어린이집
• 가정어린이집</td></tr>
<tr><td colspan="2">대상연령</td><td>만 3~5세</td><td>만 0~5세(방과 후 보육 만 12세)</td></tr>
<tr><td colspan="2">운영형태</td><td>보편주의</td><td>선별주의(실제로는 보편주의)</td></tr>
<tr><td colspan="2">운영시간</td><td>기본과정(4~5시간) + 방과 후</td><td>12시간(7 : 30~19 : 30) + 시간 연장</td></tr>
<tr><td colspan="2">교사 자격</td><td>유치원 교사 1 · 2급
(전문대학교 졸업 이상, 학과제)</td><td>보육교사 1 · 2 · 3급
(고등학교 졸업 이상, 학점제)</td></tr>
<tr><td rowspan="2">시설 기준</td><td>시설 면적</td><td>• 40명 이하: 5×정원m^2
• 41명 이상: (80+3)×정원m^2</td><td>영유아 1인당 4.29m^2
(놀이터 면적 제외)</td></tr>
<tr><td>기타</td><td>체육장: 160m^2(40명 이하)
120+정원m^2(41명 이상)</td><td>• 보육실: 영유아 1인당 2.64m^2
• 놀이터: 영유아 1인당 3.5m^2
(정원 50인 이상)</td></tr>
</table>

구분		유치원 교육	보육
교육비·보육료	국·공립	시·도교육감이 물가 등을 고려하여 결정	정부가 지원하는 보육 단가 범위 내에서 시·도지사가 결정
	사립/민간	자율(행정지도 실시)	시·도지사가 물가 등을 고려하여 결정(영유아보육법 제38조)
교사 자격		• 초·중등교육법의 유치원 교사 자격기준에 의함(명칭: 유치원교사) • 2·3·4년제 대학의 유아교육과 졸업자	• 영유아보육법의 보육교직원 기준(명칭: 보육교사) • 2·3·4년제 대학의 유아교육 또는 아동보육 관련 학과 졸업자, 보육교사 교육원 졸업 이상, 학점제
교육·보육 내용		2019 개정 누리과정(만 3~5세)	• 표준보육과정(만 0~2세) • 2019 개정 누리과정(만 3~5세)
관리부처		교육부, 교육청	보건복지부, 지방자치단체

2 유아교육정책의 변천

교육정책이란 국가에서 발생하는 교육문제들을 정치체제 안에서 해결하기 위해 일정 절차를 통해 교육목표를 설정하고 세부추진 방향과 계획을 수립하여 운영하는 지침서를 의미하는 것이다. 따라서 국가에서는 유아교육의 발전을 위하여 다양한 유아교육 및 보육정책을 수립하고 있다. 우리나라 영유아교육 및 보육정책의 변천과정을 양옥승(2015)은 〈그림 3-1〉과 같이 제시하고 있다.

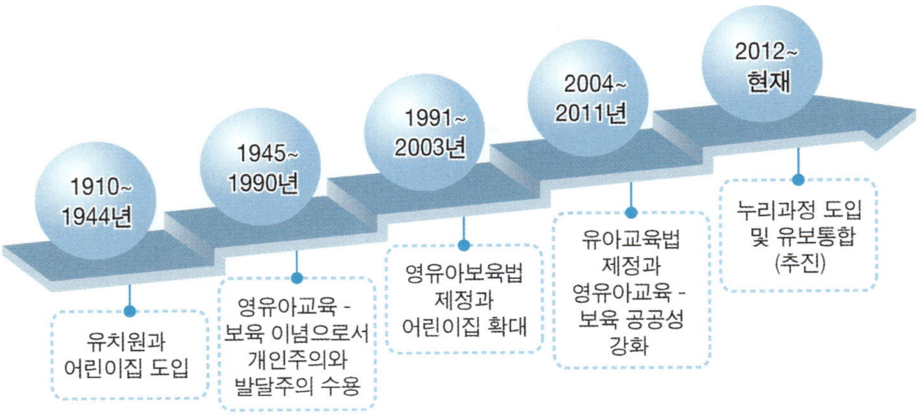

그림 3-1 한국 영유아교육·보육 변천사

초창기 유치원 및 어린이집 설립부터 오늘날에 이르기까지 유아교육 정책의 변천과정을 살펴보면 다음과 같다.

1) 1910~1944년: 유치원과 어린이집 도입

(1) 유치원

① 초기 유치원 도입(1910~1921년)

우리나라에 처음으로 유치원교육이 도입된 계통은 크게 두 가지로 나눌 수 있다. 하나는 일본인들이 일본인 자녀를 위해 세운 일본계 유치원이고, 다른 하나는 미국의 선교사들이 선교를 목적으로 세운 한국계 유치원으로 구분할 수 있다. 대표적인 일본계 유치원으로는 1897년에 설립된 부산유치원, 1900년 인천 기념 공립유치원과 경자기념 공립유치원이 있다(이경희 외, 2012).

한국 유아를 대상으로는 1909년 함경북도 경성군 나남읍에 정토종 포교원의 나남유치원, 1913년 경성유치원이 설립되었다. 그러나 나남유치원은 교사가 일본인이라는 점, 경성유치원은 당시의 고급 관리들의 자녀들만을 교육 대상으로 삼았고, 일본의 식민지 동화정책을 위한 사설 유치원의 성격을 가지고 있어 진정한 의미의 우리나라 최초의 유치원이라고 볼 수 없다(오석, 2005). 우리나라 사람이 세운 최초의 유치원은 밀양 지역 인사들이 중심이 되어 1910년 설립된 밀양유치원이라고 할 수 있다(양옥승, 2015).

1914년 이화학당 내에 미국의 선교사인 프레리가 이화유치원을 설립하였다. 이곳에서는 프뢰벨식 교육을 실시하였으며, 선교활동에 그 목적을 두었다. 1915년 최초의 유아교육 교사 양성기관인 이화유치원 사범과가 설치되어 유치원 교사가 배출되기 시작하였다.

1916년 우리나라 어린이들에게 어린 시절부터 독립 정신을 심어주기 위한 목적으로 3·1 독립운동의 민족 대표 33인 중 한 사람인 박희도에 의해 현 중앙대학교의 모태가 된 중앙교회 부설 중앙유치원이 설립되었다. 우리나라 최초로 설립주체, 설립목적, 교사 및 교육 대상이 한국인이라는 점에서 명실상부한 최초의 유치원으로 볼 수 있다(이경희 외, 2012).

한편, 우리나라 최초의 유치원에 관한 법적 근거로서 유치원 규정이 1911년 8월 칙령 제229호로 공포된 「조선교육령」에 포함되었다. 이것은 1949년 법률 제86호로 공포된 「교육법」 중 유치원 조항이 만들어지기까지의 유치원교육에 대한 법적 근거가 되었다.

② 유치원교육의 성숙(1922~1944년)

1922년은 유치원 교육 역사 상 가장 중요한 변화가 나타난 시기이다. 1922년 2월 16일 제2차 「조선교육령」이 공포되고, 제11호 「소학교령」이 공포되면서 유치원 설립인가 절차 및 시설기준 등 유치원에 관해 구체적으로 다루고 있었기 때문이다. 일본인이 제정한 법이긴 했으나 한국 유치원에 관한 규정이기 때문에 매우 중요한 의미가 있으며, 해방 후 우리나라 「교육법」이 제정되기 전까지 유치원의 유일한 법적 근거가 되었다.

한편, 1926년 경성보육학교가 서울 수송동에 설립되었고, 1922년 박희도에 의해 세워진 유치원 사범과가 1928년 9월 중앙보육학교로 승격되어 많은 유치원 교사가 배출되었다. 이에 전국적으로 유치원 수가 급증하여 1930년에는 222개의 유치원이 설립되었다. 그러나 1938년 이후로는 세계 전쟁의 영향으로 유치원 수가 감소되어 1945년 광복 전까지 165개의 유치원이 있었으며, 유치원 불필요론까지 대두되어 우리나라 유치원 발전은 지체되었다.

이상과 같이 광복 이전의 유아교육은 일본의 식민지 정책의 일환으로서 혹은 기독교를 선교하기 위한 목적에서 설립된 유치원이 당시의 항일 독립정신과 연결됨으로써 오히려 민족정신을 강화시키고 국권을 회복하기 위한 힘을 형성할 수 있는 것으로 여겨져 발달했다고 볼 수 있다(오석, 2005).

(2) 어린이집

우리나라 어린이집 사업은 1921년 태화기독교 사회관에서 빈민아동을 위한 구제사업의 일환으로 시작되었다. 즉, 저소득층 여성의 노동력 확보, 공업화 과정에서 발생한 노동자와 자본가 간 계급갈등 예방, 일본 불교 전도를 목적으로 설립되어 법적 근거도 미비하였다(양옥승, 2015).

1926년 일본불교재단이 만 3~6세 빈민가정의 유아를 대상으로 한 부산공생탁아소와 대구탁아소를, 1930년에는 개인 이응실이 공장 문전에서 어린 자녀 때문에 공장에 들어가지 못하고 그냥 돌아오면서 통탄하는 여직공을 보고 함경북도 청진에 청진탁아소를 설립하였다(양옥승, 2015). 그 외에도 1939년에는 평양에 전매국탁아소라는 직장탁아소가 설치되었고, 공립 2개소 등 11개소의 공 · 사립보육시설에서 435명의 영유아가 보육을 받은 것으로 기록에 나타나고 있다(이경희 외, 2012).

2) 1945~1990년: 영유아교육 · 보육 이념으로서 개인주의와 발달주의 수용

(1) 유치원

① **태동기**(1945년 광복 이후~1962년)

1945년 광복 이후 대한민국 정부가 수립된 후 교육계는 일제의 황민화 정책의 후유증과 해방 이후의 혼란, 정부의 무관심 등으로 발전의 기틀을 다지지 못했지만 1945~1948년 3년 간 미군정에 의해 유치원교육의 기반이 형성되었다(양옥승, 2015).

구국의 길은 교육의 길이라고 주장하면서 교육 발전을 위해 1945년 「교육법」을 제정 · 공포하여 유치원에 관한 조항이 포함되어 있었으나, 이때에는 국가 수준의 교육과정도 없고, 정부에서의 행정 · 재정적인 지원 및 교육활동을 장학 · 지도할 수 있는 체제도 없었기 때문에 정부나 문교당국에 의한 뚜렷한 유아교육정책은 없었다고 해도 과언이 아니다(신의숙, 2004).

1946년 미군정은 「군정법령」 제64호에 의해 문교부 보통교육국 초등교육과에 유치원 담당 업무를 규정하였다. 그 후 1948년 대한민국 정부가 수립되자, 정부는 민주국가 발전의 기본이 되는 교육의 기본법인 「교육법」을 1949년 12월 31일에 제정 · 공포하였다. 제146조, 제147조, 제148조에 유치원 교육의 목적, 목표, 취원 연령 등 유치원에 관한 내용을 규정하였으나, 구체적인 법이나 시행규칙은 없었던 시기였다. 구체적인 내용은 〈표 3-2〉와 같다(이경희 외, 2012).

표 3-2 교육법의 유치원에 관한 내용

제146조
유치원은 유아를 보육하고 적당한 환경을 주어 심신의 발달을 조장하는 것을 목적으로 한다.

제147조
유치원의 교육은 전조의 목적을 실현하기 위하여 다음 각호의 목표를 달성하도록 노력하여야 한다.
① 건전하고 즐거운 생활을 하기에 필요한 일상의 습관을 기르고, 신체의 모든 기능의 조화로운 발달을 도모한다.
② 집단생활을 경험시켜 즐겨 이에 참가하는 태도를 기르며, 협동, 자주, 자율의 정신을 육성한다.
③ 신변의 사회생활과 환경에 대한 바른 이해와 태도를 기른다.
④ 말을 바르게 쓰도록 지도하고, 동화, 그림책 등에 대한 흥미를 기른다.
⑤ 음악, 유희, 회화, 수기, 기타 방법에 의하여 창작적 표현에 대한 흥미를 기른다.

제148조
유치원에 입학할 수 있는 자는 만 4세로부터 초등학교 취학 시기에 달하기까지의 유아로 한다.

1950년 5월 국가가 국립 유치원 설치 계획을 발표하여 유치원 발전의 발돋움을 시작하려 할 때에 6월 25일 한국전쟁으로 우리 사회는 극도로 불안하고 빈곤하여 유치원

교육에 대한 관심은 매우 저하되었다. 그 후 1952년 공포된 「교육법 시행령」을 통해 유치원 설립인가, 원아 수, 교육과목, 교육일수 등에 대한 규정으로 균등한 교육기반의 최소한 법적 근거가 마련되었다. 1955년 2월 17일부터 「대통령령」 제1000호로 공포된 「교육법 시행령」에 의해 문화국 사회교육과에서 유치원교육에 관한 업무를 담당하게 되었다(이경희 외, 2012 재인용).

② **정비기**(1963~1968년)

이 시기는 1962년 「유치원 시설 기준령」, 1969년 제1차 유치원 교육과정 공포 등 정부가 유치원교육의 형식과 내용에 대한 정비에 많은 노력을 기울인 시기이다(신의숙, 2004). 즉, 1962년 8월 「문교부령」 제106호로 「유치원 시설 기준령」이 공포되어 1963년부터 시행되었다. 유치원의 위치, 원사, 시설과 설비, 완구와 교구, 소방시설 등에 대하여 구체적으로 명시되어 있어 그동안 무질서하게 설치, 운영되었던 유치원의 교육적 환경을 개선하는 데 중요한 법적 근거가 되었다. 또한 1963년부터 문교부에서 자격이 갖추어진 사람에게 유치원 1급 정교사 자격증, 2급 정교사 자격증, 준교사 자격증을 발급해 주었다(오석, 2005). 유치원 업무는 보통교육국 교육행정과에서 담당하게 되었다(이영석, 1997).

1968년에는 「문교부령」 제188조로 유치원 수업료 및 입학금 정액표가 정식으로 발표되어 전국을 5등급으로 나누어 월 300원에서 700원까지 수업료를 차등화하여 받도록 하였다.

한편, 1965년 사립초등학교 입시가 제도화되면서 유치원은 초등학교 입시를 준비하는 기관으로 전락하는 경향이 나타나게 되었다. 이에 1966년 7월 1일 유치원 교육과정을 마련하기로 결정하고, 유아교육 전문가들의 심도 깊은 연구가 시작되어 비로소 유치원의 양적 · 질적 발전을 위한 기초가 마련되었다(오석, 2005).

③ **성장기**(1969~1980년)

문교부는 유치원교육의 혼란을 바로잡고 유치원교육을 정상화시키기 위한 노력의 일환으로 1969년 2월 19일 우리나라 최초의 제1차 유치원교육과정을 공포하였다. 이는 자라나는 어린이들의 바람직한 성장 · 발달을 조성하는 유아교육의 특수한 목적과 기능을 소중히 여기고 이를 구현하기 위하여 제정되었으며, 건강한 신체와 건전한 정신으로 행복하게 생활할 수 있는 유능한 한국 국민이 될 기초 닦음을 목적으로 두었다.

교육과정의 조직은 초등학교와 같은 교과 중심의 교육은 피하고 생활영역을 중심으로 건강, 사회, 자연, 언어, 예능 등 5개 영역으로 나누어 학습내용을 선정하면서 비로소 유치원교육이 활성화되기 시작하였다.

1970년대 유아교육에 대한 중요한 사실은 유아교육의 기회 확대와 균등화를 위하여 공교육을 추진하기 시작했다는 것이다. 정부의 복지국가 구현의 정책에 부응하여 국가에서 유아교육의 공교육화 추진의 일환으로 1975년 부산에 1개, 1976년 서울에 4개의 공립유치원을 설립하였다. 그 결과 1981년까지 총 20개의 공립유치원이 서울시내에 설립되었다(정혜손, 2008).

1979년 3월 1일에는 제2차 유치원교육과정이 공포되었다. 이는 시대 · 사회적 변화에 대응하고, 유아교육의 새로운 이론적 체계를 반영하고자 하였으며, 국민교육헌장 이념 아래 국민적 자질의 함양, 인간교육의 강조, 지식 · 기술교육의 쇄신을 기본방침으로 하고, 자아실현, 국가의식의 고양과 민주적 가치의 강조를 일반목표로 제시하였다.

교육과정영역은 제1차 교육과정영역이 교과목 형식의 5개 생활영역별이었던 데에 비해 전인발달을 강조하는 명칭, 즉 사회 · 정서발달영역, 인지발달영역, 언어발달영역, 신체발달 및 건강영역 등 4개 발달영역별로 구분하였다.

유치원 업무는 1979년부터 서울특별시 교육위원회 초등교육과 내에 유치원 전담 장학사를 두어 유아교육기관의 장학을 맡도록 하였다.

④ **공교육 확대기**(1981~1990년)

1981년 제5공화국이 출범하면서 낙후된 유아교육을 육성하기 위하여 1982년 12월 12일 「유아교육진흥법」이 제정 · 공포되었다. 이것을 기점으로 민간 주도형에서 관(官) 주도형으로 바뀌면서 실질적인 변화를 가져오는 계기가 되었다.

먼저 문교부와 내무부는 유아교육기관의 불합리성을 해소하기 위해 종전의 내무부

산하의 새마을 협동유아원, 보건사회복지부 산하의 어린이집, 농촌진흥청 산하의 농번기 상설유아원을 흡수·통합하여 내무부 산하의 새마을유아원으로 통합하고, 1982년 공립유치원을 전국에 걸쳐 설립하였다. 이로써 유아교육기관은 유치원과 새마을유아원, 주무부서도 교육부와 내무부로 이원화하여 정부의 행정지원 및 재정지원을 체계화하였다.

한편, 1981년 12월에 제3차 유치원교육과정이 개정·공포되었다. 그 이전과는 달리 처음으로 초·중등학교 교육과정의 개정에 맞추어 상호 연계성 속에서 함께 개정되었다는 데 의의가 있다. 당시까지만 해도 유치원교육은 항상 교육의 맥락 속에서 특수영역으로 취급되거나 소외된 영역으로 전문적인 연구가 부족한 상태였으나 이와 같이 초·중등 교육과정과 함께 집중적으로 연구되고 개정되었다는 사실은 유아교육 역사에 커다란 발전의 기초가 되는 일이었다(이기숙 외, 2015).

1987년 6월 제4차 유치원교육과정이 개정·공포되었다. 이는 주기적인 교육과정 개정의 필요와 시대적·사회적 변화에 따른 교육과정의 개정요구, 제3차 유치원 교육과정의 내용 및 운영 상에 나타나는 문제점 개선 등을 위하여 이루어진 것이다. 즉, 교육목표의 재구성 및 조정, 교육내용 선정 및 구성의 융통성 확대, 교육자료의 풍부화 및 다양화, 평가활동의 정상화 등 구체적인 방향에 따라 이루어졌다(전선옥, 1997). 이 교육과정에서는 전인발달을 위한 교육을 강조하기 위하여 각 발달영역별 내용을 제시하지 않았고, 각 영역별로 일반목표와 하위목표로 구성하였다. 이는 교육목표를 지침으로 교사들이 교육내용을 자율적으로 설정할 수 있게 함으로써 다양성을 가질 수는 있었으나, 일정 수준의 질적 수준을 유지하기가 힘든 단점을 나타내게 되었다(신의숙, 2004).

(2) 어린이집

① 후생시설운영요령 시기(1945~1960년)

광복 이후 1960년대까지는 6·25 전쟁을 전후한 정치적·사회적 혼란기로 정부가 보육사업에 대한 뚜렷한 방침을 세우지 못한 시기였고, 당시 대량으로 발생한 요보호

아동(전쟁고아, 미아 등)을 위한 보호시설이 외국인 원조에 의하여 여러 지역에 설치되었다. 그러나 이 시기의 보육사업은 예방적 기능보다는 사후 처리적이고 구호적인 복지정책이었다. 이러한 시설들을 합리적으로 지도하고 감독하기 위해 1952년 10월에 「후생시설운영요령」을 시달하였다. 이 요령에서는 보육시설의 기능을 직장을 가진 부모의 자녀를 일시 또는 일정 기간 동안 위탁 보호하는 시설로 규정하였다.

많은 피난민이 몰린 부산에 1953년 시립탁아소와 1955년 사회탁아소가 설립되면서 타 지역으로 확산되었고, 1960년에는 전국 24개소의 시설에서 요보호아동들을 보호하였다. 그러나 이 시기의 보육시설들은 육아시설인 고아원과 큰 차이가 없이 시대적 요청에 따라 임시 구호적 성격을 강하게 가지고 있어 보육의 제 기능을 다하지 못하였다.

② 아동복지법 시기(1962~1982년)

본격적으로 보육사업이 실시된 것은 1961년에 「아동복리법」이 제정 · 공포되면서부터이다. 이 법에서는 탁아소를 법정 아동복지시설로 인정하고 보육시설의 설치기준, 종사자 배치기준, 보육시간, 보호내용 등을 구체적으로 규정하였다. 또한 탁아사업의 목적을 보호자가 근로 또는 질병으로 인하여 양육하여야 할 아동을 보호할 능력이 없을 경우에 보호자의 위탁을 받아 그 아동을 입소하여 보호함에 있다고 규정하여 탁아사업은 기능이 약화된 가정의 자녀를 대상으로 그들의 기본적 생존권 보호를 위해 제공되는 아동복지서비스라는 것을 최초로 법제화한 것이다. 1960년에 24개이던 보육시설은 이후 고아, 기 · 미아의 수용보호를 목적으로 설립된 육아시설들(고아원)이 사업목적을 보육사업으로 바꾸면서 계속 증가하게 되면서 1966년 말에 116개소, 1968년에는 202개소에 이르게 되었고, 보육아동도 2만 5,443명에 이르게 되었다.

1960년대 후반에는 경제개발 5개년 계획의 추진으로 도시화, 산업화가 진전되면서 보육수요가 늘어남에 따라 시설이 부족하게 되자 1968년 3월 14일 정부는 「아동복리법 시행령」에 근거한 「미인가탁아시설 임시 조치령」을 공포하여 민간시설 설치를 용이하게 하였다. 이를 계기로 종전에 법인만이 설치할 수 있었던 보육시설의 운영 주체를 대폭 완화하여 많은 시설을 인가하였고, 탁아소라는 명칭도 어린이집으로 바꾸어 부르게 되었다. 아울러 외국의 원조에 주로 의존하던 이들 시설에 대한 정부의 지원이 시작되었다. 이러한 과정에서 어린이집이 수적으로 크게 늘어났으나 보육의 질적인 수준은 매우 미흡하여 여러 가지 부작용을 낳게 되었다.

이에 따라 정부는 보육시설의 질적 향상을 제고하기 위한 조치로 1977년 2월 24일 「사회복지사업법 시행규칙」을 개정하여 보육시설의 법인 전환에 많은 편의를 제공하여 모든 시설의 법인화를 장려하면서 「미인가탁아시설 임시 조치령」을 폐지하였다. 그러나 법인 조치는 사유재산의 법인 환속이 수반되므로 오히려 시설 운영자들의 법인 전환 기피 등으로 보육시설이 수적으로 크게 위축되는 결과를 초래하였다.

한편, 정부는 경제개발정책의 지속적인 추진으로 보육수요가 계속 늘어남에 따라 1978년 4월 탁아시설 운영개선안을 마련하여 보육시설을 일반 아동에게도 개방하여 보육을 받을 수 있도록 하였다. 이에 따라 극빈 저소득층이 아닌 중산층의 아동도 어린이집을 이용할 수 있게 되었다.

또한 1981년 4월 13일 「아동복리법」이 「아동복지법」으로 전면 개정됨에 따라 무료탁아시설은 법인 이외의 자도 신고만으로 시설을 설치, 운영할 수 있게 되었다.

③ 유아교육진흥법 시기(1982~1990년)

제5공화국이 출범하면서 유아교육이 크게 강조되어 어린이집 대신에 새로운 유아교육체제를 모색하게 되었다. 이에 1982년 2월 22일 「아동복지법 시행령」을 개정하여 보육시설의 설치 근거를 삭제하고 내무부가 주관부서가 되어 그 해 3월 26일 유아교육진흥 종합 계획이 수립되었다.

정부는 유아교육과 보육의 진흥을 목적으로 1982년 12월 31일 「유아교육진흥법」을 제정 · 공포하였다. 이 법은 유아를 위한 유사기관을 일원화하여 교육체제를 정비하고, 유아교육진흥을 가속화하기 위한 법적 근거로 보육을 아동보호와 교육을 포함하는 통합적 개념으로 확대하는 계기가 되었다. 이 법에 의거하여 보육 관련 시설이 새마을 유아원으로 통합되고, 내무부, 교육부, 보건사회부의 세 부처가 보육사업을 담당하게 되었다. 즉, 내무부에서는 새마을유아원의 시설 확충과 운영관리를, 교육부에서는 장학지도, 교재 · 교구개발, 교사 양성을, 보건사회부에서는 아동 급식과 보건 위생 등을 맡아 운영 관리하였다(김기환, 2002). 「유아교육진흥법」에는 탁아기능에 관한 구체적인 규정은 없었으나 동법 제2조에서는 새마을유아원이라 함은 유아를 보육하거나 유아와 영아를 함께 보육하는 기관으로 규정하였다.

새마을유아원의 설치 목적이 맞벌이 부부 자녀를 보호하고 저소득층 자녀를 교육하는 역할을 병행하도록 되어 있었으나, 보육현장에서는 조기교육을 지나치게 강조하고 종일반보다는 반일반 운영을 주로 하였으며 보육내용도 유치원과 차이가 없는 등 문제점을 드러냈다. 이에 보건복지부에서는 새마을유아원의 한계를 극복할 수 있는 새로운 대안을 모색할 필요성이 제기됨에 따라 1989년 9월 19일 「아동복지법 시행령」을 개정하여 1982년 삭제된 보육시설의 설치 · 운영 근거를 부활하고, 1990년 1월 9일 동법 시행규칙을 위한 지침인 「탁아시설의 설치 · 운영 규정」을 마련하여 본격적인 사업을 도모하게 되었다. 그러나 「아동복지법 시행령」은 시설 설치의 주체가 법인으로 한정되었고 보육사업의 관장 부서가 보건복지부, 내무부, 교육부, 노동부 등으로 다원화되어 있어 예산의 중복 투자, 시설과 종사자 기준의 상이 등 많은 제약요인이 있었다. 이에 날로 급증하는 보육수요에 적극적으로 대처하고 체계적이고 효율적인 보육사업의 추진을 위해서는 보육 관련 법령의 통합과 주관부서의 일원화 등 보육정책에 일대 쇄신이 필요하다는 각 계의 요구가 높아졌다.

3) 1991~2003년: 영유아보육법 제정과 어린이집 확대

(1) 유치원

① 1990년대

1990년대에 이르러 강조된 경향은 유치원교육의 공교육화와 유치원교육을 기간학제에 포함시키기 위한 것이었다. 1991년 1월 14일 「영유아보육법」이 제정 · 공포되어 내무부가 관장하던 새마을유아원은 1993년까지 교육부 산하의 유치원이나 보건사회부

산하의 어린이집으로 전환하게 되었다. 이로써 유아교육은 교육부 유치원과 보건사회부의 어린이집으로 이원화되었다. 같은 해 12월 31일에는 「교육법」이 개정되어 유치원 입학 연령이 만 3세로 하향 조정됨에 따라 1992년 3월부터는 만 3세 유아가 취원하게 되었다. 따라서 1992년 9월 30일에 개정된 제5차 유치원교육과정에서는 교육과정영역을 발달영역에서 건강, 사회, 표현, 언어, 탐구 등 생활영역으로 편성하였고, 교육내용은 유아의 연령, 발달수준을 고려하여 조정할 수 있도록 Ⅰ수준과 Ⅱ수준으로 나누어 제시하였다.

1997년 6월 2일 교육개혁위원회에서는 유아교육을 공교육체제로 확립하기 위한 유아교육개혁안을 제시하였다. 이에 1997년 12월에 「초·중등 교육법」 안에 5세아 무상교육의 근거가 마련되었다. 구체적인 내용은 〈표 3-3〉과 같다.

표 3-3 5세아 무상교육의 근거

- 3세 이상 초등학교 취학 전 유아에 대한 교육을 유아학교체제로 구축
- 유아교육에 대한 국가와 지방자치단체의 지원 확대
- 초등학교 취학 전 유아에 대한 무상교육 수혜 권리 보장
- 2005년까지 유치원 취원률이 100%가 되도록 추진
- 광역자치단체와 기초자치단체에 유아교육진흥위원회를 설치·운영

한편, 1998년 6월 30일 제6차 유치원교육과정이 개정·공포되었다. 세계화·정보화·다양화를 지향하는 교육체제의 변화와 급격한 사회변동, 과학기술과 학문의 급격한 발전, 경제·산업·취업구조 등의 변화, 교육수요자의 요구와 필요의 변화, 교육여건 및 환경의 변화 등 교육을 둘러싸고 있는 내·외적인 체제 및 환경, 수요의 대폭적인 변화가 개정의 요인이라 할 수 있다(교육부, 1998).

교육부에서는 1999년 3월 창조적 지식 기반국가 건설을 위한 교육 발전 5개년 계획에서 누구에게나 필요한 교육을 제공하는 교육복지 사회구현을 위하여 유아교육 기회 확대 및 질적 수준 제고방안을 제시한 바 있다. 구체적인 내용은 〈표 3-4〉와 같다.

표 3-4 유아교육 기회 확대 및 질적 수준 제고방안

- 유아의 발달에 적합한 교육 실시
- 유아교육 기회를 확대하기 위하여 만 5세아 무상교육 실시 지원: 2000년부터 만 5세아에 대한 무상교육을 단계적으로 추진하여 2005년까지 취학 전 1년 취원율을 100%로 확대하는 계획 수립
- 생활보호 대상자 및 저소득층 자녀에 대한 유아교육비 보조 등 2000년도부터 저소득층 가정의 유아를 위한 교육비 보조
- 공립 병설유치원 시설 확충
- 유아교육 투자 우선 지역을 지정하여 유아교육진흥 확산 유도
- 지방자치단체의 유아교육에 대한 투자 촉진

② 2000년대

유아교육의 공교육화를 실현하기 위한 전제조치로서 정부에서는 관련 법규의 정비가 필수적이었다. 이에 교육부에서는 2000년 5월 19일 유아교육발전추진위원회를 구성하여 유아교육체제를 정비하고「유아학교법」을 추진하기에 이르렀다(심성경 외, 2004). 2001년「교육기본법」제20조에 국가나 지방자치단체는 유아교육의 진흥을 위하여 필요한 시책을 수립하고 시행하여야 함을 명시하고 있고,「초 · 중등교육법」(2002, 일부 개정)에서는 학교의 한 종류로서 유치원을 유아교육기관으로 규정하고 있다. 세부적인 조문은 〈표 3-5〉와 같다.

표 3-5 유치원 유아교육기관 규정의 세부 조문

제3장 유치원

제35조(목적)
유치원은 유아를 교육하고 유아에게 알맞은 교육환경을 제공하여 심신의 조화로운 발달을 조장하는 것을 목적으로 한다.

제36조(입학연령)
유치원에 입학할 수 있는 자는 만 3세부터 초등학교 취학 전까지의 유아로 한다.

제37조(무상교육)
① 초등학교 취학 직전 1년의 유치원교육은 무상으로 하되, 대통령령이 정하는 바에 의하여 순차적으로 실시한다.
② 국가 및 지방자치단체는 제1항의 규정에 의한 유치원교육을 받고자 하는 유아를 취원시키기 위하여 필요한 유치원을 설립 · 경영하여야 한다.

(2) 어린이집: 영유아보육법 시기(1991~2003년)

1980년대 후반부터 보육목적의 혼란과 사회 구조 변화에 따른 보육수요의 급증에 대처하기 위하여 보건사회부에서는 1989년 9월 19일 「아동복지법 시행령」을 개정하여 1982년 삭제되었던 「탁아시설의 설치 · 운영」 근거를 부활시켰으며, 1990년 1월 15일 그 세부지침으로 「탁아시설의 설치 · 운영 규정」을 마련하였다. 또한 정부에서는 1991년 1월 14일 보육사업의 일원화를 내용으로 한 법률을 의원 입법으로 추진하여 공청회, 토론회 등을 통한 의견을 수렴하여 독자적인 「영유아보육법」을 제정하였다. 정부는 이 법의 제정과정에서 내무부, 교육부, 보건사회부의 3부의 장관 합의하에 「유아교육진흥법」에 의거하여 설치, 운영해 온 새마을유아원을 1993년까지 「교육법」에 의한 유치원과 「영유아보육법」에 의한 보육시설로 전환하도록 결정하였다. 이어서 정부는 「영유아보육법 시행령」(대통령령 제13444호, 1991. 8. 1)과 「영유아보육법 시행규칙」(보건사회부령 제876호, 1991. 8. 8)을 공포, 시행함으로써 오늘날과 같은 보육사업의 법적 체제를 체계화시켰다.

「영유아보육법」이 지향하는 보육정책의 기본 이념은 전통적인 아동의 가정 양육 원칙과 자유민주주의 이념의 원칙에 따라 보육정책 대상을 보호자가 보육하기 어려운 영유아로 한정하여 불필요한 국가 개입을 최소화하고, 「교육법」에 의한 유아교육제도와 구분을 명확히 하였다. 또한 보호냐 교육이냐로 그 동안 계속되어 온 논란에 종지부를 찍고 보호와 교육을 통합한 보육이라는 진일보된 개념으로 전환하였다. 이러한 기본 이념에 따라 보육의 내용도 아동에 대한 교육, 영양, 안전 등 보호와 교육뿐만 아니라 부모에 대한 서비스와 지역사회와의 교류까지 포함하는 종합적인 서비스를 제공하도록 하였다. 결국 보육정책을 통하여 아동복지, 여성복지, 가정복지 및 지역사회발전을 동시에 도모하려는 생산적인 복지사업을 지향하게 된 것이다. 아울러 국가와 지방자치단체는 부모와 함께 영유아를 건전하게 보육할 책임을 지도록 명시하였다. 이에 따라 보육에 관한 기획과 조사 등 필요한 사항을 심의하기 위하여 중앙보육위원회를 보건복지부에 두고, 지방에는 시 · 도 및 시 · 군 · 구에 지방보육위원회를 두도록 하였고 보육에 대한 정보 제공과 상담을 위하여 시·군·구에 보육정보센터를 의무적으로 설치·운영하도록 하였으며, 저소득층 자녀의 보육비용은 정부가 부담하도록 하여 보육문제에 대한 국가와 지방자치단체의 책임을 강화하였다.

1992년에는 직장 및 민간보육시설 확충을 위해 「건축법 시행령」을 개정하여 단독주택과 공동주택의 용도 변경 없이 가정보육시설을 설치할 수 있도록 하였고, 1995년에는 「영유아보육법 시행령」을 개정하여 상시 여성 근로자 300인 이상 고용 사업장은 직장보육시설 설치를 의무화하였다(김의영, 1997).

이후 정부는 보육시설 확충 3개년 계획(1995~1997)을 통하여 영유아의 건전한 육성과 보호자의 경제적·사회적 활동의 지원을 통하여 가족복지 증진을 도모하고자 노력하여 보육시설의 양적 팽창이 이루어졌다. 현재 보육사업은 질적 제고를 위해 보육시설평가제를 실시하고 있으며, 다양한 보육 프로그램 개발, 종사자 처우 개선, 교재·교구 보급 등 보육서비스의 수준 향상을 위해 노력하고 있다. 즉, 이 시기의 보육사업은 「영유아보육법」에 의한 보호와 교육의 통합적 개념으로서의 보육서비스를 제공하여 영유아의 건전한 성장과 가정복지 증진의 실현을 강조하고 있다.

4) 2004~2011년: 유아교육법 제정과 영유아교육·보육의 공공성 강화

(1) 유치원

2004년 1월 29일 「유아교육법」이 제정·공포되었다. 이로써 마침내 유아교육은 초·중등교육과 동등하게 공교육으로서의 기본 틀을 갖추게 되었다는 데 매우 중요한 의의가 있다. 「유아교육법」의 주요 골자는 〈표 3-6〉과 같다(양옥승, 2015).

표 3-6 유아교육법의 주요 골자

영역	내용
목적 및 정의	• 만 3세부터 초등학교 취학 전까지 유아의 교육을 실시하기 위하여 유치원을 둠 • 유치원은 공공성을 가지며, 학생의 교육 외에 학술과 문화적 전통을 유지 · 발전시키고 주민의 평생교육을 위하여 노력해야 함 • 유치원교육은 학생의 창의력 계발 및 인성의 함양을 포함한 전인적 교육을 중시하여 이루어져야 함
책임	• 국가 및 지방자치단체는 보호자와 더불어 유아를 건전하게 교육해야 할 책임을 짐
유치원의 종류 · 설립	• 국립유치원, 공립유치원, 사립유치원
교원의 자격 (정교사 2급)	• 대학에 설치하는 유아교육과 졸업자 • 대학(전문대학 및 이와 동등 이상의 각종 학교를 포함) 졸업자로서 재학 중 소정의 보육과 교직학점을 취득한 자 • 교육대학원 또는 교육부장관이 지정하는 대학원의 교육과에서 유치원교육과정을 전공하고 석사학위를 받은 자 • 유치원 준교사자격증을 지닌 자로서 2년 이상의 교육경력을 가지고 소정의 재교육을 받은 자
유치원 생활기록	• 유치원의 장은 유아의 발달 등을 종합적으로 관찰 · 평가하여 유아생활지도 및 초등학교 교육과의 연계지도에 활용할 수 있도록 하기 위하여 교육부장관이 정하는 기준에 따라 생활기록부를 작성 · 관리하여야 함
비용	• 초등학교 취학 직전 1년의 유아교육은 무상교육으로 하되, 대통령령이 정하는 바에 따라 순차적으로 실시함 • 무상교육에 필요한 비용은 국가 및 지방자치단체가 이를 부담하되, 유아의 보호자에게 지원하는 것을 원칙으로 함 • 유치원의 설립 · 경영자는 교육부령이 정하는 바에 따라 수업료 등 교육비용, 그 밖의 납부금을 받을 수 있음 • 국가 및 지방자치단체는 제24조 제1항의 규정에 따른 무상교육 대상이 아닌 유아 중에서 「국민기초생활보장법」의 규정에 따른 수급권자와 대통령령이 정하는 저소득층 자녀의 유아교육에 필요한 비용의 전부 또는 일부를 예산의 범위 안에서 지원하되, 유아의 보호자에게 지원하는 것을 원칙으로 함

한편, 2008년부터 「유아교육법」 제19조 제1항에 의거하여 유치원 평가를 실시하였다. 2008~2010년까지 1주기 평가, 2011~2013년까지 2주기 평가, 2014~2016년까지 3주기 평가를 마쳤다.

2017년부터 2019년까지 진행되는 4주기 평가의 목적은 누리과정을 충실히 운영할 수 있는 유치원 운영체계 구축 및 유치원의 책무성 제고, 유치원 운영 개선, 학부모의 유치원교육에 대한 만족도 제고 등이다(임미혜 외, 2018).

(2) 어린이집

「정부조직법」 개정으로 2004년 6월부터 보육업무가 보건복지부에서 여성가족부로 이관되었고, 2005년 1월 30일부터는 보육서비스의 다양화와 질적 수준 향상 및 보육의 공공성 강화를 통해 보육사업의 발전 추구에 목적을 두고 2004년 전문 개정된 「영유아보육법」에 따라 여성가족부는 소득수준에 따른 차등보육료 지원 대상 확대, 국·공립 보육시설 확충, 민간시설의 공보육적 성격 강화에 중점을 두고 정책을 추진하였다. 아울러 다양한 보육수요(영아, 장애아, 시간연장형)에 적극 대처하고, 시설 설치기준 강화 및 보육인력 전문성 및 처우 개선, 보육시설평가인증제, 표준보육 프로그램, 보육시설재무회계규칙, e-보육(표준보육행정시스템) 도입을 통하여 보육서비스의 질적 향상과 보육시설운영의 투명성 제고를 위한 정책을 추진하였다. 그러나 여성가족부에서 담당하던 보육업무는 2008년 2월 말 다시 보건복지가족부로 이관되어 현재는 보건복지부 보육정책국에서 담당하고 있다.

2006년 7월 제1차 중장기 보육계획(2006~2010)인 새싹플랜을 발표하였다. 비전 및 정책과제는 〈그림 3-2〉와 같다.

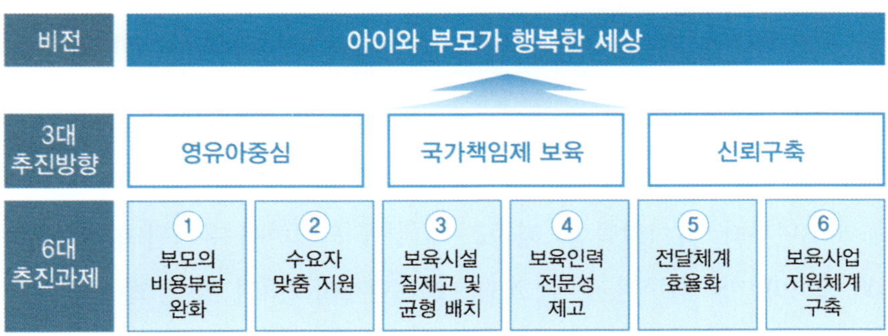

그림 3-2 새싹플랜 비전 및 정책과제

출처: 여성가족부(2013). 제2차 중장기 보육정책.

저소득층 위주의 지원에서 벗어나 중산층까지 확대하고, 공급자 중심에서 수요자 중심의 정책의 전환하는 체계를 구축하였다. 5개 정책 분야별 구체적인 20가지 과제는 〈그림 3-3〉과 같다.

정책분야	정책 과제
공보육 기반조성	• 중장기 수급계획에 따른 보육시설 확충 • 국공립 보육시설 확충 • 기본보조금 제도 도입
부모 육아부담 경감	• 보육비용 지원 확대 • 영아보육 활성화 • 취업 부모에 대한 지원 강화
다양한 보육서비스 제공	• 보육시설 이용시간 다양화 • 장애아 보육 활성화 • 농어촌 보육서비스 확대 • 방과후 보육프로그램 활성화 • 포괄적 보육서비스 등 활성화
아동 중심의 보육환경 조성	• 보육시설 환경 개선 • 건강 · 영양 · 안전관리 강화 • 보육인력 전문성 제고 및 처우개선 • 표준보육과정 개발 · 보급
보육서비스 관리체계 강화	• 보육시설 평가인증시스템 구축 • 보육행정시스템 구축 • 지자체 보육정책 활성화 • 지역사회 참여 및 시설운영 투명성 제고 • 보육사업 추진관련 인프라 확충

그림 3-3 5개 정책 분야별 구체적인 20가지 과제

출처: 여성가족부(2006). 제1차 중장기 보육정책.

2008년 새 정부가 들어서면서 제1차 중장기 보육계획인 새싹플랜을 보완하고 수정하여 아이사랑플랜을 발표하였다. 이는 능동적 복지를 구현하기 위해 보육에 대한 국가의 책임을 강화하고 수요자 중심 보육정책으로의 개편을 추진하기 위하여 2008년 12월 19일 「영유아보육법」 개정과 함께 이루어졌다.

한편, 「영유아보육법」 제30조에 근거하여 팽창한 어린이집의 효과적인 질 관리를 위해

2006년부터 평가인증을 실시하였다. 어린이집 평가는 1, 2차를 거쳐 3차 2017년 11월부터는 유보통합지표를 적용한 제3차 평가인증이 시행되었다(한국보육진흥원, www.kpci.or.kr).

5) 2012년~2017년: 누리과정 도입 및 유보통합(추진)

(1) 유치원

정부는 영유아가 건강하게 성장·발전할 수 있는 환경을 만들어 주는 것은 국가의 책임인 것을 강조하고 2013년 12월 유보통합 추진방안을 마련하였다. 2014년 국무총리실 산하에 유보통합 추진단을 구성해 교육부의 유치원과 보건복지부의 어린이집 간 업무통합을 추진할 계획이었다. 정부가 구상하는 유보통합은 유치원과 어린이집 중 어느 한쪽을 통합하기보다 학부모의 선택권 보장을 위해 유치원과 어린이집의 여러 기관형태는 두고 학부모가 겪는 불편과 불합리를 해소해 나가는 것이다. 유보통합의 주요내용은 〈표 3-7〉과 같다(황해익 외, 2016 재인용).

표 3-7 유보통합의 주요내용

- 유치원과 어린이집의 서비스 질을 높이는 과제, 즉 유치원과 어린이집의 원비·교사·특별활동·급식 등 정보공시내용 확대, 연계 및 통합, 평가기준, 평가인증 연계, 재무회계 규칙적용 확대 및 공통 적용항목 개발을 추진한다.
- 2015년도에는 다양한 규제환경 정비로, 예를 들어 교사자격과 양성체제 정비 및 연계 추진이다.
- 3단계인 2016년에는 관리부처와 유아교육·보육 재정의 통합으로 유치원·어린이집 간 교사처우 격차를 해소하여 단계적 지원과 교육부-복지부, 교육청-지방자치단체 등 예산통합이 주요 과제이다.

유보통합 노력의 일환으로 2015학년도에는 유아학비, 보육료지원 결제카드, 유치원·어린이집 정보공시, 평가체계, 유치원·어린이집 시설기준 등을 통합하였으며, 어린이집 미설치지역 0~2세를 대상으로 유치원 취원을 허용하는 방안을 마련하였다.

한편, 2011년 개정된 「유아교육법」 및 「영유아보육법 시행령」에 따라 2012년부터 만 5세 유아 전원을 무상교육 및 보육 대상에 포함시키는 내용과 함께 유치원과 어린이집에 다니는 만 5세 유아를 위한 유치원 유아교육과정과 어린이집 표준보육과정이 통합된 국가 수준의 공통과정인 5세 누리과정이 시행되었다. 또한 2013년부터는 소득과 관계없이 만 3~4세 유아에 대한 유치원비, 보육비 지원과 만 3~4세까지 누리과정을 확대하여 제정 · 적용되었다.

(2) 어린이집

2013년 7월 제2차 중장기 보육계획(2013~2017)이 발표되었다. 아이는 행복하고 부모는 안심하는 보육환경 조성을 위한 3대 전략과 6대 추진과제를 제시하였다(그림 3-4).

비전	아이는 행복하고 부모는 안심할 수 있는 세상	
3대 전략	아이의 건강한 성장 발달 / 국가 책임 실현 / 참여와 신뢰 증진	
6대 추진과제	1. 부모의 보육 · 양육 부담 경감	• 0~5세 보육료 · 양육수당 전 계층 지원 • 보육료 적정화 및 부모 추가비용 경감
	2. 수요자 맞춤형 보육 · 양육 지원	• 아동과 가족 특성별 맞춤형 지원 • 장애아 · 다문화 영유아 맞춤형 지원
	3. 공공성 확대와 품질 관리 강화	• 믿고 맡길 수 있는 어린이집 확대 • 서비스 질 관리 강화 및 진입 · 퇴출 등 연계
	4. 양질의 안심 보육 여건 조성	• 보육 인력의 역량 지원 강화 및 처우 개선 • 영유아의 발달에 적합한 질 높은 보육프로그램 제공 • 아이가 안전한 보육 환경 기반 마련
	5. 신뢰가 있고 투명한 보육 생태계 구축	• 참여 · 정보공개 · 신뢰 등 민관 협력 기반 조성 • 효율적 · 체계적인 보육 3.0 관리시스템 구축
	6. 보육서비스 재정 및 전달체계 개선	• 체감도 높은 보육 · 양육지원 전달체계 강화 • 중앙 · 지방 간 보육 재정의 합리적 분담 • 바람직한 한국형 유보통합 추진방안 검토

그림 3-4 비전 및 추진과제 체계도

출처; 여성가족부(2013). 제2차 중장기 보육정책.

6) 2018년~2022년 현재: 교육기회의 평등 보장

(1) 유치원

교육부는 2017년 12월 '모든 아이는 우리 모두의 아이'라는 교육철학에 맞춰 저소득층 유아의 교육기회를 확대하고 출발선 단계부터 모든 유아가 실질적으로 균등한 교육기회를 받을 수 있도록 〈그림 3-5〉에서 보여주는 바와 같이, 향후 5년 간 유아교육의 발전 기본계획을 발표하였다(교육부, 2018).

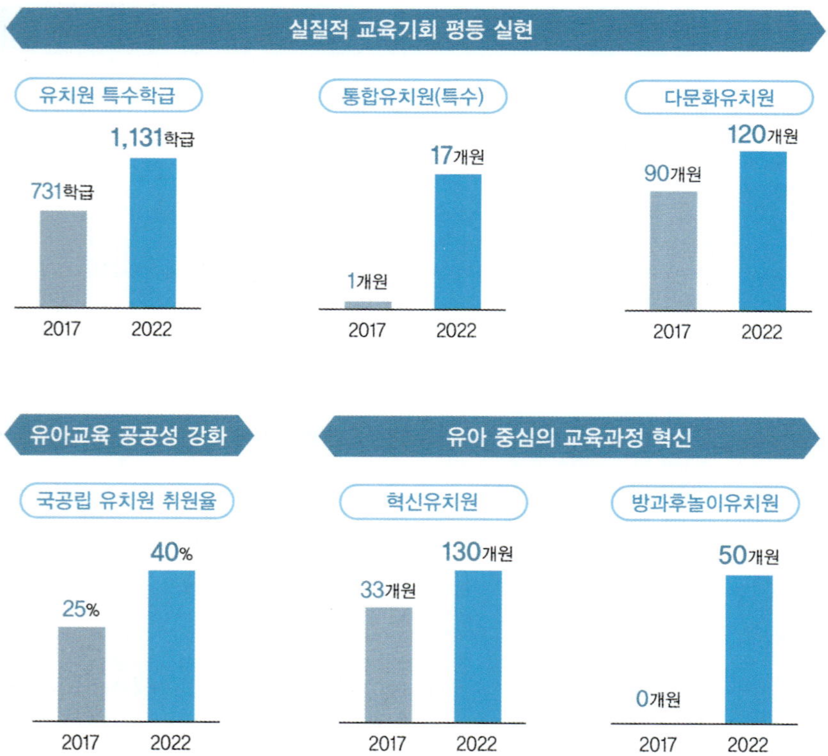

그림 3-5 향후 5년간 유아교육 발전 방향

출처: 교육부(2018). 유아교육발전 기본계획(2018~2022).

유아교육 혁신방안의 비전은 유아교육에 대한 국가 책임 강화와 교육문화 확산으로 설정하고, 이를 위해 네 가지 추진과제를 제시하였다. 첫째, 유아교육 사각지대의 해소를 통한 희망사다리 복원, 둘째, 교실 혁명을 통한 유아 중심의 교육문화 조성, 셋째, 교육공동체와 함께 유아의 건강한 발달 지원, 넷째, 유아교육 혁신을 위한 행정시스템 구축이다. 구체적인 주요 내용을 살펴보면 〈그림 3-6〉과 같다.

	비전 · 목표 및 추진과제	
비전	유아교육에 대한 국가책임 강화와 교육문화 혁신을 통해 교육의 공공선(公共善) 실현	
목표	• 국가 책무성 강화를 통한 양질의 유아교육 및 실질적 교육기회 평등 보장 • 유치원, 교원, 학부모 등 교육공동체와 함께 유아발달 지원 • 교육현장과의 협력체계 구축을 통해 유아교육 공공성 확보	
추진과제	1. 유아교육의 공공성 강화를 통한 교육의 희망사다리 복원	• 국공립 유치원 확대를 통한 국가책임 강화 • 희망사다리 복원을 통한 실질적 교육기회 평등 실현 • 건전한 사립유치원 육성 · 지원을 통한 공공성 강화
	2. 교실혁명을 통한 유아중심의 교육문화 조성	• 유아가 중심이 되는 교육패러다임 전환 • 영유아 대상 과도한 사교육 문화 개선
	3. 교육공동체와 함께 유아의 건강한 발달 지원	• 학부모가 안심할 수 있는 유아 교육환경 조성 • 학부모 참여 강화로 유아의 건강한 발달 지원 • 교원의 업무부담 완화를 통한 유아와의 상호작용 강화
	4. 유아교육 혁신을 위한 행정시스템 구축	• 현장에 적합한 평가체계 마련 • 사립유치원 행정지원 체계 정비
추진체계	교육부–교육청–현장(유치원, 교사, 학부모), 관계부처(기관) 간 종합적 · 체계적 지원체계 구축	

그림 3-6 유아교육발전 기본계획(2018~2022)의 비전, 목표, 추진과제

출처: 교육부(2018). 유아교육발전 기본계획(2018~2022).

더불어 2019년에는 만 3~5세 누리과정을 전면 개정하였다. '유아가 중심이 되는 교육 패러다임 전환'을 실천하기 위해 유아중심 · 놀이중심의 '2019 개정 누리과정'이 고시되어 2020년 3월부터 시행되고 있다. 구체적인 누리과정의 혁신방향을 정리하여 제시하면 〈표 3-8〉과 같다.

표 3-8 누리과정 혁신방향

현행 누리과정	구분	개편방향
• 초등학교 준비교육 위주의 학습 • 유아 개개인의 특성 반영 미흡	구성방향	• 개별 유아의 다양한 특성을 고려할 수 있도록 내용 구성 최소화
• 계획서 위주의 교사 주도적 교육 • 구조화된 놀이학습 위주 교육	주요내용	• 유아의 자유놀이 권장 • 놀이 관찰과 기록, 교사 · 유아와의 질적 상호작용 등 강조
• 지나치게 세부적이고 복잡한 구성 (5개 영역, 주제, 소주제, 단위활동)등으로 현장의 자율적 구성에 한계	구성체계	• 유치원 교육과정 운영의 다양성과 자율성을 최대화하기 위해 세부 내용 삭제

출처: 교육부(2018). 유아교육발전 기본계획(2018~2022).

(2) 어린이집

보건복지부는 2017년 12월 '영유아의 행복한 성장을 위해 함께하는 사회'를 비전으로 한 제3차 중장기보육 기본계획(2018~2022)을 발표하였다. 보육의 공공성 강화, 보육체계 개편, 보육서비스 품질 향상, 부모 양육지원 확대 등 4개 목표를 수립하였다. 각 목표별 구체적인 추진전략은 〈그림 3-7〉과 같다.

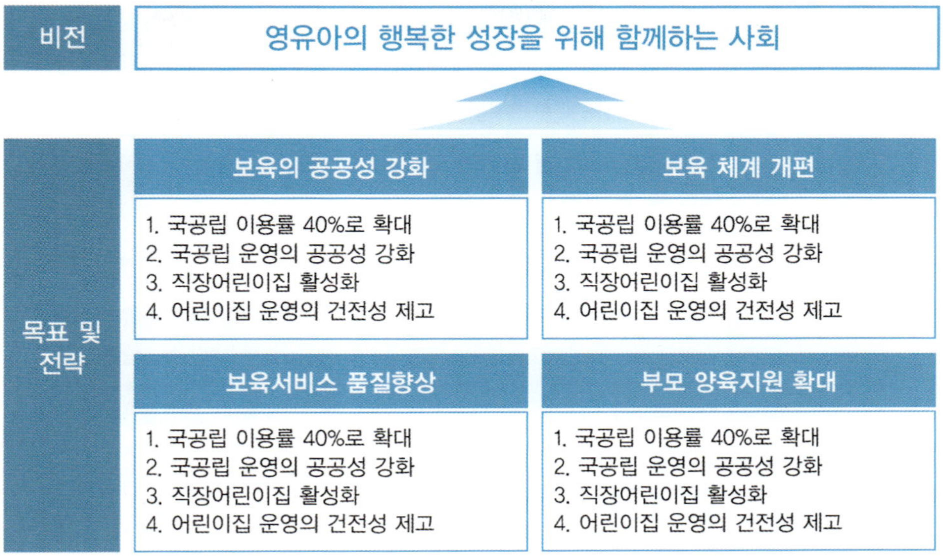

그림 3-7 제3차 중장기 보육 기본계획(2018~2022)의 비전 및 정책과제 체계도

출처: 보건복지부(2018). 제3차 중장기 보육 기본계획(2018~2022).

7) 2023년~2027년: 유보통합 본격 추진

정부는 2022년 12월 11일 오는 2025년 1월부터 유치원 · 어린이집 관리 체계를 지방자치단체에서 시도교육청으로 넘겨 어린이집과 유치원 관리 체계를 하나로 합치는 이른바 '유보통합'을 본격 추진한다고 발표했다(2022. 12. 12 조선일보 기사). 현 정부가 유보통합을 국정 과제로 내걸긴 했지만 구체적인 시기를 밝힌 건 처음이다. 이로서 영유아는 유치원과 어린이집 어디에 다녀도 양질의 돌봄과 교육을 받을 수 있게 될 것이다.

보건복지부는 2022년 12월 보육 양육 서비스의 질적 도약으로 '모든 영유아의 행복한 성장 뒷받침'을 비전으로 한 제4차 중장기 보육 기본계획(2023~2027)을 발표하였다(보건복지부 보도자료, 2022.12.13). 국정과제인 '안전하고 질 높은 양육환경 조성'을 실현하기 위한 총 4개 전략, 16대 주요과제로 구성되었다. 구체적인 내용은 다음 〈그림 3-8〉과 같다.

비전	보육 · 양육서비스의 질적 도약으로 모든 영유아의 행복한 성장 뒷받침
목표	• 영유아 성장발달 시기별 최적의 국가 지원 강화 • 미래 대응 질 높은 보육 환경 조성 • 모든 영유아에게 격차 없는 평등한 출발선 보장

4대 중점전략 16대 주요과제

	전략	주요 과제
I	종합적 양육지원 강화	1. 부모급여 도입으로 영아기 양육비용 경감 2. 종합적 육아 지원 서비스 제공 3. 맞춤형 양육정보 제공으로 부모 양육역량 강화 4. 육아 건강 · 상담서비스 지원 강화
II	영유아 중심 보육서비스 질 제고	1. 어린이집 보육 최적의 환경 조성 2. 어린이집 품질관리 체계 개편 3. 영유아의 건강한 성장 · 발달 지원 및 권리존중 확산 4. 놀이 중심 보육 과정 내실화
III	보육교직원 전문성 제고 및 역량 강화	1. 보육교직원 양성 및 자격체계 고도화 2. 보육교직원 전문역량 강화 3. 보육교직원 권익 보호 환경 조성 4. 보육교직원 근무환경 및 합리적 처우개선
IV	안정적인 보육서비스 기반 구축	1. 어린이집 안정적 · 효율적 지원체계 마련 2. 공공보육 확대 및 내실화 3. 인구구조 변화에 따른 보육의 사각지대 예방 4. 전달체계, 시스템, 홍보 고도화

그림 3-8 제4차 중장기 보육 기본계획(2023~2027)의 비전 및 정책과제 체계도

출처: 보건복지부(2022). 제4차 중장기 보육 기본계획(2023~2027).

Chapter 04

유아교육과 발달이론

04

Chapter

유아교육과 발달이론

배울 내용

1. 성숙주의이론
2. 정신역동이론
3. 행동주의이론
4. 인지이론
5. 동물행동학이론
6. 생태학적 체계이론

학습목표

1. 성숙주의이론의 발달관점과 함의점을 이해한다.
2. 정신역동이론의 발달관점과 함의점을 이해한다.
3. 행동주의이론의 발달관점과 함의점을 이해한다.
4. 인지이론의 발달관점과 함의점을 이해한다.
5. 동물행동학이론의 발달관점과 함의점을 이해한다.
6. 생태학적 체계이론의 발달관점과 함의점을 이해한다.

인간의 발달은 전 생애에 걸쳐 일어나는 양적 · 질적인 변화를 의미한다. 영유아기는 전 생애발달을 이루는 중요한 초석이 되는 시기로 이후 학령기 및 청소년기 발달에 지속적인 영향을 미치게 된다. 본 장에서는 인간발달에 관련된 여러 가지 이론을 성숙주의 이론, 정신역동 이론, 행동주의 이론, 인지이론, 동물행동학 이론 및 생태학적 체계이론을 중심으로 자세하게 살펴보고자 한다.

1 성숙주의이론

성숙주의이론은 다윈의 진화론적 사고를 토대로 발달된 이론이다. 이 이론은 인간의 성장과 발달은 태어날 때 생물학적 특성에 의해서 이미 순서가 정해져 있으며, 그 정해진 순서에 따라 발달이 이루어진다고 주장한다. 따라서 성숙이론은 영아가 자신의 성장과 발달속도에 맞추어 발달할 수 있도록 영아 중심의 양육환경을 제공해야 한다는 점을 강조한다(우수경 외, 2013). 그리고 이 이론은 영유아발달에 있어서 결정론을 주장한 루소(Rousseau)에 의하여 제시되었으며, 그 뒤를 이어 게젤(Gesell)에 의하여 체계화되었다.

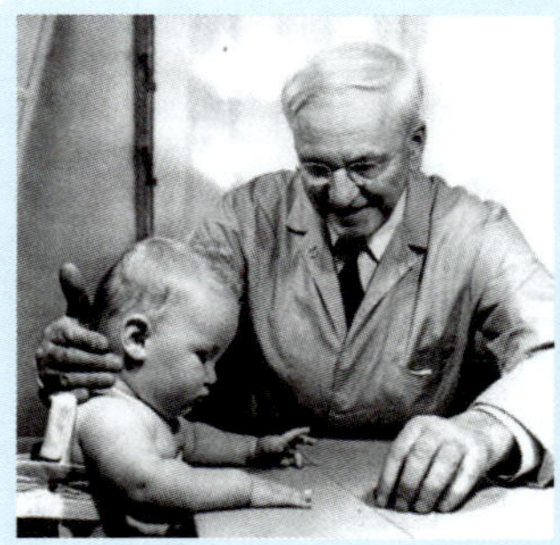

게젤(Gesell)

성숙주의이론의 대표적 학자인 게젤(1880~1961)은 인간의 모든 발달은 사전에 유전적 요소에 의해 이미 기본적 방향이 결정되어 있으며, 이와 같이 이미 결정되어 있는 성장 모형(growth matrix)에 따라 발달이 이루어지는 것으로 보았다. 즉, 인간의 발달에 유전적 요인을 강조하고 있으며, 인간을 둘러싸고 있는 환경적 요인은 성장 모형을 지지하거나 수정할 정도에 불과하고 인간발달에 결정적 역할은 하지 못한다고 주장한다.

게젤은 발달과정의 방향을 결정짓는 내적인 힘의 기제를 성숙(maturation)이라고 명명하였으며, 유아의 성장과 발달 속도는 개인차가 존재하지만 동일한 순서에 따라 발달하게 된다고 주장하였다. 따라서 게젤은 영유아의 성장에 있어서 패턴화 과정(patterning process)을 중요하게 생각하였고, 이 과정에 따라 행위가 체계화된다고 주장하였다. 게젤은 연령별 발달특성을 〈표 4-1〉과 같이 구분하고 있다.

표 4-1 연령별 발달특성

시기	특징
4주	• 앉고 서고 기거나 걸을 수 없다. • 엎드릴 때 머리를 약간 쳐들 수 있다.
28주	• 드러누워서 잡을 수 있으며 이 손에서 저 손으로 움직일 수 있다. • 길 수 있다. • 혼자 설 수 있으며 도움을 받아 설 수 있다. • 블록을 쌓을 수 있다. • 작은 물체를 집을 수 있다.
2년 6개월	• 한 발로 설 수 있다. • 블록 열 개로 탑을 쌓을 수 있다. • 손가락으로 크레파스를 집을 수 있다.
3년 6개월	• 발 끝으로 두 번 또는 그 이상 걸을 수 있다. • 한 발로 껑충 뛸 수 있다. • 발을 교대하여 계단을 내려올 수 있다. • 무딘 가위를 사용하며 크레용으로 정확한 특징을 그릴 수 있다.
6년	• 발끝으로 다섯 걸음 이상 갈 수 있다. • 81.3cm 뛸 수 있다. • 이름을 쓸 수 있다. • 열 가지 이상의 물체를 정확히 셀 수 있다.

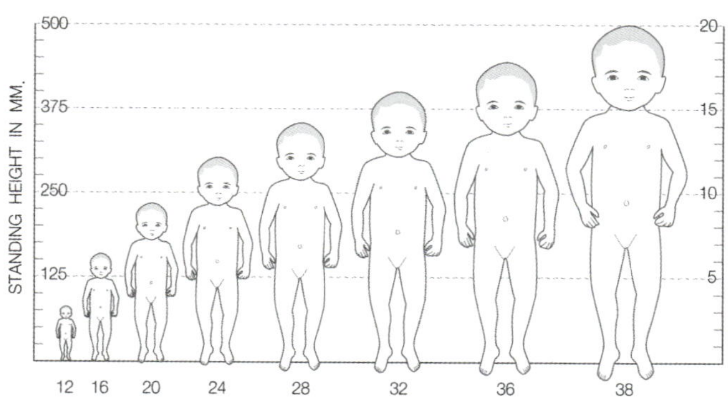

게젤은 다섯 가지의 패턴원리인 발달방향과 순서의 원리, 상호적 교류의 원리, 기능적 비대칭의 원리, 개별적 성숙의 원리 그리고 자기 규제의 원리에 의해서 인간의 행위가 어떻게 발달하는지를 제시하였다.

첫째, 발달 방향과 순서의 원리이다. 이 원리는 인간의 행동발달은 신체적 측면의 신경학적 또는 생리해부학적 성숙에 평행한다는 것이다. 이러한 과정에서 발달의 방향은 성숙에 의해서 정해진 순서로 진행되며 발달 순서도 바뀌지 않는 것으로 본다.

둘째, 상호적 교류의 원리이다. 이 원리는 인간 신체의 대칭되는 두 부분인 좌뇌와 우뇌, 두 눈, 두 손 그리고 두 다리 등은 점차적으로 한 부분씩 발달하고 난 뒤 함께 통합되어 균형을 이루면서 발달한다는 것이다.

셋째, 기능적 비대칭의 원리이다. 이 원리는 인간의 행동은 정면이 아닌 약간 비스듬한 자세를 취할 때 가장 효과적으로 기능한다는 것이다. 따라서 개인에 따라 한쪽 뇌, 한쪽 눈, 한쪽 손 그리고 한쪽 발이 우세한 것도 이러한 원리에 기인한 것으로 보았다.

넷째, 개별적 성숙의 원리이다. 이 원리는 인간이 성장하고 발달하는 속도는 각각의 인간이 지니고 있는 내적인 유전기제에 의하여 개인차가 존재한다는 것이다. 다시 말해 인간의 행동은 인간을 둘러싸고 있는 외적인 환경적 요인과는 별개라는 의미이다.

다섯째, 자기 규제의 원리이다. 이 원리는 인간은 자신의 능력 이상으로 새로운 것에 대하여 시도하지 않도록 자신의 행동을 통제한다는 것이다. 특히, 이러한 것이 토대가 되어 영유아는 자신의 수유와 수면 패턴을 조절하기도 한다.

2 정신역동이론

정신역동(psychodynamices)이란 마음(psyche)이 정체(static)해 있기보다는 움직인다(dynamic)는 것을 뜻한다. 일반 대중에게 가장 잘 알려져 있는 정신역동이론은 프로이트(Freud)의 정신분석이론이 대표적이다. 이 이론의 기본이 되는 가정은 우리가 자신도 모르는 힘들에 의해 움직인다는 것이다. 이 힘들이 무엇이냐 하는 점에서는 이론마다 차이가 있지만 모든 정신역동이론에서는 '추동(drive)'에 초점을 맞추고 있다. 정신역동이론의 대표적인 프로이트의 정신분석이론과 에릭슨(Erikson)의 사회적 정신역동이론을 살펴보면 다음과 같다(김이영 외, 2018; 김이영 외, 2016).

1) 프로이트의 정신분석이론

프로이트(Sigmund Freud)

프로이트가 개발한 정신분석이론은 발표될 당시부터 현재에 이르기까지 정신의학이나 심리학에서뿐 아니라 다양한 인문, 사회과학 분야에 큰 영향력을 행사해 왔고 많은 논쟁을 일으켜 왔다. 프로이트는 이 이론을 내놓은 후부터 계속해서 자신의 이론을 발전시켰고, 무수한 학자들에 의해 이론이 발전하였으며, 그 이후 여러 분파로 나누어져 정신분석적 이론의 범위는 엄청나게 방대하다. 프로이트는 인간의 자유를 인정하지 않았다. 따라서 인간의 모든 행동, 사고, 감정은 신체적 긴장상태에 의해 유발되는 무의식적인 성적 본능과 공격적 본능에 의하여 결정되는 것으로 보았으며, 인간을 이런 힘의 지배를 받는 수동적 존재로 보았다. 또한 인간의 성격구조가 초기 아동기, 특히 만 5~6세 이전에 어떤 경험을 했느냐에 따라 결정된다는 정신결정론적 관점을 주장하고 있어 현재와 미래보다는 과거를 중요시한다.

(1) 성격의 구조

정신분석이론에서는 성격 구조가 세 가지 체계로 나누어져 있다고 본다. 즉, 원초아(id), 자아(ego), 초자아(superego)이다. 원초아(id)는 생물학적 구성요소이며, 자아(ego)는 심리적 구성요소로 현실 지향적이고 합리적인 체계를 지닌다. 그리고 초자아(superego)는 자아로부터 발달하는 사회적 구성요소이다. 이들은 서로 상이한 역할과 기능을 가지며 때로는 협조하고 때로는 갈등을 경험하기도 한다. 이러한 성격의 세 부분은 각기 다른 독특한 기능과 속성을 지니고 있지만, 이들 부분이 상호작용하여 전체의 성격체계를 구성하고 각각의 하위체계는 개인의 행동에 각기 다른 영향을 미치는 것으로 보았다.

① **원초아**(id)

원초아(id)는 라틴어의 'it'에서 유래된 말로 "이드"라고 부른다. 원초아는 가장 원시적 체계로서 정신 에너지의 초기 저장고 역할을 하며, 나중에 원초아로부터 자아와 초자아가 분화되어 나온다. 원초아는 본능적인 욕구인 성적 욕구와 공격적 욕구를 관장하며, 신체과정들과 직접 접촉하며, 그 사람의 신체 구조에서 유전되고 고정된 모든 것을 위한 창고 역할을 담당한다. 원초아는 긴장으로 인한 힘의 증대를 견뎌내지 못하여, 외적 자극의 결과나 내적 흥분으로 유기체의 긴장수준이 올라가면 긴장을 즉각 발산하여 안정된 낮은 에너지 수준으로 돌아가고자 시도한다. 이러한 긴장해소의 원리를 쾌락원리라고 한다. 쾌락원리는 논리적이지도 조작적이지도 성숙하지 않고 맹목적이며, 강력하고 단 하나만의 원리에 의해 움직인다. 원초아와 관련된 정신 에너지는 무의식적인 것으로 사람들이 잘 의식하지 못한다. 또한 무의식적인 충동은 전 생애 동안 나타나지만 발달이 진행됨에 따라 원초아와 관련된 에너지는 점차 줄어든다고 할 수 있다.

원초아 (id) 인간의 생물학적 토대에 기초하고 있으며 모든 추동 에너지의 근원이 된다(쾌락원리).

② **자아**(ego)

자아는 성격의 조직적 · 합리적 · 현실지향적인 체계이다. 자아는 현실에 비추어 적절한 환경조건이 마련될 때까지 원초아의 욕구충족과 긴장을 보류하며, 현실적으로 합당한 방법으로 만족을 얻을 수 있는 방법을 모색하고 계획한다. 그러므로 자아는 현실

원리에 따라 작용한다. 현실원리의 목적은 욕구충족을 위해서 적합한 대상이 발견될 때까지 긴장해소를 보류하는 데 있다. 이때 자아는 지각, 학습, 기억, 현실검증 등을 포함하는 이차적 과정을 사용한다. 자아는 환경을 현실적으로 평가하는 것 외에도 다른 중요한 기능을 한다. 원초아와 초자아 사이를 중재하는 정신과정의 조직자로 작용하여, 전체 체계 내에서 욕구충족이 이루어지도록 에너지 지출의 균형을 맞추고, 나중을 위해 여분의 에너지를 저장해 두는 역할을 담당하게 된다.

자아 (ego) 현실과 초자아의 요구에 맞추어 원초아의 욕구를 만족시키거나 표현한다(현실원리).

③ **초자아**(superego)

초자아는 자아로부터 발달하는데, 이것은 사회의 전통적 가치와 이상으로 구성되어 있으며, 현실적인 것보다는 이상적인 것, 현실이나 쾌락을 추구하기보다는 완전성을 추구하는 속성을 지니고 있다. 주로 초자아는 부모와의 경험을 나누는 동안 부모와의 갈등해결과정에서 발달하며 부모가 주는 보상과 처벌에 의해 점차 발달되어 간다. 초자아는 자아이상과 양심이라는 두 개의 하위체계로 구성된다. 처벌되는 것은 초자아의 두 하위체계 중 하나인 양심과 결합되는 경향이 있다. 양심은 잘못된 행위에 대해서 처벌을 받거나 비난을 받는 경험에서 생기는 죄책감과 결부된 것으로 그 목적을 이행하며, 자아이상 긍지와 가치감을 줌으로써 개인을 보상한다. 따라서 초자아는 인간행동의 도덕적 규제를 맡는 곳이라고 할 수 있다.

초자아 (superego) 좋은 행동에 대해서는 보상을 하고 나쁜 행동에 대해서는 처벌을 하는 사회규칙이나 관습에 따라 사람들이 행동하도록 기능한다(도덕과 양심).

프로이트는 건강한 사람의 성격은 이 세 가지의 성격구성요소가 균형을 유지하고 있는 상태라고 가정하였다. 왜냐하면 건강하게 적응하려면 원초아의 충동에 대해 초자아가 이를 제지하려는 힘을 발휘하는 가운데 자아가 현실적인 조건을 고려하여 이들을 모두 만족시킬 수 있어야 하기 때문이다. 그러나 이러한 과정은 필연적으로 세 요소 간의 갈등 상황을 만들게 되는데, 어느 한 요소의 충동이 너무 강하게 되면 자아가 그 충동에 대해 위협을 느끼게 되며 불안을 경험한다고 보았다〈그림 4-1〉.

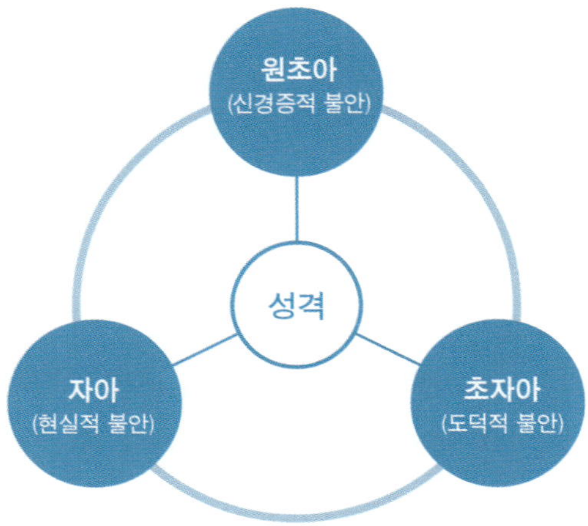

그림 4-1 성격의 구성요소와 불안

불안은 정신분석이론에서 필수적인 개념이다. 불안은 무엇을 하기 위해 동기를 유발하게 하는 긴장상태로 정의된다. 즉, 유용한 심적 에너지를 통제할 수 없을 때 발달하는 것으로 원초아와 자아 그리고 초자아 간의 갈등이 불안이며, 불안에는 세 가지 종류가 있는 것으로 보았다. 첫째, 현실적 불안(reality anxiety)으로 외부세계로부터 오는 위협에 대한 두려움이다. 그 불안의 정도는 외부세계가 주는 실제 위협의 정도에 비례하며, 이 불안은 자아와 관련되어 있다. 둘째, 신경증적 불안(neurotic anxiety)으로 본능이 통제되지 않아서 그로 인해 개인이 어떤 행동을 하게 됨으로써 처벌받지 않을까에 대한 두려움이며, 원초아와 관련된 불안이다. 셋째, 도덕적 불안(moral anxiety)으로 자신의 양심에 대한 불안이다. 양심이 잘 발달된 사람은 자신의 도덕률에 위배되는 일을 할 때 죄의식을 느끼게 되는 것으로 초자아와 관련된 불안이다.

불안은 고통스러운 긴장상태로 유기체는 이 불안을 감소시키려고 노력하게 된다. 그러나 불안이 현실적인 방법으로 효과적으로 대처될 수 없을 때, 유기체는 비현실적인 방어를 하게 되는데, 이때 사용하는 것이 방어기제(defense mechanism)이다. 방어기제들은 개인의 본능적 동기나 갈등을 숨기거나 위장하는 역할을 하게 되는 것이다. 방어기제의 종류에는 합리화(rationalization), 억압(repression), 억제(suppression), 투사(projection), 보상(compensation), 치환(substitution), 반동 형성(reaction formation), 승화(sublimation), 주지화(intellectualization), 공상(fantasy), 퇴행(regression), 동일시(identification), 운동성 히스테리(hysteria), 취소(undoing), 부정(denial) 등이 있다.

(2) 의식수준

프로이트는 〈그림 4-2〉와 같이 성격의 구조를 원초아, 자아, 초자아로 보았으며, 의식수준을 의식, 전의식, 무의식으로 구분하였다.

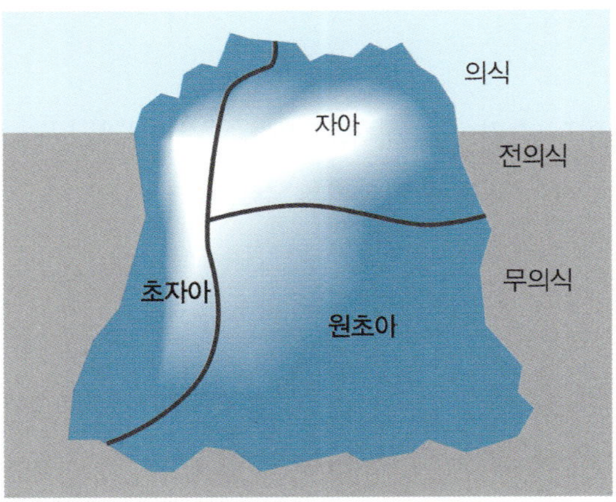

그림 4-2 성격의 구조와 의식수준

① **무의식**

무의식은 인간행동을 개념화하는 데 가장 중요한 요소 중 하나로서, 개인의 의식수준 혹은 사고 가능한 수준이 아닌 무의식수준의 정신 에너지가 행동에 영향을 미친다고 보았다. 욕구나 본능이 깊게 자리 잡고 있는 영역으로, 인식할 수 없고, 직접적으로 확인할 수도 없는 것이 무의식이다. 무의식은 억압된 생각이나 정서로 이루어진다. 무의식의 내용은 충족되기를 기다리는 소원으로 한정되어 있다. 무의식은 인간의 정신세계에 감추어져 있어서 우리가 지각하지 못하는 기억과 경험으로 이루어진 부분으로 프로이트가 가장 중요하게 생각한 정신세계이다. 즉, 무의식은 의식의 존재 아래에 있는 정신세계로서 본능, 충동 등이 잠재되어 있는 곳이다.

② **전의식**

전의식이라는 정신과정은 즉시 인식되지는 않지만, 조금만 노력하면 접근할 수 있는 영역이다. 즉, 전의식은 의식과 무의식의 중간 부분으로서 조금만 주의를 기울이면 의식으로 나타나는 부분이며 한편으로는 조금만 주의를 기울이지 않으면 의식에서 사라지는 부분이다. 소원이나 욕구를 통제하며 외부 현실적 요구, 도덕기준, 가치관에 맞추어서 불쾌한 것을 피하고 본능적 욕구의 방출을 지연시킨다.

③ **의식**

의식은 한 개인이 어느 순간에 인식하고 있는 감각, 지각, 경험 등 모든 것을 의미한다. 즉, 의식은 자기 자신이 주의를 기울이는 순간에 알 수 있거나 느낄 수 있는 정신작용으로 우리가 어떤 순간에 알거나 느낄 수 있는 모든 감각과 경험을 말한다. 하지만 개인이 인식할 수 있는 것은 빙산의 일각에 불과하다고 프로이트는 주장하였다. 개인은 감각기관, 주의력을 통해서만 외부세계를 의식할 수 있다.

(3) 성격의 발달

프로이트에 의하면 개인은 생후 첫 5~6년 동안에 자신의 성격 형성에 결정적인 영향을 주는 연속적인 5단계를 거치게 된다고 가정한다. 특히, 각 단계에서 경험하게 되는 성적 또는 육체적 쾌락이 지나치게 충족되거나 좌절되는 경우, 이 경험은 개인의 성격 발달에 매우 중요한 영향을 미친다고 보고 있다. 각 단계에서 개인은 갈등과 왜곡을 경험할 수 있으며, 만약 이를 원만하게 해결하지 못하면 특정 단계에 많은 부분이 정지되는 고착화(fixation) 현상이 나타난다. 개인이 최적의 정신건강을 유지하기 위해서는 각 단계의 위기를 원만하게 해결해야 한다. 각 단계에 대한 구체적인 내용은 다음과 같다.

① **구강기**(0~1세)

입 주위에 흥분이 모아지는 시기로 영아는 수유, 손가락 빨기 등으로 충족되며, 성인은 껌 씹기, 섭식, 흡연, 키스 등으로 얻어진다. 이 시기에 영아는 자신의 생존을 위해서 전적으로 다른 사람에게 의존한다. 영아는 젖을 빨면서 어머니와의 상호작용을 경험하지만, 어머니의 존재를 자신과 분리된 존재로 보지 못한다. 영아의 주된 성감대는 입과 구강이며, 만족의 중요한 근원은 먹는 것이다. 모든 경험은 먹기와 관련된 활동에 의해 중재된다고 가정한다. 구강기에 겪는 대부분의 경험은 언어로 표현되지 못하기 때문에 무의식 속으로 영구히 남기 쉽다. 먹는 것 이외에도 빨기, 핥기, 물기 등의 구강 활동을 통해서도 쾌감을 얻는다. 구강기에 기본적이고 근본적인 욕구를 만족시키는 사람은 대부분 어머니이지만, 자신에게 만족과 쾌감을 주는 대상에게 애착을 가지게 된다. 만약 구강기에 빠는 행동을 충분히 경험하지 못하면 욕구 불만을 가져오거나, 젖을 너무 오래 먹는 경우에도 고착현상을 초래하게 된다.

② **항문기**(2~3세)

항문기는 성감대가 항문영역으로 옮겨지는 시기이며, 항문 주변의 점막의 자극에 대한 민감성이 높아지는 시기이다. 이때 아이는 배설물을 보유하거나 배설하는 데서 쾌감을 얻는다. 즉, 아동의 신경계의 발달로 자신의 능력으로 괄약근을 조절할 수 있기 때문에 자신이 원하는 대로 배변이나 배뇨를 할 수 있게 되며, 배설 행동과 관련된 행동을 중심으로 성격이 형성된다. 프로이트이론에서 항문기는 아동이 처음으로 사회의 기대에 순응하도록 요구되는 단계이다. 이때에는 언어적인 능력도 어느 정도 있어 타인과의 의사소통이 가능하므로 대소변훈련이 이루어진다. 유아의 본능적인 충동은 처음으로 외부로부터의 통제를 받게 되는데, 이 단계에서는 유아가 경험한 것을 언어로 표현할 수 있기 때문에 의식에 남게 된다. 만일 부모가 너무 엄격하고 억압적으로 대소변훈련을 시킨다면 성인이 된 후에도 고착현상이 나타난다. 항문기의 고착 성격에는 청결성, 강박감, 수전노 등과 같은 것이 있다.

③ **남근기**(4~6세)

성감대가 성기로 옮겨가는 시기로 아동의 성격발달에 중요한 심리적 변화가 일어나는 시기이다. 아동은 성적 관심이 더욱 강해지며, 모든 관심이 성기에 집중되어 있다. 자신의 성기를 자세히 관찰하며 자위행위를 하기도 하고 부모에게 출생과 성에 관련된 질문을 하기도 한다. 프로이트의 정신분석이론에 따르면 아동은 이성의 부모에 대해서 무의식적인 성적 소망을 가진다는 점이다. 남아에게는 오이디푸스 콤플렉스, 여아에게는 엘렉트라 콤플렉스가 나타난다. 즉, 동성의 부모를 적대시하고 이성의 부모에 대해서는 근친상간적 성적 욕구가 생긴다. 전자는 남자아이가 어머니에 대하여 강한 애정을 느끼고 아버지에 대하여 적대감을 가지는 것을 말한다. 여기에서 남자아이는 아버지가 자신의 생각을 알아차리고 자신의 성기를 없앨 것이라는 거세불안(castration anxiety)을 경험하게 된다. 그래서 남자아이는 거세불안을 해소하기 위해 어머니에 대한 애정을 포기하고 아버지에게 가졌던 적대감도 포기하여 자기 자신과 아버지를 동일시하면서 아버지의 가치와 기준을 받아들인다. 후자는 여자아이가 아버지에 대하여 애정을 느끼고 어머니에 대하여 적대감을 가지는 것을 말한다. 여기에서 여자아이는 자신에게 남근이 없다는 것을 알게 되면서 실망을 느끼게 되고 남근을 부러워하고 갖고 싶어 하는 남근선망(penis envy)을 경험하게 된다. 그래서 여자아이는 남근선망을 해소하기 위하여 자기 자신과 어머니를 동일시하면서 어머니의 가치와 기준을 받아들인다. 이러한 부모에 대한 동일시 과정에서 초자아가 형성된다. 이 시기의 중요한 역할은 초자아가 형성되는 것이며, 적절한 성역할 정체감이 확립되는 데 있다. 이 단계에 고착하게 되면 적극적인 남근기적 성격(과시적이고 거만하며 공격적인 것이 특징) 혹은 소극적인 남근기적 성격(오만하면서도 지나치게 겸손한 성격)이 나타나게 된다.

④ **잠복기**(7~12세)

남근기와 관련된 문제가 성공적으로 해결되었든 성공적이지 못하였든 간에 그 성적 욕구가 철저히 억압되며, 성적 욕망이 투자되었던 정신 에너지는 다른 행동으로 대체되거나 변화된다. 즉, 성적 욕구는 완전히 사라지는 것은 아니며 그 강도가 약화되는 것이다. 이 시기에는 부모에 대한 애정을 발달시키고, 이성의 또래와는 이타적인 관계를 형성하고 동성의 또래와 강한 사회적 유대를 확립하게 된다. 이러한 동성과의 놀이 등을 통한 상호작용에서 아동은 삶에 필요한 여러 가지 사회적인 기술을 습득하게 된다. 비록 아동이 여러 가지 활동에 참여하고 학습하지만 심리성적인 입장에서 볼 때 이 단계는 다음 단계를 준비하는 과정이며, 갈등의 상황에서 잠시 휴식을 취하는 기간이라고 할 수 있다.

⑤ **생식기**(13세 이후)

사춘기가 시작되면서 무의식에 억압되었던 성적 특성이 의식세계로 이동하면서 정신 에너지의 재분배가 이루어진다. 사춘기에는 생식기관이 발달하고 2차 성징이 나타난다. 사춘기 초기에는 부모로부터 자유로워지는 것을 개인의 주요 과제라고 보았다. 남아의 경우 아버지와의 경쟁심을 버리고 아버지의 지배로부터 자유로워져야 한다. 여아도 마찬가지이다. 생식기에는 새롭게 나타난 성적 에너지가 동성 친구에게로 향했다가 점차 이성 관계, 결혼, 가족 형성, 직업에 대한 관심으로 바뀐다. 프로이트는 잠복기 이전에는 자기애착적인 경향을 보이며, 사춘기 이후에는 이성 애착적인 경향을 보여 타인인 이성으로부터 성적 욕구를 만족시키려고 한다고 하였다. 이 시기에 자아와 초자아가 부적절하게 발달할 경우 이상행동이나 비행을 야기시킨다.

2) 에릭슨의 사회적 정신역동이론

에릭슨(Erikson)

에릭슨의 사회적 정신역동이론은 정신분석적 모형에서 발전된 것으로, 이 이론은 전 생애를 통한 발달이라는 점과 자아를 성격의 중심적 구조로 보고 있다는 점에서 프로이트와 구분된다. 즉, 프로이트는 삶의 원동력을 원초아로 보았지만 에릭슨은 자아의 중요성을 강조한다. 다시 말해 생물학적인 힘보다는 인간관계 경험에서의 자아의 기능을 요구하고 있으며, 자아는 사회화 과정, 사회와의 관련성을 전제로 하고 있다. 따라서 인간을 제대로 파악한다는 것은 개인과 사회와 시간성의 관계를 이해하지 않고는 불가능하다고 본다. 그는 인간은 8단계의 일정한 발달 시기를 거치게 되고, 각 시기마다 그 시기에 해결해야 될 사회발달문제, 즉 발달과업이 있는 것으로 보았다〈표 4-2〉.

표 4-2 에릭슨의 심리사회적 발달단계

단계	생활주기(연령)	에릭슨의 심리사회적 발달단계	심리사회적 능력(감정)	사회적 관계의 대상	프로이트의 심리성적 발달단계
1	유아기(0~1세)	신뢰감 대 불신감	희망	어머니	구강기(0~1세)
2	초기 아동기(2~3세)	자율성 대 수치심 · 의심	의지력	부모	항문기(2~3세)
3	유희기(4~5세)	주도성 대 죄의식	목적	부모, 가족	남근기(4~6세)
4	학령기(7~12세)	근면성 대 열등감	능력	이웃, 학교	잠복기(7~12세)
5	청소년기(12~20세)	자아정체감 대 역할혼란	성실성	또래집단	생식기(13세 이후)
6	성인기(20~35세)	친밀감 대 고립감	사랑	동료, 배우자	
7	장년기(35~60세)	생산성 대 침체감	배려	동료, 자녀, 지역사회	
8	노년기(60세 이후)	자아통합감 대 절망감	지혜	인류, 동족	

〈표 4-2〉에서 보는 바와 같이 각 시기에 해결해야 될 과업을 만족스럽게 해결하면 앞으로의 건전한 발달을 할 수 있지만, 잘 해결되지 못한다면 앞으로의 발달단계에 적응하기 어렵다고 본다. 에릭슨은 변화하는 욕구를 충족시키고자 환경과 접촉하는 아동의 자아양식이 주변 인물들과의 상호작용 속에서 충족 또는 좌절하는 양상을 성격 발달의 주요 요인으로 간주하였다. 예를 들어, 엄마의 젖을 먹는 단계인 구강기에서 아이는 엄마 젖을 빨고자 하는 자아 양식을 가지고 있는데, 아동의 주변 환경은 이런 욕구를 때로는 충족시켜 주지만 때로는 좌절을 경험하기도 한다. 이처럼 욕구가 충족되는 긍정적 경험과 좌절되는 부정적 경험이 교차하는 과정 속에서 자아 양식은 일종의 위기(crisis)를 경험하게 되는데, 에릭슨에 의하면 인간의 성격은 이들 위기의 극복 양상에 의해 결정된다. 만약 긍정적 경험이 부정적 경험보다 많은 경우 긍정적 성격으로 발달하게 되지만 그 반대의 경우는 부정적 성격으로 발달하게 된다는 것이다.

에릭슨에 따르면, 발달이란 개인의 심리적 발달(성격과 가치관)과 개인이 만든 사회적 관계들이 병행하여 성장해나가는 이중적 과정이다. 이러한 에릭슨의 성격발달이론은 개인과 사회의 역할을 동등하게 중시했다. 즉, 성격발달을 단순히 아동 초기의 좌절과 갈등으로부터 계속 영향을 받는 것으로 간주하지 않고 성인기 이후까지 계속되는 발달 과업의 해결과 관련이 있는 것으로 보면서 성격의 점진적인 발달을 설명하고자 하였다 (김이영 외, 2016).

(1) 제1단계: 신뢰감 대 불신감(trust vs distrust, 0~1세)

프로이트의 발달단계에서 구강기에 해당되는 시기로, 이 단계에서 신뢰감이 제대로 자리를 잡지 못하면 그 틈새로 불신감이 밀려든다. 어머니의 돌봄이 일관성과 신뢰성, 예측성을 갖출 때 유아의 내면 깊은 곳에서 신뢰감이 싹트게 된다. 반면, 어머니의 보호나 양육이 일관성이 없어서 예측할 수 없고 믿을 수 없게 되면 불신감이 나타나게 된다. 이 시기의 영아는 구강에서 쾌락을 구한다. 그러므로 영아는 무엇이든 빨거나 물면서 만족감을 느끼지만, 기본적 신뢰감은 구강적 만족의 양보다는 어머니와의 관계의 질이 더 큰 영향을 미친다. 어머니가 영아의 구강적 욕구를 잘 살펴서 적절한 때, 적절한 방법으로 보살필 때 신뢰감이 형성된다. 이렇게 형성된 신뢰감은 타인과의 유대감이나 애착 형성의 토대가 되고, 이후의 발달단계를 원만히 넘을 수 있게 하는 디딤돌이 된다.

이 단계의 발달적 위기를 원만히 해결하면 희망이라는 심리사회적인 능력이 생긴다. 즉, 평소 영아의 구강적 욕구가 적절하게 충족되어 신뢰감이 형성된 영아는 자신이 배가 고프더라도 언제든 울기만 하면 금세 어머니가 해결해줄 것이라는 기대를 가질 수 있다. 신뢰는 희망을 낳기 때문이다. 물론 불신감은 공포를 낳게 마련이다. 그러나 무작성, 무한정의 신뢰가 능사가 아니다. 에릭슨에 의하면 건강한 성격발달을 위해서는 신뢰감만 필요한 것이 아니라 일정 수준의 불신감도 필요하다고 보았다. 심리적으로 안정되고 건강한 사람이 주변 사람들과 바람직한 인간관계를 맺는 데는 신뢰감이 필수요소인 것은 사실이지만, 과도한 신뢰는 문제가 될 수 있기 때문이다. 따라서 신뢰감과 불신감의 적절한 비율이 중요하다는 것이다.

(2) 제2단계: 자율성 대 수치심 · 의심(autonomy vs shame and doubt, 2~3세)

프로이트 발달단계에서 두 번째인 항문기에 속하는 시기로, 이 단계에서 유아는 변의 보유와 배설에서 쾌감을 얻는다. 보유 또는 배설이라는 기본 양식은 다른 상황에서도 일반적으로 나타나는데, 예를 들어 다른 사람에게 다정하게 안기다가도 갑자기 뿌리치거나 물건에 집착하다가 팽개치기도 한다. 이 시기에 유아는 제 힘으로 서고 걷고 손을 사용할 수 있게 되면서 스스로 외부세계를 탐색하려고 하고, "내가", "내 것"이라는 말을 자주 사용하게 되는데, 이것이 바로 자율성에 대한 욕구이다. 하지만 유아의 자율성과 부모의 통제 사이에는 팽팽한 긴장이 형성되기도 한다.

이 시기의 유아는 무엇이든 스스로 하려고 시도하는데, 부모는 그런 욕구가 사회적으로 기대되는 방식으로 적절히 방출되도록 이끌어야 한다. 그렇게 되면 유아는 자율성을 잃지 않으면서도 사회적 통제에 적응하는 방식을 배우게 된다. 만일 부모가 유아의 자율성 욕구를 무작정 통제하거나 지나치게 보호하게 되면 유아는 자신의 능력을 의심하고 수치심을 느끼게 된다. 따라서 이 시기의 부모는 자녀가 스스로 할 수 있는 것을 대신해주거나, 하려고 하는 것을 무작정 억압해서는 안 된다. 이 단계의 발달적 위기의 극복 여부는 부모가 아이의 자율적인 행동을 얼마나 허용하느냐에 달려 있다. 이 단계의 유아가 심리사회적 위기를 잘 극복하면 의지력이 생긴다. 반면, 그렇지 못할 경우, 자신의 능력을 불신하고 타인에 대한 의심이 생겨나게 된다.

(3) 제3단계: 주도성 대 죄책감(initiativeness vs guilt, 4~5세)

이 단계는 프로이트 이론에서는 남근기에 해당되기 때문에 오이디푸스 콤플렉스의 극복을 통해 초자아를 형성하는 시기지만, 에릭슨은 성적 측면보다는 사회적 측면에 초점을 두고 있다는 점에서 차이가 있다. 언어능력과 운동능력이 현저하게 발달하면서 유아는 또래들과 사회적 놀이에 참여하고, 그런 경험을 통해 유아는 자신에게 목적이 있음을 깨닫는다. 즉, 무엇을 할 때 미리 계획을 세우고 목표를 설정하며, 이를 달성하려고 노력하게 되는데, 이런 과정에서 주도성이 발달하게 된다.

물론 이 시기는 프로이트의 발달체계에서 남근기에 해당되는 만큼, 아동들은 성에 대한 관심과 호기심이 커져서 때때로 바람직하지 않은 행동을 주도할 수도 있는데, 이럴 때 부모가 과도하게 통제하면 좌절감과 함께 죄책감을 느끼게 된다. 부모는 이 시기의 주된 기제인 동일시의 주요 대상으로서, 자신의 권위를 내세우는 대신 아동의 주도성을 인정하고 격려하는 것이 중요하다.

(4) 제4단계: 근면성 대 열등감(industry vs inferiority, 6~11세)

학령기에 해당하는 이 시기의 주요 발달과제는 아동이 자기가 해야 할 일을 성실하게 해내는 것이며, 이런 과정에서 근면성이 발달하게 된다. 여기서 해야 할 일이란 주로 학교 숙제나 공부가 될 것이다. 부모는 아이가 숙제나 예·복습 등 해야 할 일을 빠뜨리지 않고 마친 다음에 놀이나 게임 등, 하고 싶은 것을 하도록 지도해야 한다.

아동이 자신이 해야 할 숙제나 과제를 제대로 할 능력이 없음을 인식할 때, 열등감이 생기게 된다.

이 시기에서 획득되는 근면성은 성인이 되어 성숙된 사회인, 직장인으로서 자신의 과업을 성실하게 이끌 수 있는 토대가 된다. 이 단계의 발달적 위기를 무난히 극복하면, 사회적 환경 속에서 자신의 역할을 성실하게 수행할 수 있는 자신감이 발달하게 된다.

(5) 제5단계: 자아정체성 대 역할 혼란(ego identity vs identity confusion, 청소년기)

청소년기에 해당되는 이 시기(12~20세)의 핵심적인 발달과제는 자아정체성(ego identity)을 형성하는 일이다. 에릭슨은 자아정체성을 형성하는 청소년기의 발달을 특히 중시하였다. 자아정체성이란 자신이 누구이며 자신의 삶에서 진정으로 가치 있고 중요한 것은 무엇인지에 대해 스스로 규정하는 신념체계를 말한다. 청소년기에 형성되는 자아정체성은 그 이후 진로와 직업을 선택하고 배우자를 만나 가정을 이루는 등, 자신의 생애 전체를 이끌어 나가는 과정에서 매우 중요한 역할을 하는 핵심요소가 된다.

그러나 여러 측면에서 아직 미성숙한 청소년이 자기 자신과 자신의 삶을 제대로 바라보는 일은 쉬운 일이 아니기 때문에 그들은 자기 자신을 찾아 길고 험한 여정에서 혼란과 시행착오로 인해 절망하고 방황하기도 하는데, 에릭슨은 이를 심리적 유예(psychological moratorium)라고 명명하였다.

어린 시절의 불행한 경험이나 현재의 사회적 여건 때문에 정체감 형성에 실패하면 정체성 혼란(identity confusion)을 경험하게 된다. 이렇게 되면 이후의 직업 선택이나 배우자 선택과정에서 어려움을 겪고, 인생관과 가치관의 확립에도 심각한 문제가 발생하게 된다. 이런 상태가 지속되면 정체감 혼란으로 인한 불안에서 벗어나기 위해 알코올 혹은 약물 의존 등의 비행이나 성격장애 등을 유발하기도 한다. 이 시기의 발달적 위기를 잘 넘기면 성실성이 발달하게 된다.

(6) 제6단계: 친밀감 대 고립감(intimacy vs isolation, 성인초기)

이전 단계인 청소년기에서 자아정체성 확립이라는 험난한 관문을 무사히 통과하면, 성인기에 이른다. 인생이라는 강물로 치면, 거친 상류를 지나 이제 어느 정도 속도와 방향이 일정해지는 중류에 해당되는 시기라 할 수 있다. 취업과 결혼이라는 통과의례가 기다리고 있는 이 시기(20~35세)에서는, 학교와 가정의 울타리를 떠나 성숙되고 책임감 있는 성인으로서, 사회인으로서, 직장인으로서 자신의 역할을 제대로 수행하고, 배우자나 동료, 주변 사람들과 친밀한 관계를 형성할 수 있느냐가 중요한 관건이 된다.

에릭슨에 따르면 진정한 친밀감은 자아정체성을 토대로 형성된다. 자신의 성(城)을 단단히 쌓지 못한 사람은 다른 사람을 향해 마음의 문을 열 수 없게 되기 때문이다. 따라서 청소년기에 자아정체성을 확립하지 못한 사람은 타인에 대해 친밀감을 가질 수 없어 고립에 빠지거나 난잡하고 일시적인, 거짓된 친밀관계를 만들어 내게 되는데, 이처럼 부적절하고 미성숙한 반응은 다른 사람으로부터 멀어지게 하며, 깊고 신뢰로운 인간관계를 유지할 수 없게 한다. 친밀감 대 고립이라는 발달적 위기를 성공적으로 해결하면 사랑의 능력이 생긴다. 사랑은 자신을 타인에게 관여시키고 이 관여를 유지하는 능력이다.

(7) 제7단계: 생산성 대 침체감(generativity vs stagnation, 장년기)

이전 단계의 통과의례가 취업과 결혼이라면 이 단계(35~60세)의 통과의례는 자녀 양육과 직장생활이라 할 수 있다. 가정에서는 다음 세대를 제대로 양육하고 직장에서는 신진에 이은 중견으로서 자신의 역할과 소임을 다함으로써 사회에 기여하는 것, 이것이 바로 에릭슨이 말한 생산성(generativity)이다. 생산성은 한마디로 말해, 자기의 존재가치를 확립하고자 하는 성격적 특성이다. 그러므로 이것이 결핍되면 성격은 침체되고 인생은 황폐해진다.

이 시기의 발달적 위기를 극복한 사람은 남을 배려할 줄 안다. 자신에 대해, 자신의 삶에 대해 긍지가 있고 자부심을 느끼는 사람만이 자기 자신과 자신의 삶에 여유로울 수 있고, 그렇게 되면 남에게 무엇이든 제대로 베풀 수 있게 되기 때문이다.

(8) 제8단계: 자아통합감 대 절망감(ego integrity vs despair, 노년기)

생애주기에서 노년기에 해당하는 이 시기는 인생의 마지막 단계이다. 강물로 치면 상류와 중류를 지나 하류에 이른 것이다. 흐름은 매우 완만해지고 방향에도 변동성이 거의 없다. 가야 할 곳은 오직 한 군데, 바다밖에 없다. 영원의 해원(海原)을 향해 한 걸음, 한 걸음 나아가 근원의 세계로 합일될 것이다. 기본적 신뢰감이라는 돛을 올리면서 시작된 한 인간의 삶의 항해가 마침내 자아통합감이라는 닻을 내리면서 끝을 맺는 것이다. 다양한 크기와 모양의 지류들이 합쳐서 하나의 강물이 되듯이, 한 인간의 삶의 여정은 많은 단계를 지나는 동안 얻은 다양한 성취와 발달과업들을 한 데 모아서 종착점을 향하게 된다.

신체기능은 물론 대부분의 정신기능까지 급격하게 쇠퇴하고 모든 것을 잃어가는 이 시기에 이르면, 누구든 앞으로 나아가는 대신 지난 날을 돌아보게 된다. 그래서 지나온 삶을 의미 있게 여기고 만족감을 느끼면 자신의 삶이 완성되었다는 느낌을 갖게 되는데, 이것을 에릭슨은 자아통합감(ego integrity)이라고 불렀다. 반면, 삶을 회고하였을 때 후회와 아쉬움만이 가득하면 헤어나기 힘든 무의미와 허무의 나락으로 하염없이 빠져들게 되는데, 이것이 바로 절망(despair)이다.

이 시기의 발달적 위기를 무난히 극복하면 지혜를 얻게 된다. 노년기의 지혜는 생의 마지막 단계에서 자신의 생애 전체에 가치와 의미를 부여하고 다가오는 죽음을 겸허하게 받아들일 수 있게 하지만 그것을 얻지 못한 사람은 절망과 회한의 늪에서 생을 마감하게 된다.

3 행동주의이론

행동주의이론(behavioral theory)에서는 인간행동의 대부분은 학습되거나 학습에 의해 수정된다는 기본 전제에 근거를 두고 있기 때문에 학습이론이라고 불리기도 한다. 학습이론에는 크게 고전적 조건형성, 조작적 조건형성, 사회학습이론이라는 세 가지 접근방법으로 분류된다. 먼저 고전적 조건형성(classical conditioning)은 파블로프(Pavlov)의 개실험에서 보는 바와 같이 인간이 환경적 자극에 수동적으로 반응하여 형성되는 행동을 설명하려는 접근방식이다. 울페(Wolpe), 나자루스(Lazarus), 아이젠크(Eysenck) 등은 이러한 고전적 조건형성을 공포증 치료에 적용하였다. 조작적 조건형성(operant conditioning)은 신체의 반응과 직접적인 관련성이 없고 개인의 통제하에 있는 조건화를 연구한 손다이크(Thorndike)의 실험결과에서 발전된 것이다. 조작적 조건형성은 인간이 환경적 자극에 능동적으로 반응하여 나타내는 행동, 즉 어떤 자극에 대한 강화가 없으면 조작적 조건형성이 일어나지 않는다고 본다. 스키너(Skinner, 1938)는 손다이크의 도구적 조건화의 개념을 활용하여 인간행동을 수정할 수 있는 다양한 행동적 기법을 개발하여 임상에 적용하였다. 또한 인간의 학습은 직접 경험하지 않고 눈으로 관찰하는 것만으로도 학습이 일어난다는 사회학습이론의 대표적인 학자는 반두라(Bandura)이며, 관찰학습, 모방학습이라고도 한다. 각각의 학습이론들에 대해 자세하게 살펴보면 다음과 같다.

1) 고전적 조건형성

파블로프(1849~1936)는 소화과정을 연구하던 러시아의 생리학자였다. 그는 자신의 연구소에서 식사를 하러 갈 때 개가 자신의 발자국 소리를 듣고서 타액을 분비한다는 것을 발견하였다. 이런 현상을 밝히고자 그가 한 실험의 예가 〈그림 4-3〉에 제시되어 있다.

파블로프(Pavlov)

그림 4-3 고전적 조건형성의 실험

파블로프의 고전적 조건형성에 대한 구체적인 실험절차는 〈그림 4-4〉에 제시되어 있다. 〈그림 4-4〉에서 보는 것과 같이 무조건자극(unconditioned stimulus, UCS)이란 유기체로 하여금 학습 없이도 어떤 특정한 형식으로 반응하도록 하는 자극을 말하는 것으로, 이 경우 특정의 학습 없이 개로 하여금 타액을 분비하도록 하는 먹이가 무조건 자극에 해당된다.

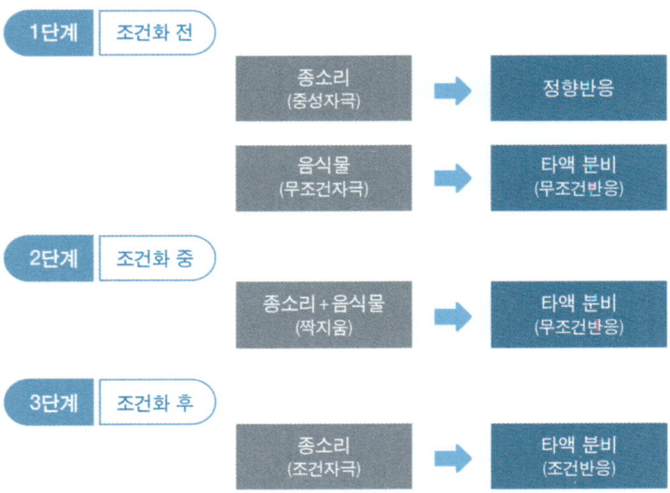

그림 4-4 고전적 조건형성의 절차

무조건반응(unconditioned response, UCR)이란 무조건자극이 일어날 때 언제나 유기체에서 일어나는 반응으로 타액이 여기에 해당된다. 조건자극(conditioned stimulus, CS)이란 원래는 중성적인 자극인데, 무조건자극과 짝지워짐으로써 결국은 그것만을 제시했을 때도 유기체에서 바라는 반응을 생성시키게 되는 자극으로, 파블로프의 실험에서 보면 개는 처음에 들려주는 종소리에는 타액을 분비하지 않지만 절차가 계속적으로 반복됨으로써 종소리에 대하여 타액을 분비하게 된다. 이때 종소리는 중성자극에서 조건자극으로 성질이 바뀌게 된다. 조건반응(conditioned response, CR)이란 유기체가 조건자극이 제시될 때 타액을 생성하는 것을 학습하게 된 반응으로 조건자극인 종소리를 듣고 분비한 타액이 여기에 해당된다.

고전적 조건형성을 한마디로 표현하면 중립자극인 종소리가 무조건자극인 먹이와 결합하여 반복해서 제공했을 때 중립자극인 종소리가 조건자극이 되어 조건반응(타액)을 유발하는 것이라고 할 수 있다.

고전적 조건형성은 쉽게 일어날 수 있지만 자동적인 것은 아니기 때문에 어떤 필수조건이 충족되어야만 학습이 이루어진다. 고전적 조건형성이 일어나기 위한 필수조건은 〈표 4-3〉과 같다.

표 4-3 고전적 조건형성의 조건

- 조건자극(CS)은 그것을 쉽게 지각할 수 있도록 충분히 강력하고 특유해야 한다.
- 무조건자극(UCS)과 조건자극(CS)의 제시 순서이다. 이 둘 간의 제시 순서에 따라 조건형성의 종류는 다양하다. 먼저 동시적 조건형성(simultaneous conditioning)은 CS와 UCS가 동시에 제시되는 것을 말하고, 지연조건형성(delay conditioning)은 CS가 먼저 제시되고 UCS가 제시되는 것을 말한다. 그리고 흔적조건형성(trace conditioning)은 CS를 제시하고 난 후 CS가 완전히 사라진 후 UCS를 제시(CS의 흔적으로 인하여 조건형성됨)하는 것이며, 후진조건형성(backward conditioning)은 UCS를 먼저 제시하고 CS를 뒤에 제시하는 것이다. 일시적 조건형성(temporal conditioning)은 CS가 전혀 없이 UCS만 일정한 간격으로 제시되는 것을 말한다. 이러한 조건형성 중 가장 효과적인 것으로 밝혀진 것은 지연조건형성이다.
- 조건자극과 무조건자극 제시 사이의 시간간격이다. 일반적으로 CS 제시 후 약 0.5초 뒤에 UCS를 제시하는 경우에 조건형성이 가장 잘 이루어진다고 보고되고 있다.
- 학습이 이루어지기 위해서는 반복적인 시행이 요구된다는 것이다. 즉, 시행과 시행이 적절한 간격으로 이어져야 한다. 만약 간헐적으로 짝을 지어주면 학습수준은 감소하게 된다. 그러나 예외도 있는데, 가르

시아 효과를 그 예로 들 수 있다. 가르시아 효과는 미각혐오학습이다. 가르시아(Garcia, 1955)는 쥐를 대상으로 미각혐오학습을 수행하였는데, 쥐는 그냥 수돗물보다 사카린이 함유된 물을 더 좋아하였다. 그는 쥐에게 사카린이 든 물을 마시게 한 후 감마광선에 노출시켜 수분 후에 구토를 하도록 하였다. 이후 쥐들은 단맛의 물을 혐오하게 되었다. 이 실험은 고전적 조건형성과 차이점을 보이는데, CS와 UCS가 단 한 번의 짝지움으로 조건형성이 되었으며, CS와 UCS 간의 시간간격이 수분 이상이었음에도 조건형성되었다는 것이다. 음식과 질병 간에 긴 시간간격과 1회 연합에 의한 학습은 생존에 매우 중요하기 때문이다.

2) 조작적 조건형성

손다이크(Thorndike)

스키너(Skinner)

우리는 놀이공원에 갔을 때 돌고래가 조련사의 신호에 따라 공중으로 뛰어오르는 등의 묘기를 부리는 것을 종종 보게 된다. 그렇다면 그런 동물들은 어떤 원리에 의해서 학습을 하는 것일까? 돌고래가 묘기를 부리는 것은 조련사가 원하는 행동을 했을 경우 먹이로 보상받게 되고, 원하는 행동을 하지 않는 경우는 먹이를 보상받지 못하거나 처벌을 받기 때문이다. 이처럼 강화나 처벌을 사용함으로써 어떤 행동의 가능성을 증가시키거나 감소시키는 학습의 유형을 도구적 조건형성(instrumental conditioning) 혹은 조작적 조건형성(operant conditioning)이라 한다. 다시 말해 행동 뒤에 따르는 결과에 의해 행동이 강화되거나 약화되는 것, 즉 행동과 결과 사이의 관련성을 학습하는 것이다. 도구적이란 행동이 어떤 결과를 야기시킬 것인지를 결정하는 하나의 도구(또는 수단)가 됨을 의미한다.

인간의 행동에 있어서도 어떤 행동을 유발하도록 하는 방법 중의 하나는 그 행동을 보상해 주는 것이다. 부모는 아이가 심부름을 하면 칭찬을 해 주거나 용돈을 주고, 학교에서도 성적이 좋은 학생에게 장학금을 주며, 회사에서도 영업실적이 좋은 사람에게 보너스를 지급하거나 승진할 기회를 주기도 한다.

그러나 인간이 수행하는 대부분의 행동이 보상과 연계되어 있음에도 불구하고 행동을 변화시키려는 시도는 쉽지가 않다. 예를 들어, 대학생이 공부를 열심히 하면 장학금을 받고 더 나아가 좋은 직장을 구할 수 있는 기회가 많아진다는 사실을 알고 있지만, 열심히 공부하는 것은 쉬운 것이 아니다. 또한 담배를 피우면 병에 걸릴 확률이 높아지고, 술을 마시면 알코올 중독에 걸린 확률이 높다는 것을 알면서도 금연, 금주가 쉽지 않다. 이처럼 보상의 효과가 명확한 듯 하면서도 생각처럼 그렇게 간단하지는 않다고 할 수 있다.

그렇다면 고전적 조건형성과 조작적 조건형성과의 차이점은 무엇일까? 고전적 조건형성은 무조건자극에 의하여 인출되는 수동적이고 불수의적인(개가 먹이를 보고 타액을 분비하는 것은 자신의 의지와는 상관없는 것) 반응인 데 비해 조작적 조건형성은 유기체가 다양한 환경조건에서 능동적으로 적절한 반응을 함으로써 보상을 받거나 유리하게 적용될 수 있는 능동적이고 수의적인 반응이라는 것이다. 예를 들어, 버스나 택시가 오면 손을 들고, 부모에게 처벌받는 것을 회피하기 위해서 숙제를 하거나, 선생님에게 칭찬을 듣기 위해 열심히 공부하는 것처럼 인간 행동의 대부분이 외적 사상에 의해 불가피하게 일어나기보다는 대부분 능동적인 반응으로 일어나는 것이다.

(1) 손다이크의 도구적 조건형성

손다이크(1874~1949)는 동물의 사고능력에 관한 객관적인 실험증거를 얻고자 병아리, 고양이를 대상으로 동물실험을 하였는데, 손다이크가 실시한 유명한 실험은 고양이를 대상으로 한 문제해결실험이다〈그림 4-5〉. 고양이를 문제상자(puzzle box) 안에 넣고 고양이가 볼 수는 있지만 발이 닿지 않지 않는 곳에 먹이를 두었다.

그림 4-5 손다이크의 문제상자

문제상자의 문을 여는 방법은 발판을 누르거나 고리를 당기면 된다. 처음 배가 고픈 상태에서 문제상자에 들어간 고양이는 틈새를 비집고 나가려고 하거나 틈으로 발을 내밀거나 상자를 발톱으로 긁거나 물어뜯었다. 그러던 중 우연히 고리를 당기거나 혹은 발판을 눌러서 탈출하게 되면 고양이는 갑갑하고 통제된 환경으로부터 자유와 먹이를 보상받게 된다. 먹이를 보상받은 다음, 다시 문제상자 안으로 집어넣으면 또 다시 문이 열리는 것과는 무관한 행동을 하게 되지만 이런 시행이 반복됨에 따라 무관한 동작은 줄어들게 되고 마침내 문제상자에 넣자마자 고양이는 곧바로 발판을 누르거나 고리를 당겨서 밖으로 나오게 된다.

여기서 고양이가 발판을 누르는 것은 외적 자극의 영향이라기보다는 수의적이고, 능동적인 행동이다. 이러한 반응을 도구적 조건형성이라고 한다.

손다이크는 고양이가 발판을 누르거나 고리를 당기는 것을 학습한 것은 추리(reasoning)에 의해 문제를 해결하는 것이 아니라 이런 저런 시도를 해보던 중에 우연히 올바른 행동을 하게 된 것이며, 올바른 행동 이후 보상을 받으면 올바른 행동과 보상 사이의 연합은 곧바로 형성되는 것이 아니라 시행을 거듭하면서 올바른 행동은 보다 쉽게 일어나게 되며 쓸모없는 행동은 줄어들게 된다고 본다. 이처럼 동물학습은 추상적인 지적 학습의 결과가 아닌 수많은 시행착오를 거듭하면서 이루어진다고 볼 수 있는데, 손다이크는 이를 시행착오학습(trial and error)이라고 정의하였다.

손다이크의 실험에서 발판을 누르거나 고리를 당기고 밖으로 나온 고양이에게 연필과 같은 것으로 보상을 준다면 발판을 누르거나 고리를 당기는 행동을 학습할 것인가? 그렇지 않을 것이다. 그의 실험에서 고양이가 올바른 행동을 하면 갑갑하고 통제된 환경에서 자유와 먹이라는 보상을 받게 되고, 부적절한 반응을 보이면 보상을 받지 못한다. 즉, 보상은 자극과 반응의 결합을 강화시키는데 이러한 현상을 효과의 법칙(law of effect)이라고 불렀다. 효과의 법칙은 피학습자가 원하는 것을 보상해 주었을 때 가장 학습이 잘 일어난다는 것을 의미한다.

(2) 스키너의 조작적 조건형성

스키너는 손다이크에 의해 도구적 조건형성이 확립된 이후 스키너상자(Skinner box)라는 장치를 제작하여 학습과 행동에 관한 지식의 폭을 크게 넓혔다〈그림 4-6〉.

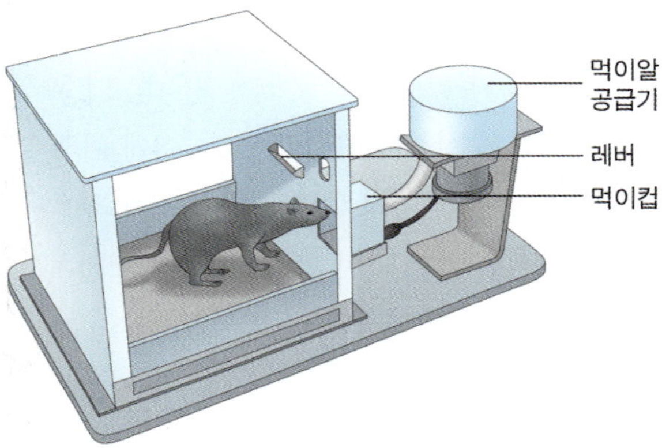

그림 4-6 스키너상자(Skinner box)

스키너상자는 레버를 누르거나 불빛이 켜진 단추를 쫄 수 있도록 장치가 되어 있고 먹이가 나오는 장치도 되어 있다. 상자 안에 배고픈 쥐를 넣었을 경우 쥐가 우연히 레버를 누르면 먹이가 나온다. 이렇게 시행을 반복하고 나면 쥐는 레버를 누르면 먹이

(강화물)가 나온다는 것을 학습한다(먹이는 레버 누르는 행동을 강화한다).

스키너상자 속의 쥐 또한 손다이크의 고양이처럼 처음에는 여러 행동을 보이지만 훈련이 진행됨에 따라 레버를 누르는 반응이 빨라지게 된다. 스키너는 레버와 같은 반응을 조작(operant)반응이라고 불렀는데, 그 이유는 쥐들이 환경을 변화시키기 위해 환경에 조작을 가했기 때문이다. 또한 그는 적절한 조작행동을 습득하는 절차를 조작적 조건형성(operant conditioning)이라고 불렀다. 스키너는 반응률을 증가시키는 먹이를 보상(reward)이나 만족스러운 결과로 부르지 않고 반응을 강화시킨다는 의미로 강화물(reinforcer)이라고 불렀으며, 행동을 강화시키는 절차를 강화(reinforcement)라고 불렀다.

강화란 특정한 자극이나 반응 뒤에 어떤 바람직하거나 좋은 것이 제공되는 것을 말한다. 반면, 행동을 약화시키는 절차를 처벌(punishment)이라고 불렀다. 강화 절차에는 정적 강화(positive reinforcement)와 부적 강화(negative reinforcement)가 있고 처벌은 혐오적인 자극제시와 반응대가(response cost)가 있다.

정적 강화는 먹이와 같이 보통 동물이 좋아하는 것으로 반응 뒤에 이것이 주어지면 반응의 빈도가 증가되는 것이다. 예를 들어, 동물들은 음식이나 물(정적 강화물)을 얻기 위하여 레버를 누르고, 문을 여는 것을 학습하는 것으로, 이 과정에서 음식이나 물은 동물들이 생득적으로 좋아하는 성질을 가지고 있다. 이에 비해 부적 강화는 전기쇼크나 고통같이 동물이 피하려고 하는 자극이 반응 뒤에 제거되거나 감소됨으로써 반응빈도를 증가시키는 절차이다. 즉, 어떤 것이 감소되거나 종결될 때 진행 중인 행동이 재현될 가능성이 증가하는 것으로 전기충격이나 시끄러운 소리(부적 강화물)를 회피하기 위하여 도망가는 것을 학습하는 것이다. 예를 들어, 아동들은 칭찬(정적 강화물)을 받기 위하여 피아노 연습을 하거나, 싫증나는 숙제를 하지 않기(부적 강화물) 위하여 피아노 연습을 할 수 있다. 동물의 경우 음식이나 물(정적 강화물)을 얻기 위해서 레버를 누르고 문을 여는 것을 학습할 뿐만 아니라 전기충격이나 시끄러운 소리로부터 도망(부적 강화물)가기 위하여 행동하는 것을 학습할 수도 있다. 정적 강화물과 부적 강화물은 모두 새로운 행동의 학습을 가져오고 현존하는 행동의 빈도를 높이는 역할을 한다.

반응률을 증가시키는 강화와 달리 처벌은 반응 뒤에 혐오자극을 줌으로써 반응률을 약화시키는 것을 말한다. 처벌의 대표적인 예는 잘못된 행동에 대하여 때리는 것을 들 수 있다. 반응대가는 반응 뒤에 바람직한 것을 제거함으로써 반응률을 약화시키는 절차로 규칙을 어긴 죄수에게 자유시간을 박탈하는 것이 해당된다.

처벌의 목적은 원하지 않는 행동의 발생률을 줄이는 것이다. 하지만 이러한 처벌은 그 목적과는 다르게 부정적인 영향을 미치게 된다. 처벌은 그것을 행하는 사람의 의도와는 다르게 처벌을 받는 사람은 공포감과 불안을 경험하게 되고, 그 행위가 모델링이 되어 이후 공격성을 나타내는 문제를 유발시킨다. 처벌의 부정적인 영향을 최소화시키고 원하는 목적을 달성하기 위해서는 다음과 같은 조건이 충족되어야 한다. 첫째, 처벌의 즉시성이다. 잘못된 행동이 나타나고 시간이 흘러 처벌이 주어지게 되면 그 행동 자체에 처벌의 의미를 부여하기가 어려워지므로 그 행동이 나타날 때 즉시적으로 주어져야 한다. 둘째, 처벌의 충분성이다. 약한 처벌은 잘못된 행동의 발생률을 줄이기 어렵기 때문에, 그 행동을 억제할 수 있을 만큼 충분히 주어져야 한다. 셋째, 처벌의 일관성이다. 처벌의 대상이 되는 행동에 대해서는 시간과 상황이 바뀌어도 일관되게 주어져야 한다.

3) 사회학습이론

사회학습이론은 반두라가 처음 주장한 것으로 관찰학습, 대리학습, 모방학습이라고도 한다. 사회적 학습은 본인이 직접 경험하지 않아도 다른 사람의 행동을 관찰함으로써 발생하는 학습을 말한다. 즉, 많은 학습이 조건형성에 의해서도 이루어지지만 다른 사람에게 일어나고 있는 것을 보거나 그에 대한 이야기만 듣고도 충분히 학습이 일어날 수 있다는 것이다. 반두라의 실험 예는 〈그림 4-7〉과 같다.

반두라(Bandura)

그림 4-7 반두라의 실험의 예

그는 아이들을 세 집단으로 구분하여 각 집단별로 실험의 모델이 보보(Bobo) 인형에게 공격적인 행동과 언행을 한 뒤 각기 다른 보상과 처벌을 받는 장면을 TV를 통해 보도록 하였다. 먼저 한 집단에게는 모델이 공격적인 행동을 하고 난 뒤 강화를 받는 장면을, 또 한 집단에게는 공격적인 행동을 하고 난 뒤 처벌을 받는 장면을, 한 집단에게는 공격적인 행동을 하고 난 뒤 처벌 혹은 강화 모두를 받지 않는 장면을 보도록 하였다. 그 결과 보상을 받은 모델을 본 아이들은 그렇지 않은 아이들보다 공격적인 행동이 증가한다는 사실을 보였다.

사회학습이론은 간접적 학습 또는 관찰학습을 강조한다. 사회학습이 이루어지기 위해서는 주의집중과정, 보존과정, 운동재생과정 그리고 동기과정의 절차가 필요하다고 주장한다.

첫째, 주의집중과정(attentional process)이다. 이것은 모델의 행동을 주의 깊게 집중하여 관찰하는 과정이다. 이 과정에서 모델의 두드러진 특징이나 뚜렷한 단서를 주시해야만 관찰에 의해서 여러 가지를 획득할 수 있다. 이와 같이 주의집중과정은 모델의 행동에 주의를 기울여서 보고 어느 것을 선택하여 습득할 것인지를 결정하는 것이다.

둘째, 보존과정(retention process)이다. 모델의 행동을 주의 깊게 관찰하여 그것을 기억하여 장기간 보존하는 과정이다. 이 과정에서 모델의 행동을 보고 즉각적으로 반응을 보이는 것이 아니다. 이 과정은 나중에 모델의 두드러진 특징이나 뚜렷한 단서에 대하여 기억한 것을 어떤 방법으로 유용하게 이용할 수 있다. 여기에서 모델의 행동을 장기간 기억하기 위해서 모델의 행동을 어떤 상징적인 형태로 부호화해야 하는 것이 필요하다.

셋째, 운동재생과정(motor reproduction process)이다. 모델을 모방하기 위하여 모델의 상징적 표상을 리허설하는 과정이다. 이 과정에서 모델의 상징적 표상을 잘 기억하여 그 행동을 계속적으로 연습하는 것이 필요하다. 한편, 모델의 행동을 주의 깊게 관찰하여 연습한다고 하더라도 모델이 한 행동을 올바르게 수행하지 못할 수도 있음을 인지해야 한다.

넷째, 동기과정(motivational process)이다. 모델의 행동을 모방한 것이 가치 있는 것인지를 결정하는 과정이다. 이 과정에서 동기가 주어지지 않는다면 모델의 행동을 모방하려 하지 않을 것이다. 모델의 행동을 모방하여 강화가 주어지면 행동을 수행할 가능성이 높아진다. 만약 모델의 행동이 긍정적인 보상을 받는 강화로 이어진다면 모델의 행동에 대하여 좀 더 집중하여 기억하였다가 나중에 그 행동을 수행하는 데 강력한 촉진제가 될 것이다.

4 인지이론

인지(cognition)란 인간의 정신적 사고과정을 의미하는 광범위한 개념으로, 사고력, 기억, 추론, 문제해결, 창조적 사고 등을 포함하는 인간의 모든 정신활동을 의미한다.

인지적 발달에는 피아제(Piaget)의 인지발달이론과 비고츠키(Vygotsky)의 사회문화이론(sociocultural theory)이 대표적이다.

1) 피아제의 인지발달이론

피아제는 자신의 세 자녀가 성장하는 과정을 지켜보면서 아동의 사고 및 추론 등의 인지능력이 단계를 거치면서 발달한다는 이론을 발전시켰고, 오늘날까지도 인지발달을 설명하는 대표적인 이론으로 자리 잡고 있다.

피아제(Piaget)

(1) 피아제 이론의 주요 개념

피아제의 인지발달이론에서는 도식(schema), 적응(adaptation), 동화(assimilation), 조절(accommodation) 그리고 평형(equilibration) 등이 중요한 개념이다. 피아제 이론의 기본 개념인 도식은 우리가 가지고 있는 사물이나 사건에 대한 전체적인 윤곽을 말한다. 즉, 도식은 지식의 기본단위로서 유기체가 외부의 사건을 인지하기 위해 사용하는 이해의 틀에 해당한다. 적응은 환경과의 직접적인 상호작용을 통해 도식이 변화하는 과정이며, 동화와 조절이라는 두 가지 수단을 통해 이루어진다. 동화는 새로운 환경자극을 접할 때 기존의 도식을 사용해 새로운 자극을 이해하는 것을 말하며, 조절은 자신이 가지고 있는 도식으로 새로운 사물을 이해할 수 없을 때, 기존의 도식을 변경하는 것을 말한다. 마지막으로 평형은 동화와 조절의 균형을 의미한다.

(2) 피아제의 인지발달단계

피아제(1954)에 의하면 인지발달은 질적으로 다른 네 단계가 있으며, 이 단계들은 정해진 순서대로 진행되며, 단계가 높아질수록 복잡성이 증가하는 것으로 보았다〈표 4-4〉.

표 4-4 피아제의 인지발달단계

발달단계	연령	특징
감각운동기	0~2세	아기가 태어나면서 시작되며 모든 지각의 방식은 감각과 행동을 통해서 일어난다. 처음에는 신체나 감각적인 관계 그리고 환경적인 대상에 대한 의식이 없다가 나중에는 대상과 자기를 의식하게 되고 물체를 잡거나 목표물을 향해 움직이거나 소리와 행동을 모방할 수 있게 된다. 이 단계의 영아는 자기중심적인 특징을 갖는다. 모든 행동과 세계는 자기를 중심으로 전개되며 자신에게 보이지 않거나 들리지 않는 것은 세계에 존재하지도 않는 것으로 인식한다. 또한 이 단계의 마지막 부분에 가면 대상영속성(object permanence)이란 개념을 갖게 된다. 즉, 대상은 그가 직접 경험하고 있지 않을 때도 계속 존재한다는 것을 이해하게 된다. 이런 감각-동작적인 활동은 발달 전 단계에 영향을 미치는 아주 중요한 활동이다.
전조작기	2~7세	조작단계로 넘어가기 위한 과도기이다. 감각적 행동을 통해 세계에 대해 인식을 하는 단계에서 개념적 · 상징적인 조작이 가능한 단계의 사이에 위치한다. 이 단계의 유아는 사물의 이름을 알게 되고, 단일 차원에서 사물들을 구분할 수 있으며, 감각-동작능력도 정교하게 발달한다. 이 기간에는 새로운 상징의 능력들이 많이 나타나는데, 이 시기에 가장 중요하게 여겨지는 특징들은 언어발달 · 자기중심성 · 중심화 · 불가역성(不可逆性) 등이다. 이 단계의 유아가 가지는 가장 명백한 특징은 언어발달이다. 그러나 피아제는 유아가 이 단계에서 말을 사용한다는 것이 반드시 개념화를 의미한다고 볼 수는 없다고 강조한다. 이 단계의 또 다른 특징은 자기중심성(ego-centrism), 즉 다른 사람의 역할과 견해를 고려할 줄 모른다는 것이다. 그리고 어떤 수 · 길이 · 물질 · 면적 · 부피 등을 그 차례나 형태를 바꾸어 여러 가지 다른 방법으로 제시한다 하더라도 그것들은 항상적으로 남아 있고, 변하지 않음을 아는 능력인 보존성(conservation)이 발달하지 못한다.
구체적 조작기	7~11세	이 단계의 아동은 논리적 추리력을 갖는다. 그러나 논리적인 사고력이 발달하지만, 그 사고과정 역시 아동이 관찰한 실제 사실에만 한정되어 있고, 미래의 가능성에 대한 추상적인 사고의 조직화된 방법으로만 가능한 것들은 사고할 수 없다.
형식적 조작기	11~15세	이 단계의 아동은 가장 발달한 인지적인 조작단계에 들어선다. 구체적이고 실제적인 상황을 넘어서는 문제를 다룰 수 있게 된다. 추상적인 사물들에 대해서 논리적으로 생각할 수 있고, 추상적인 언어를 통한 교육이 비로소 가능해지는 단계이다.

① 감각운동기

피아제의 인지발달 첫 단계는 감각운동기(sensorimotor stage)로 생후 2세까지이다. 이 시기에 영아는 출생 시부터 가지고 태어난 기술인 빨기와 잡기 등의 기능을 통해 자신의 신체적 활동을 통합하는 능력을 발달시켜 나간다. 이 시기의 영아는 자신이 직접

보고, 듣고, 느끼고, 행동하는 것에 의존하며, 감각기관을 통해 받아들인 정보가 인지발달의 중요한 내용이 된다. 감각운동기 동안에 이루어지는 중요한 인지발달로서 대상영속성(object permanence)개념을 들 수 있는데, 이는 모든 사물은 자신과는 별개의 실체로서 직접 보거나 만질 수 없는 경우에도 여전히 존재함을 아는 것이다. 이 개념은 생후 7, 8개월경부터 발달하기 시작한다.

피아제는 이 시기에 단순한 도식들이 결합되어 새로운 도식을 형성하는 독립적이지만 상호 관련된 6개의 하위단계로 구분하여 설명하고 있다〈표 4-5〉.

표 4-5 감각운동기 인지발달의 6개 하위단계

시기	특징
반사운동기(Reflex Activity: 출생~1개월)	영아는 선천적인 반사행동(빨기, 잡기, 큰소리에 반응하기 등)을 도식으로 하여 외부세계와 접촉을 하며, 이를 통해 반사행동은 적응적 행동으로 전환된다. 이 하위단계의 중요한 특징은 자신과 외부 세계 간의 구분이 없으며, 다양한 반사도식을 사용함으로써 영아는 환경의 요구에 더 잘 적응할 수 있다는 것이다.
1차 순환반응기(Primary Circular Reactions: 1~4개월)	최초의 순환반응은 영아의 신체에 있기 때문에 '일차' 순환반응이라 한다. 순환반응이란 빨기와 잡기와 같은 감각운동의 반복을 의미하는데, 즉 영아가 우연한 행동을 통해 만족스러운 결과를 얻게 되면, 그 행동을 반복해서 하게 되는 것을 말한다. 영아가 습관적으로 손가락을 빠는 것이 그 예가 될 수 있다. 이 하위단계 동안 영아는 다양한 반사들을 숙달하며, 이 반사들은 서로 협응하게 된다. 빨기-잡기 도식과 보기-잡기 도식은 이 단계에서 획득되는 중요한 도식 간의 협응이다.
2차 순환반응기(Secondary Circular Reactions: 4~8개월)	영아가 자신의 외부세계에 대해 관심을 갖는다. 일차 순환반응과 이차 순환반응 간의 주된 차이점은 행동의 초점이다. 일차 순환반응 때와는 달리 자신의 신체 외부에 있는 대상과 사건에 관심을 가진다. 자신이 아닌 외부에서 흥미로운 사건들을 반복하고, 이를 다시 반복하려고 할 때 순환반응이 일어난다. 우연한 행동이 만족스러운 결과를 가져올 경우, 또 다시 그 결과를 유발하기 위해 그 행동을 반복하게 된다. 예를 들어, 우연히 딸랑이를 건드렸더니 소리가 나고, 영아는 다시 그 소리를 듣기 위해 딸랑이를 흔드는 행위를 반복하게 된다. 이 하위단계 동안 영아는 외부세계에 있는 어떤 사건들이 자신의 행동의 통제하에 있다는 것을, 즉 자신의 행동이 환경에 영향을 줄 수 있다는 것을 발견한다.
2차 순환반응의 협응기(Coordination of Secondary Cirular	영아는 자신의 목표를 달성하기 위해 이전에 획득한 행동을 통합하기 시작한다. 영아의 행동은 의도적이며 목적이 된다. 영아는 원하는 장난감을 얻기 위해 방해물을 치우게 된다. 즉, 방해물 치우기와 장난감 잡기의 두 가지 도식을 통합하게

시기	특징
Reactions: 8~12개월)	된다. 이 시기의 영아는 목표가 되는 하나의 도식에 도달하기 위해 수단이 되는 다른 도식을 사용할 수 있다. 영아가 방해물을 치우고 장난감을 찾아내는 행위는 대상영속성의 개념이 발달하기 시작했다는 사실을 보여 주는 것이다.
3차 순환반응기(Tertiary Circular Reactions: 12~18개월)	영아는 사물이 왜, 어떻게 그렇게 되는가 등 실험적 사고에 열중하게 된다. 새로운 원인과 결과 간의 관계를 알아보기 위해 여러 가지 시도를 한다. 이 하위단계에서 영아는 매우 적극적이고 목적지향적인 행동을 보이며, 시행착오를 통해 문제해결을 하게 된다. 영아는 새로운 대상이 나타났을 때, 지금까지의 방식으로 목표에 도달할 수 없을 때 새로운 상황에 적합하도록 수단을 변경할 수 있다. 하지만 아직까지 새로운 수단을 찾기 위한 정신적인 노력은 나타나지 않는다.
정신적 표상(Mental Representation: 18~24개월)	영아의 지적 능력이 급격하게 성장하는 시기이다. 영아는 사물이나 사건들을 정신적으로 표상해 내기 시작하고, 행동적 시행착오를 하던 영아는 행동을 하기 전에 먼저 생각을 함으로써 문제를 더 빨리 해결할 수 있는 통찰을 얻는다. 정신적 표상이 가능해지면서 어떤 행동을 목격한 후 시간이 지난 후에 그 행동을 재현해 내는 지연모방(deferred imitation)이 가능하게 된다.

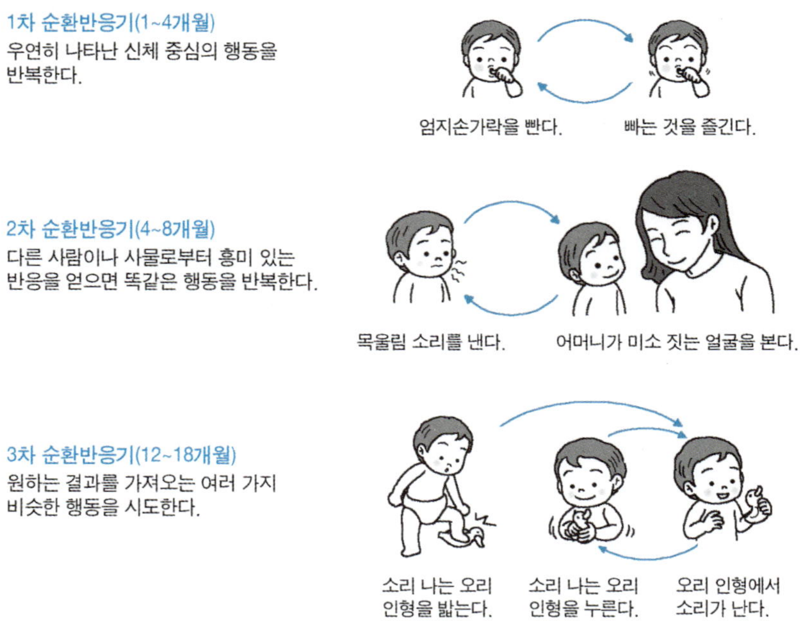

그림 4-8 1, 2, 3차 순환반응기

출처: 이사라 외(2013). 영아발달. 파워북. p.158.

② 전조작기

인지발달의 두 번째 단계는 전조작기(preoperational stage)로 2~7세까지이다. 이 단계에서는 논리적인 조작이 불가능하기 때문에 전조작기라 부른다. 조작(operation)이란 과거에 일어났던 사건들을 내면화시켜 서로 관련지을 수 있는, 즉 논리적인 관계를 지을 수 있는 능력을 말하는데, 이 시기에는 아직 체계적이고 논리적인 사고를 할 수 있는 능력이 발달되지 않는다. 이 시기 사고의 특성은 상징놀이, 자기중심적 사고, 물활론, 직관적 사고를 하는 것이다. 특히, 이 시기의 유아는 주변의 모든 현상을 자기중심적으로 생각하여, 타인도 자신과 같이 느끼고, 사고하고, 행동한다고 생각하고, 타인의 관점을 이해하지 못한다. 또한 이 시기에는 보존개념(conservation)이 획득되지 않는데, 보존개념이란 사물의 외형이 변한다고 할지라도 그것의 길이, 양, 무게 등의 속성은 변하지 않는다는 것이다. 예를 들어, 같은 양의 물을 보여 주고, 폭이 좁고 긴 컵과 폭이 넓고 짧은 컵에 각각 부었을 때, 높이가 긴 컵의 물이 더 많다고 생각한다. 그 이유는 이 시기의 유아는 지각적 특성에 의해 판단하는 직관적 사고를 하기 때문이다. 피아제는 전조작기를 다시 2~4세까지를 전개념적 사고기(preconceptual period), 4~7세까지를 직관적 사고기(intuitive period)로 나누었다〈표 4-6〉.

표 4-6 전조작기의 인지발달특징

항목	구분	특징
전개념적 사고기 (2~4세)	상징적 사고	상징은 어떤 대상을 나타내는 징표를 말하며, 상징적 사고의 가장 중요한 결과 중의 하나는 가상놀이다. 가상놀이란 가상적인 사물이나 상황을 실제 사물이나 상황으로 상징화하는 놀이로서 전조작기 유아의 표상적 발달을 보여 준다. 소꿉놀이, 병원놀이, 기차놀이 등이 가상놀이의 예이다. 유아기 동안 가상놀이는 점점 더 빈번해지고, 연령이 증가함에 따라 점점 더 복잡해진다.
	자기중심적 사고	유아는 모든 주변 환경에서의 현상을 자기중심적으로 생각한다. 유아는 타인도 자신과 같이 느끼고, 사고하고 행동한다고 생각한다. 자기중심적 사고는 다른 사람의 관점을 고려하지 못하기 때문이다. 이것은 유아가 일부러 타인의 입장을 생각하지 않는 것이 아니라, 타인의 관점을 이해하지 못하는 것을 의미한다.
	물활론적 사고	물활론적 사고는 무생물이 살아 있다고 생각하는 것이다. 즉, 생명이 없는 대상이 사람처럼 감정이나 의도를 가지고 있다고 생각한다. 예를 들어, 공을 차면 아플 것이라

항목	구분	특징
		고 생각하고, 눈 덮힌 나무는 춥다고 생각하며, 돌에 걸려 넘어진 아이는 돌에게 야단을 치거나 화를 내기도 한다. 또한 가지고 노는 인형에게 음식을 먹이기도 한다.
	인공론적 사고	물활론적 사고와 관련이 있는 것이 인공론적 사고이다. 유아는 세상의 사물이나 자연현상이 사람의 필요에 의해서 만들어진 것이라고 믿는다. 유아는 사람들이 해와 달을 만들었다고 생각하고, 바닷물이 파란 이유는 누군가가 파란색 물감을 풀어놓았기 때문이라고 믿는다.
	전환적 추론	인과개념은 어떤 현상의 원인과 결과 간의 관계를 추론하는 능력을 말한다. 유아는 전개념적 사고의 한계 때문에 귀납적 추론이나 연역적 추론을 하지 못하고 대신 전환적 추론(transductive reasoning)을 하게 된다. 전환적 추론의 특징은 한 사건으로부터 다른 특정 사건을 추론하는 것인데, 예를 들어 아침을 먹지 못한 유아가 오후가 되어서도 자신이 아침을 먹지 않았기 때문에 시간이 아직 아침이라고 말한다.
직관적 사고기 (4~7세)	보존개념	보존개념(conservation)이란 사물의 외형이 변한다고 할지라도 그것의 길이, 양, 크기, 무게 등의 속성이 바뀌지 않는다는 것을 이해하는 능력이다. 예를 들어, 전조작기의 유아에게 같은 양의 물을 보여 주고, 폭이 좁고 긴 컵과 폭이 넓고 짧은 컵에 각각 부었을 때, 대부분의 경우 폭이 좁고 긴 컵의 물이 더 많다고 대답한다. 이러한 것은 양에 대한 보존개념이 형성되지 않았다는 것을 보여 주는 것이다.
	유목포함	유목포함(class inclusion)은 상위유목과 하위유목 간의 관계, 즉 전체와 부분의 관계를 이해하는 능력을 말한다. 피아제에 의하면 전조작기의 유아는 상위유목과 하위유목을 동시에 고려할 수 없기 때문에 과제를 위계적으로 분류하지 못한다고 보았다.
	서열화	서열(seriation)이란 사물의 특성을 양적 차원에 따라 차례로 배열하는 능력을 말한다. 유아에게 길이가 다른 여러 개의 막대기를 주고 짧은 것에서부터 긴 것까지 배열하게 하면, 3~4세의 유아는 차례대로 배열하지 못하고, 5~6세가 되면 일부는 순서대로 나열할 수 있지만, 전체적으로는 하지 못한다.

③ 구체적 조작기

인지발달의 세 번째 단계는 구체적 조작기(concrete operational stage)로 7~11세까지이다. 이 시기의 아동은 논리적인 사고가 시작되고, 추리능력도 보다 복잡하며, 융통성을 갖게 된다. 또한 전조작기의 자기중심적 사고에서 벗어나 타인의 입장을 이해할 수 있는 조망수용(perspective taking)능력을 습득하게 된다. 이 시기의 아동은 대상물이 가지고 있는 공통적인 속성에 따라 물체를 분류할 수 있는 유목화의 개념을 습득하고, 사물을 영역별로 차례대로 배열할 수 있는 서열화의 개념을 획득하는데, 특히 서열화의 개념은 수들 간의 관계를 이해하는 데 결정적인 역할을 하므로 산수를 배우는 데 필수적이다(정옥분, 2002). 구체적 조작기에서 사고의 특성은 보존개념, 조망수용능력, 유목화, 서열화 개념 등을 습득할 수 있다〈표 4-7〉.

표 4-7 구체적 조작기의 인지적 특성

구분	특징
보존개념	보존개념이 모두 동시에 획득하는 것은 아니다. 일반적으로 수에 대한 보존개념이 가장 먼저 획득되고, 길이, 면적, 양, 무게 그리고 부피의 순서로 획득된다.
조망수용	아동기에는 자기중심적인 사고에서 벗어나 타인의 입장, 감정, 인지 등을 추론할 수 있는 조망수용(perspective taking)능력을 습득하게 된다.
유목화	구체적 조작기의 아동은 대상물이 지니고 있는 공통적인 속성에 따라 물체를 분류할 수 있다. 물체를 한 가지 속성에 따라 분류하는 단순 유목화(simple classification), 물체를 두 가지 속성에 따라 분류하는 다중 유목화(multiple classification)의 개념이나 상위유목과 하위유목 간의 관계를 이해하는 유목포함(class inclusion)의 개념을 습득하게 된다
서열화	구체적 조작기의 또 다른 특성은 사물을 영역별로 차례대로 배열할 수 있는 능력을 획득하는 것이다. 아동기에는 특정한 속성에 따라 유목으로 나누면서, 동시에 거의 시행착오 없이 상호관계에 따라 순서대로 배열하는 것이 가능하다.

④ 형식적 조작기

인지발달의 마지막 단계는 형식적 조작기(formal operational stage)로 11~15세까지이다. 이 시기가 되면, 논리적 사고뿐만 아니라 죽음, 자유, 종교 등과 같은 추상적 개념들에 대해서도 사고할 수 있다. 이러한 능력으로 세상에 대한 일반적인 법칙을 형성할 수 있고, 가능한 일들에 대한 검증이 가능해진다. 형식적 조작기의 특징은 시간을 초월하여 문제를 다루고, 문제해결을 위해 계획을 세우며, 체계적인 해결을 해 나가는 과학적 사고가 가능하고, 추상적인 개념도 이해가 가능하다. 또한 이 시기의 청소년들은 이상적인 사고를 하는 것이 특징인데, 이로 인해 자신이 생각한 결과와 현실이 일치하지 않는 경우가 많고, 현실을 자기의 이상과 부합하도록 변화시키려는 노력을 하게 된다.

2) 비고츠키의 사회문화적 이론

비고츠키(Vygotsky)

아동발달에 대한 연구자들은 발달과 문화적으로 특정한 실제와의 관계에 대한 연구를 진행하였는데 러시아 심리학자인 비고츠키(1896~1934)는 이러한 흐름에 큰 기여를 한 인물 중의 하나이다. 비고츠키의 관점은 사회문화이론(sociocultural theory)이라고도 부른다. 그 이유는 가치, 신념, 관습, 사회집단의 기술을 아우르는 문화가 어떤 경로로 다음 세대로 전달되는지에 초점을 맞추고 있기 때문이다. 비고츠키는 아동과 그보다 좀 더 발전된 사회 구성원과의 협력적인 대화를 통해 아동이 그 사회의 문화인 사고방식과 행동을 배우는 것을 사회적 상호작용이라고 한다. 아동은 양육자, 형제, 가족구성원, 이웃, 교사, 또래 등의 많은 사람들과 상호작용하는데, 이 상호작용은 인지발달에 영향을 미친다고 주장한다. 피아제는 발달적 변화는 개인 내부에서 일어나는 것이며 개별 아동이 분석 단위인 것에 비해 비고츠키는 사회적 환경을 아동의 인지와 행동에 통합시켜 볼 수 있다고 주장한다. 즉, 맥락 내에 있는 아동이 분석단위가 된다. 또한 사회적 상호작용은 발달적 변화의 원천이며 발달의 한 부분이라고 주장한다. 피아제는 아동 스스로 자신의 지식 세계를 능동적으로 구조화한다고 주장한 반면에 비고츠키는 아동의 사고가 사회적으로 다른 사회 구성원과의 관계에서 상호작용하면서 형성된다는 사회적인 존재임을 강조한다. 인지 성장의 촉진에 미치는 사회와 문화의 중요성을 강조하기 때문에 그의 이론은 사회문화적 관점(sociocultural perspective)으로 불린다. 그리고 문화와 더불어 중요한 상호작용의 필수요인이며 인지발달의 절대적인 변수로 언어를 강조하였다.

(1) 아동의 혼잣말(Egocentric speech)

비고츠키는 피아제와 달리 언어와 사고의 발달 간의 관계, 특히 인지발달에서 혼잣

말하기(egocentric speech: 자기중심적 말)의 역할이 중요하다고 주장하였다. 혼잣말하기란 아동들이 자신에게 소리 내어 말하는 것으로 아동들의 사고와 행동을 유도하는 아동들의 자기대화(self-talk)라고도 할 수 있다. 특히, 비고츠키는 아동들이 어려운 과제에 직면한 경우에 더욱 빈번하게 발생한다. 예를 들어, 종이나 연필이 부족한 것처럼 곤란에 직면하는 경우 아동의 혼잣말이 거의 두 배로 증가하는 것을 볼 수 있다. 사고와 언어는 서로 독립적으로 발달하지만, 2세경에는 사고와 언어가 서로 영향을 미친다. 아동들이 말을 하면서 자신의 사고를 표현하고, 말을 이용하여 사고하기 시작한다. 아이들의 사적 언어인 혼잣말하기는 5~7세 사이에 절정에 이르며, 9세경에는 일반적으로 사라진다고 한다. 이렇듯 아동들의 사적 언어는 사고와 언어가 융합될 때 사라지는 것이 아니라 점차적으로 들리지 않는 소리로 속삭임과 조용한 입술 움직임으로 변하여 정신적으로 자신에게 이야기하는 자기대화와 궁극적으로 내적 말(Inner speech)로 바뀌게 된다고 주장하였다.

비고츠키는 자기대화와 내적 말은 그 목적이 유사하며 둘 다 내면화 과정이라고 한다. 자신에게 이야기함으로써 성인들이 이전에 그들을 안내했던 것과 유사한 방법으로 어려운 과제를 수행하는 동안 자신의 행동을 안내하기를 학습한다.

피아제(1954)는 이러한 혼잣말을 자아중심적 언어라고 일컬었다. 피아제는 아동들의 혼잣말이 의사소통능력이 부족하기 때문이며, 타인의 관점을 수용할 능력이 부족하기 때문이라는 인지적 미성숙의 발현으로 보았다. 이러한 이유로 피아제는 아동의 말을 종종 '자기에 대한 말'이라고 하였다. 이는 듣는 이가 이해하는 것과 관계없이 아동들은 우연히 일어나는 것을 어떻게 구성하든 간에 생각을 밖으로 내보낸다는 뜻으로 그렇게 불렀다. 피아제는 아동들이 동료들과의 의견을 교환하는 과정에서 타인이 자신과 다른 견해를 가질 수 있다는 것을 반복적으로 경험하게 되면서 자아중심적 언어는 감소하고 듣는 타인의 입장에서 사고하고 말할 수 있는 사회적 언어로 대체된다고 한다.

이렇듯 아동들의 혼잣말에 대한 비고츠키와 피아제의 의견은 매우 대조적이라고 할 수 있다. 피아제는 자기중심적 사고의 단순한 표현이며, 인지적 미성숙의 발현으로 본 반면에 비고츠키는 자기 지향적인 언어이며 발달하는 정신에 대한 표현수단이라고 하였다. 즉, 자기중심적 말은 문제의 해결책을 추구하고 계획함에 있어 사고의 도구가 된다는 것이다(Goetz, Alexandor, & Ash, 1992).

(2) 근접발달영역(Zone of Proximal Development: ZPD)

근접발달영역은 아동이 독립적으로 수행함으로써 도달할 수 있는 문제해결수준인 실제적 발달수준과 성인이나 유능한 또래로부터 도움을 받아서 문제를 해결할 수 있는 수준인 잠재적 발달수준 사이의 영역을 말한다. 예를 들어, 수학문제가 열 개 있는데, 아동이 스스로 힘으로 일곱 개를 해결할 수 있는 경우 성인인 교사 혹은 보다 높은 지적 수준을 지닌 또래가 옆에서 조언을 해주거나 힌트를 줌으로써 열 개를 좀 더 효율적으로 수행할 수 있게 된다는 것이다.

(3) 비계(Scaffolding)

비계는 근접발달영역과 매우 밀접한 연관이 있는 개념으로서 건축학에서 사용한 용어이다. 원래 건축 용어에서 비계는 건물을 지을 때 발판으로 사용하다가 건물이 완성되면 제거해 버리는 물건이다. 비고츠키에 의하면 비계는 아동이 스스로의 힘으로 문제를 해결할 수 있도록 성인인 교사 혹은 보다 높은 지적 수준을 지닌 또래가 도움을 제공하는 것을 말한다. 그에 의하면 아동의 인지발달은 자기 자신이 속한 문화에서 보다 유능한 구성원과의 상호작용을 통하여 이루어진다고 보았다. 보다 유능한 구성원들은 아동의 인지발달을 위해 비계를 설정하여 아동이 성장할 수 있도록 도와준다. 또한 아동을 가르치는 동안 아동의 현재 수준에 알맞도록 가르침의 양을 조절한다. 아동이 학습하는 내용이 새로운 것이라면 직접적인 지시를 하고 아동이 따라오게 되면 직접적인 지시를 하는 대신에 약간의 힌트를 주게 된다.

5 동물행동학이론

동물행동학이론은 진학론적 관점에 그 기초를 두고 있다. 즉, 인간의 발달에 있어 유전적 · 생물학적 요인이 영향을 미친다는 전제를 가지고 있다. 동물행동학이론에서는 종의 보존과 생존이 중요한 의미를 지니며, 이를 위해 종 특유의 생물학적 프로그램이 이미 구성되어 있다고 생각한다.

동물행동학의 대표적인 학자는 로렌츠(Lorenz)이다. 그는 오리가 부화한지 13~16시간 후 처음으로 목격한 대상을 자신의 어미로 인식한다는 사실을 발견하였다. 즉, 오리에게 어미로 인식하는 결정적 시기가 있음을 발견하였고, 이를 각인(imprinting)이라고 명명하였다. 각인이란 생후 초기 처음 노출된 대상에게 애착을 형성하게 되는 것을 의미한다. 이처럼 생후 얼마 지나지 않은 상태에서 각인이 일어나는 이유는 어미로 생각하고 어미의 행동을 따라 했을 때 생존의 가능성이 높아지기 때문이다. 다시 말해 처음 알에서 부화된 오리는 누가 자신의 적군인지 아군인지를 구분하지 못한다. 그런 경우 어미의 행동을 따라서 하는 것이 생존의 확률을 높일 수 있는 방법이기 때문이다.

이와 같은 각인이론은 인간의 발달 분야에서도 적용이 되었는데, 대표적인 것이 애착이론이다. 애착은 주양육자와의 심리적 유대관계를 의미하며, 영아의 애착 형성에도 결정적 시기가 있다고 주장한다. 따라서 영유아 역시 주 양육자와의 애착 형성에 결정적 시기가 있기 때문에 적합한 환경이 지원되어야 함을 시사하고 있는 이론이라고 할 수 있다. 그러나 각인이론은 인간발달에서 학습과 경험의 역할을 무시하고 있다는 비판도 제기되고 있다.

6 생태학적 체계이론

생태학적 체계이론은 사람들이 자신의 환경과 어떻게 상호작용하는가에 초점을 맞추고 있는 이론이다. 생태학적 체계이론의 대표적인 학자는 브론펜브레너(Bronfenbrenner)이다. 이 이론에서의 가장 중요한 관점은 상호작용이다. 그는 아동이 가족, 학교, 지역사회, 국가 등 여러 환경 속에서 발달하고 있다는 것에 주목하면서, 여러 환경을 미시체계, 중간체계, 외체계, 거시체계 및 시간체계로 구분하여 설명하고 있다<그림 4-9>.

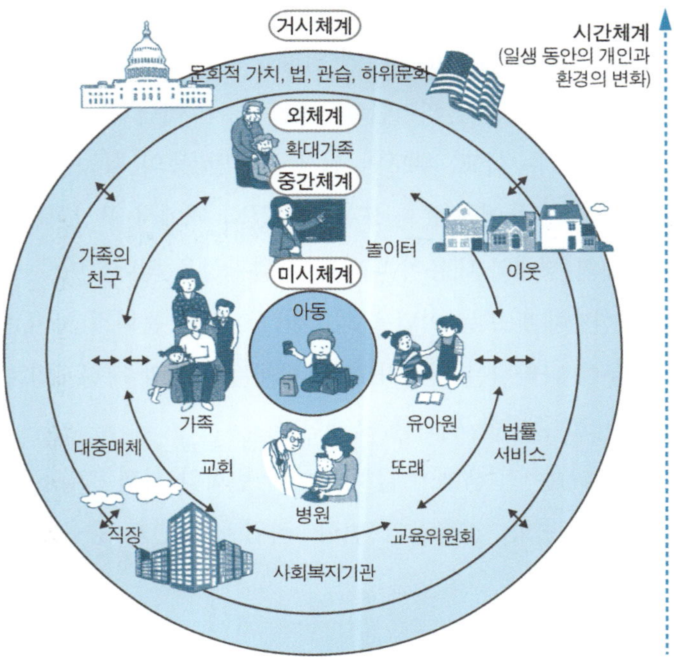

그림 4-9 생태학적 체계이론

미시체계(microsystem)는 발달하는 개인이 독특한 물리적인 특성을 가진 환경 내에서 경험하는 활동, 역할 및 대인관계의 유형이다. 예를 들어, 가족, 보육시설, 놀이터 등과 같이 아동이 쉽게 얼굴을 마주 대하고 상호작용에 참여할 수 있는 환경 속에서 아동이 활동을 하고 환경과 상호교류함으로써 역할과 자아정체감을 획득하게 된다.

중간체계(mesosystem)는 미시체계들로 구성된 하나의 체계로 발달하는 개인이 적극적으로 참여하는 둘 이상의 환경들 간의 상호작용으로 이루어진다. 중간체계는 발달하는 개인이 새로운 환경으로 이동할 때마다 형성되거나 확대된다. 예를 들어, 아동의 경우는 가정, 학교와 이웃, 또래집단 사이의 관계들이며, 성인의 경우는 가족, 직장, 사회생활 사이의 관계이다. 아동의 발달이 순조롭게 이루어지는 데는 중간체계에서의 전이와 상호연결성이 중요한 역할을 한다.

외체계(exosystem)는 발달하는 개인이 적극적으로 참여자로 관여하지는 않지만 발달하는 개인이 속한 환경에서 일어나는 일에 영향을 주거나 영향을 받는 사건이 발생되는 하나 또는 그 이상의 환경을 의미한다. 예를 들어, 어린 아동의 경우에는 부모의 직장, 손위 형제가 다니는 학교, 부모의 친구 조직망 등의 활동이 포함된다.

거시체계(macrosystem)는 주어진 문화 또는 하위문화 내에서 구성되는 미시체계, 중간체계 그리고 외체계의 행태와 내용이 나타내는 일관성을 의미하며, 동시에 그런 일관성에 기초가 되는 신념체계 또는 이념을 의미한다. 사회 · 문화적 차이는 바로 이 거시체계가 다르기 때문에 나타나는 것이다. 거시체계는 개인과 직접적인 관련은 거의 없지만 가장 근본적이고 중대한 변화를 초래한다.

시간체계(chronosystem)는 전 생애에 걸쳐 일어난 변화와 사회 · 역사적인 환경을 의미한다. 즉, 가족제도의 변화, 결혼관의 변화, 직업관의 변화 등을 의미한다(정희영 외, 2014).

Chapter 05

유아교육 프로그램

05 Chapter

유아교육 프로그램

배울 내용

1. 몬테소리 프로그램
2. 프로젝트 접근법
3. 레지오 에밀리아 접근법
4. 발도르프 유아교육 프로그램

학습목표

1. 몬테소리 프로그램의 아동관 및 교육원리, 교육과정을 이해한다.
2. 프로젝트 접근법의 목적 및 목표, 주제 선정, 프로젝트 실행방법을 파악한다.
3. 레지오 에밀리아 접근법의 이론적 배경 및 교육과정, 환경구성의 특징을 인식한다.
4. 발도르프 유아교육 프로그램의 이론적 근거가 되는 슈타이너의 교육사상을 탐색한다.
5. 각 프로그램의 특징 및 교사의 역할 등을 비교하고 유아교육현장에서의 실제 적용방안을 모색한다.

21세기에 들어 현재 여러 분야에서는 4차 산업혁명으로 일컬어지는 인공지능 등의 시대를 대비해 새로운 결과를 끊임없이 요구하고 있다. 앞으로의 변화를 예측할 수 없는 미래를 준비하기 위해 유아교육과정에서도 교육환경과 맥락 등을 고려하여 다각적인 변화가 필요할 것이다. 교육 프로그램은 교육철학과 내용 및 방법에 따라 다양한 형태로 나타날 수 있다. 유아교육 프로그램은 특정 이론에 의해 조직된 교육과정 모델로 유아교육현장에서 가르치는 구체적인 내용을 계획하고 운영하는 것을 의미한다. 유아교육 프로그램의 특성은 다양성과 역동성에 있다. 따라서 모든 유아들에게 한 가지 획일적인 프로그램이 그대로 적용될 수는 없을 것이다. 본 장에서는 최근 유아교육에서 대표적인 프로그램의 이론적 배경, 아동관 및 교육목표, 교육원리 및 교육내용, 교육과정, 교사의 역할, 환경구성 등을 살펴보고자 한다.

1 몬테소리 프로그램

1) 이론적 배경

몬테소리(Montessori)

몬테소리 프로그램은 이탈리아의 교육학자였던 마리아 몬테소리(Maria Montessori, 1870~1952) 이론에 기초한 프로그램이다. 몬테소리는 로마의 의과대학을 마치고 1896년 26세에 이탈리아 최초의 여성 의사가 되었다. 그 이후 한 정신병원에서 아동을 치료하면서 아동교육에 관심을 가지게 되었는데, 맨 처음 전문적인 관심을 보였던 것은 정신지체 분야였다. 그녀는 시설에 수용된 지체아들이 경험에 굶주려 있는 것을 관찰하게 되면서 올바른 방법을 사용한다면 그들을 가르칠 수 있다는 확신을 갖게 되었다. 1907년 몬테소리는 로마에 사는 3~7세의 빈민 유아들을 대상으로 어린이집(Casa dei Bambini)을 설립하였는데 이 어린이집에서 지적장애아 교육에 실제적으로 참여하였다.

몬테소리는 지적장애아 교육의 선구자였던 세강(Seguin)과 청각장애아 교육의 개척자인 이타르(Itard)의 영향을 받아 지적장애아 교육방법을 연구하면서 정상아들을 위한 프로그램을 개발하게 되었다. 1900년대 초에는 몬테소리의 교구와 교육철학이 미국에 전파되어 유아교육에 영향을 미치기도 하였다. 하지만 그 당시에는 진보주의교육 운동으로 그녀의 생각이 교육의 주류에서 벗어난 급진적인 것으로 인식되었다. 1920년대 이후에는 소수의 추종자들을 제외하고는 거의 소멸되었다. 한편, 1960년대에 이르러 유아의 지적 발달과 교육이 강조되고 불우한 아동교육에 대한 관심으로 몬테소리의 교육방법은 다시 심리학자나 교육자, 일반대중들의 관심을 받게 되었다(Crain, 2000).

2) 아동관 및 교육원리

몬테소리는 루소의 영향을 받아 교육의 실제에 관심을 갖고 실제 관찰을 통해 아동기 그 자체가 자주적인 실체로 존재하며, 유아가 자유로운 환경에서 스스로 자아를 형성하며 발달해 나갈 수 있다는 교육철학을 갖게 되었다. 몬테소리 교육원리를 살펴보면 다음과 같다.

(1) 정상화

몬테소리교육의 거시적 목표는 '정상화(normalization)'를 이루는 것이다(Montessori, 1949). 정상화란 유아가 자신의 내면적 욕구에 따라 스스로 교구를 선택하고 작업의 반복을 통해 자발적으로 깊이 집중하여 몰입의 경지에 이르는 것을 의미한다. 몬테소리의 이러한 정상화 개념은 소극적인 의미는 아니다. 몬테소리는 유아의 정상화를 돕는 것은 교육의 구체적 목표이며 인격의 완성과 이상사회 건설을 위한 출발점이라고 하였다. 정상화된 유아는 육체적 · 정신적 에너지가 상호작용하면서 내면적인 안정을 갖춘 조화된 상태에 이르게 된다. 또한 스스로의 학습능력을 가지고 정신적인 자기조절이 가능하여 작업이 끝난 후에는 유아의 얼굴 표정과 행동에는 정신적인 만족감, 성취감, 행복감이 나타나게 된다.

(2) 민감기와 흡수정신

몬테소리이론의 핵심은 '민감기(sensitive periods)와 흡수정신(absorbent mind)'이다. 몬테소리(1949)는 유아가 일정한 능력을 가장 효과적으로 습득하기 위해서는 일정한 시기가 있다는 결론에 도달하였다. 그리고 유아에게는 환경과 바람직한 관계를 맺고 상호작용할 수 있도록 도움을 주는 기제가 있어서 스스로 자아를 구축해 나간다고 하였는데, 그 기제를 '민감기와 흡수정신'으로 설명하였다. 민감기의 원리는 0~6세 사이로 결정적 시기와 유사한 개념이다. 이 원리는 유전적으로 계획된 기간 동안 특정 행동에 대한 감수성이 예민해져 특정 기술을 보다 쉽게 학습할 수 있는 시기를 의미한다(이순형 외, 2009).

표 5-1 시기에 따른 민감기의 특징

구분	시기	내용
손 사용에 대한 민감기	생후 18개월~3세	손으로 환경을 탐색하려는 욕구가 강한 시기이므로 자유롭게 사물을 탐색하도록 하는 것이 중요하다.
걷기에 대한 민감기	1~2세	무기력한 존재에서 능동적인 존재로 변화하게 되므로 제2의 출생으로 본다. 성인은 목적지에 도달하기 위해 걷지만 이 시기는 걷는 것 자체가 목적이며 반복을 통해 걷기를 숙달해 나간다.
언어에 대한 민감기	6개월~3세	소리, 단어, 문법을 무의식적으로 흡수할 수 있는 기제를 가지고 태어나는 시기이다.
	3~6세	무의식적으로 언어를 흡수하지는 않지만 언어에 대한 민감기가 지속되며 의식적인 학습으로 새로운 문법을 터득해 나가는 시기이다.

이러한 민감기 시기에 일정한 능력이 자라날 수 있는 활동이 주어지게 되면 자신도 모르게 내부로부터 기쁨을 느끼면서 활동에 집중하게 된다. 이때 유아는 무한한 힘으

로 환경으로부터 어떤 상황을 받아들여 학습하게 되는데, 몬테소리는 이를 '흡수정신'이라고 하였다. 이러한 흡수정신의 원리는 무의식적인 단계와 의식적인 단계로 나눌 수 있다.

표 5-2 흡수정신의 원리

구분	시기	내용
흡수정신의 무의식적 단계	0~3세	주위에서 접하게 되는 거의 모든 정보를 흡수한다.
흡수정신의 의식적 단계	3~6세	의식적이고 계획적으로 상호작용하며 환경으로부터 접하게 되는 다양한 정보를 선택적으로 경험하게 된다.

(3) 자동교육

몬테소리는 유아의 능동적이고 자발적인 학습 참여를 중요하게 생각하였다. 즉, 교육의 본질은 환경(교구)과의 상호작용을 통해 유아 스스로 시행착오를 거쳐 잘못을 수정해 나가는 자동교육(auto education)에 있다고 하였다. 유아가 교구 사용과정에서 실수를 하였더라도 자기 수정의 원리에 의해 즉각 수정이 가능하도록 되어 있어서 '자동교육'이라고 하였다. 이러한 자동교육의 원리는 유아가 적절한 자료와 활동을 통해 스스로 교육할 수 있다는 관점으로 유아가 준비된 환경에 능동적으로 참여하면서 자유롭게 선택한 활동을 스스로 학습하게 된다는 의미이다. 몬테소리는 유아의 내적인 힘을 불러일으키고 자연적 발달에 따라 유아가 성장하도록 도와주는 것이 유아교육에서 가장 중요한 것이라고 하였다.

(4) 준비된 환경

몬테소리는 특별한 지식 및 기술을 지원하기 위해 교실과 주변 환경을 정리하고 조직하며 유아의 발달과 학습을 최적화할 수 있도록 환경을 준비하는 것이 중요하다고 하였다. 이러한 준비된 환경(prepared environment)은 시설, 설비, 교구 및 교재 등의 물리적 환경뿐만 아니라 학습자 자신, 동료, 부모, 교사 등의 인적 환경을 포함한다. 준비된 환경원리의 가장 핵심적 요소는 몬테소리가 개발한 교구이다. 유아는 교구와의 상호작용을 통해 기본적 개념을 습득하고 인내심, 주의집중력, 독립심 등을 배워 나간다.

3) 교육과정

몬테소리 교육과정의 기초는 환경이다. 일반적으로 일상생활훈련, 감각교육, 언어교육, 수학교육, 문화교육 등의 영역에서 교육활동이 제공된다(신화식, 김헌수, 1995; Lillard, 1972).

(1) 일상생활훈련

몬테소리 프로그램에서는 일상생활을 하는 데 필요한 기술을 가르치기 위해 일상생활훈련과 관련된 활동을 제공한다. 몬테소리는 일상생활에서 이루어지는 유아의 독립심을 격려하고, 유아의 선택과 자율적으로 작업하고자 하는 유아의 욕구를 존중해야 한다고 주장한다. 따라서 독립심이나 자기조절, 인성발달 등을 길러주기 위해 유아들의 일상생활에서 이루어지는 활동은 운동조절영역, 배려영역, 사회적 영역 등으로 구성되어 있다.

(2) 감각교육

몬테소리는 코메니우스, 루소, 페스탈로치와 함께 감각교육의 중요성을 강조하였는데, 지적 발달을 목표로 오감각영역, 즉 시각, 청각, 촉각, 후각, 미각을 변별하도록 자극하는 감각교육 교구를 개발하였다〈그림 5-1〉. 유아는 감각교육을 통해 읽기 학습이나 사고능력발달에 필요한 기반을 형성하게 된다(이기숙, 2000). 몬테소리는 감각훈련이 충분히 이루어진 후 언어교육이 이루어져야 한다고 하였으며, 감각교구의 활용은 유아의 수학교육 및 문화교육에도 영향을 줄 수 있다고 하였다.

몬테소리는 감각적인 능력이 잠재되어 있는 유아들이 주변 환경의 구조와 감각인식의 상호 관련에 대한 분별력을 얻으려고 노력하는 과정에서 감각교육을 통해 동질성에

대한 인식, 대조성에 대한 인식, 서로 닮은 사물들의 분류에 대한 인식 등을 획득해 나가게 된다고 하였다

그림 5-1 몬테소리 감각교구 분홍탑(pink tower)**의 활용**

(3) 언어교육

언어교육은 유아가 자기표현이 가능해지고 의사소통수단으로 언어를 사용하는 것을 목표로 한다. 몬테소리는 언어교육에 대해 유아의 사회생활의 기초가 되고 인간만이 갖는 '지성의 표현'이라고 하였다. 그리고 전 생애를 통해 인간에게 영향을 주는 창조적 활동이라고 하였다. 이를 위해 유아에게 몬테소리 교구를 활용하여 언어와 문해기술을 획득할 수 있는 일상적인 활동이 제공된다. 언어영역의 몬테소리 교육과정에는 쓰기와 읽기를 통합한 과정과 쓰기를 할 수 있는 유아가 읽기를 학습하는 과정에서 자연스러운 경험을 통해 글을 배울 수 있도록 총체적인 언어접근법(whole language approach)이 고안되었다. 언어교육을 위한 훈련은 구두 언어를 위한 교육활동과 읽기와 쓰기를 위한 교육활동으로 구분되어 이루어진다.

(4) 수학교육

수학교육은 수와 양의 학습과 동시에 수학적 정신을 통한 추상력, 이해력, 판단력 등의 정신성을 기르는 것을 목표로 한다. 이러한 수학교육은 유아가 주변세계를 이해하는 능력이 증진되고 조직적인 탐구력이 개발되도록 하였다. 또한 수학교육은 유아의 수학적 정신이 매우 이른 시기에 발달된다는 전제하에 구체적인 수학개념을 학습한 후 추상적 개념을 학습하도록 교구가 고안되었다. 그리고 수교육은 일상생활이나 감각교구와도 밀접하게 관련되도록 하여 기본적 지적 기술 습득에도 도움이 되도록 체계적으로 구성되었다.

(5) 문화교육

문화교육은 문화를 용이하게 획득할 수 있는 시기에 사회나 민족의 다양한 영역의 문화를 학습함으로써 다양한 구성원들의 생활양식, 습관, 예술, 문학 등을 학습하도록 하는 내용으로 구성되어 있다. 이러한 문화교육에는 사진과 세계지도를 활용하는 활동이 포함되어 있는데, 유아들을 위해서는 지리영역, 역사영역, 생물영역 등으로 구성된다.

4) 교사의 역할

몬테소리 교육에서 가장 중요시하는 요소는 준비된 환경, 준비된 성인, 책임을 동반한 자유로 요약할 수 있다(Lillard, 1996). 특히, 몬테소리는 준비된 환경과 소극적인 교사, 과학적 교구를 통해 교육이 이루어진다고 하였다. 즉, 학습자가 주체가 되어 발달을 이루어 나갈 수 있도록 유아에 대한 이해를 바탕으로 환경을 조성해 주고 학습과정에서 도움을 제공하는 교사의 역할이 매우 중요하다. 이때 교사는 적극적인 교사가 아니라, 소극적인 교사를 의미한다. 즉, 교사는 준비된 환경에서 유아에게 자유를 허용하고, 스스로 발전할 수 있도록 유아를 배려하며, 유아를 환경과 연결해주는 안내자로서의 역할 등을 해야 한다는 것이다. 몬테소리 프로그램에서 바람직한 교사의 역할은 다음과 같이 네 가지 관찰자, 보호자, 촉진자, 환경 준비자의 역할로 나눌 수 있다.

(1) 관찰자

몬테소리 교사는 유아들의 작업과정과 발달을 관찰하는 관찰자(observer)로서 도움을 준다. 교사는 관찰자로서 유아를 관찰하여 그 특성을 이해해야 한다. 교구에 대한 정확한 지식을 가지고 있어야 하고 작업 시 유아의 작업능력이 못 미치는 부분은 무엇인지, 작업에 어느 정도 집중할 수 있는지, 어떤 특별한 제시가 필요한지 등을 관찰하여 유아에게 도움을 줄 수 있어야 한다.

(2) 보호자

몬테소리 교사는 작업공간에서 유아를 보호하는 보호자(caretaker)로서 도움을 준다. 교사는 보호자로서 유아가 환경 속에서 질서를 유지할 수 있도록 교구와 자료가 빠진 부분이나 부족한 부분이 없도록 완벽하게 준비해 준다. 그리고 다른 유아가 작업을 끝내고 교구를 제자리에 갖다 놓을 때까지 기다릴 줄 아는 것도 배울 수 있도록 고려한다.

(3) 촉진자

몬테소리 교사는 유아와 교구 간의 상호작용이 촉진되도록 도와주는 촉진자(facilitator)로서의 역할을 한다. 촉진자로서의 교사는 유아의 흡수정신과 민감기를 파악하여 유아의 지적 구조가 바르게 성장할 수 있도록 도와주어야 한다. 또한 교사는 교구 활동을 시범 보이고 유아가 활동을 파악하지 못할 때는 재시범을 보일 수 있다.

(4) 환경 준비자

몬테소리 교사는 유아의 발달단계와 흥미에 맞게 환경을 제공하는 환경 준비자로서의 역할을 한다. 교사는 최적의 시기에 최적의 준비된 환경을 만들어 제공해야 하고, 유아와 환경을 서로 연결해 주는 역할을 할 수 있다.

5) 환경구성

몬테소리교육은 최선의 환경을 조성해주는 것을 교육이 추구하는 기본 목표로 삼기 때문에 환경을 매우 중요하게 여긴다. 유아에게 몬테소리(1949)는 성숙한 개인으로 발달하고자 하는 의지가 있으며, 이런 의지를 이끌어 주는 정신적 발달 패턴이 있다고 믿었다. 하지만 자아 형성을 자동적으로 이루게 하는 내재적 기제는 없으므로 환경으로부터 획득해야만 한다고 보았다. 유아는 자신의 발달을 완성하려는 인생의 목표를 환경에 대한 이해를 통해 자발적으로 성취해 나간다. 이러한 쉽지 않은 과정은 유아가 복잡한 환경으로부터 자신의 발달에 적합하며, 반드시 필요한 것들을 선택할 수 있는 능력을 가지고 있어 가능하다. 환경과의 관계가 불완전하면 유아는 환경에 대한 애정을 발달시키지 못하게 되고 이로 인하여 환경을 정복하면서 독립성을 획득해 가는 과제도 수행할 수 없게 된다.

몬테소리 교실환경 조성에서 유아를 위한 환경구성의 원리는 자유, 구조와 질서, 현실과 자연에 대한 이해, 아름다움, 공동체 의식의 다섯 가지이며 구체적인 내용은 다음과 같다(이순형 외, 2009; Lillard, 1972; Torrence & Chattin-McNichols, 2000).

(1) 자유의 원리

몬테소리는 모든 일상생활에서 이루어지는 유아의 자유로운 선택을 존중한다. 여기서 자유는 일반적인 자유개념과는 다른 활동을 의미한다. 몬테소리가 뜻하는 자유로움은 모든 유아가 거칠거나 무례한 행동을 하지 않고, 의미가 있으며, 지적이고, 자발적으로 생활하고 활동하는 상황을 의미한다. 유아에게 중요한 것은 자유 자체가 아니라 자유로워진 상황에서 작업에 몰두하도록 하는 것이 몬테소리 교육의 목적이다(조성자, 2011). 유아들은 단순히 자유로워지는 것이 아니라 자기가 좋아하는 것을 반복적으로 훈련함으로써 자유로워진다. 자유로워진 유아들은 자신을 지배하고, 문화를 지배하고, 환경을 지배한다. 그리고 순종적인 태도를 보이고, 자아만족도가 높으며, 또래와도 사교적이고, 도덕적이며, 교사와의 상호작용도 긍정적이다(김춘경 외, 2016).

(2) 구조와 질서의 원리

유아는 질서를 내재화함으로써 환경을 신뢰하고 긍정적인 방식으로 환경과 상호작용할 수 있다. 환경에 질서와 구조가 필요한 이유는 유아가 자신의 지적 능력을 계발해 가는 데 환경에 대한 신뢰가 필요하기 때문이다. 이에 교실환경은 자연에 존재하는 기본적인 구조와 질서를 반영하여 유아가 정신적인 질서와 지적 능력을 구축할 수 있어야 한다. 이때 지나치게 경직되지 않은 적절한 질서를 유지하는 것이 필요하다.

(3) 현실과 자연에 대한 이해

유아는 자연과 현실에 대한 한계를 내재화할 수 있는 기회를 가져야 한다. 따라서 교실환경에는 유아가 일상생활에서 접하는 사물을 비치하여 실생활에서 일어날 수 있는 일을 경험할 수 있도록 해야 한다. 그러한 예로 냉장고, 조리대, 전화 등은 실제 작동되는 것을 비치하고 유리컵에 주스를 마시고, 인형의 옷을 빨아 보거나 날카로운 칼로 채소를 썰어 보도록 한다. 인간은 자연의 일부이기도 하다. 자연에 존재하는 질서, 조화, 아름다움을 이해하고 과학과 예술의 기초가 되는 자연의 법칙을 배워 문명에 대한 이해를 넓히고 문명 속에서 더 나은 삶을 살 수 있도록 해야 한다. 몬테소리 환경에는 유아가 자연과 접촉할 기회를 갖도록 자연의 중요성을 반영한다. 유아에게 자신이 돌보는 동물과 식물이 자라는 것을 관찰할 수 있도록 하고, 돋보기나 현미경을 갖추고 유아 스스로 다양한 실험을 할 수 있는 환경을 제공한다.

(4) 아름다움의 원리

아름다움은 유아가 환경에 대해 긍정적으로 반응하도록 하는 데 꼭 필요한 요소이다. 교구도 미적인 측면을 갖추고 있어야 하며, 환경은 전체적으로 조화를 이루어야 한다. 아름다움은 단순함에서 나오는 것이므로 교실이 정교하게 장식될 필요는 없다. 하지만 교실을 계획적으로 배치하고 잘 디자인해야 한다. 유아들의 교실은 밝은색으로 조화롭게 구성해야 하고 편안하고 따뜻한 분위기를 조성해야 한다.

(5) 공동체의 원리

같은 연령의 집단에서는 또래 간 경쟁심이나 공격성을 유발하기도 한다. 하지만 혼합연령에서의 상호작용은 이러한 경쟁심이나 공격성을 분화시켜 자연스럽게 공동체의 분위기를 형성하게 된다(Rubin, 1980, 1997). 연령이 다른 유아 간에는 유아와 성인 간 관계에서 볼 수 없는 의사소통과 조화가 생기며 보호하고 존경하는 관계를 형성하게 된다. 몬테소리 프로그램에서는 자연적으로 발생하는 공동체 형성을 중요하게 생각한다. 이에 학급을 혼합연령으로 구성하여 연상의 유아가 어린 유아를 자연스럽게 도울 수 있는 분위기를 조성한다.

몬테소리교육은 준비된 환경을 통해 유아에게 스스로 배울 수 있도록 환경을 제공하는 것이 얼마나 중요한지, 잠재능력을 가지고 있는 유아의 자발적인 성향을 따르면서 학습과정에서 어떻게 적절한 도움을 제공해야 하는지를 보여 주고 있다. 몬테소리의 유아에 대한 개별적 접근법은 현대 개별학습의 기초가 되기도 하였다. 하지만 몬테소리교육방법은 영유아의 창의성을 제한할 수 있고, 인지발달은 촉진되지만 사회 · 정서 발달을 소홀히 하였다는 평가를 받기도 하였다. 우리나라 유아교육현장에도 상당히 일반화되어 있는 몬테소리교육의 적용은 발달이론과 교육철학보다는 대부분 몬테소리 교구 도입에 집중되어 있다는 지적도 있다(문연심, 2014; 이순형 외, 2009). 앞으로 몬테소리 교육의 효과에 대한 종단적 실험연구가 진행되면서 몬테소리교육의 본질과 효과가 더욱더 타당하게 검증되기를 기대한다.

2 프로젝트 접근법

1) 이론적 배경

프로젝트 접근법은 한 명 또는 그 이상의 유아들이 특정 주제를 깊이 있게 탐구하고 연구하는 방법이다. 다양한 방법으로 유아교육과정에 통합될 수 있고, 내용뿐만 아니라 가르치고 배우는 과정을 포함한다는 의미에서 'project approach'라고 불리고 있다. 프로젝트 접근법의 이론적 토대는 1886년 듀이(Dewey)에 의해 설립된 실험학교에서부터 비롯된다. 듀이는 교사에 의해 주도되는 피동적인 교육이 아닌 경험을 통한 학습을 실현하고자 아동의 능동적 참여와 적극적인 활동을 강조하는 프로젝트 형식의 수업을 시도하게 되었다. 듀이에 이어 프로젝트에 의한 학습활동은 1919년 킬패트릭(Kilpatrick, 1918)이 '프로젝트법(project method)'이라는 논문을 발표하면서 구체적으로 체계화되었다. 하지만 탐구학습과 발견학습을 바탕으로 한 킬패트릭의 프로젝트 방법은 유아 및 학습에 대해 지나치게 낭만주의적으로 간주한다고 듀이를 비롯한 많은 교육학자로부터 비판을 받기도 하였다. 특히, 그 당시 프로젝트 방법은 교육과정 수립 및 전개과정에서 교사의 전문성을 외면하고 유아의 흥미에만 치중함으로써 교육적 역할을 제대로 해내지 못했다고 지적되었다.

이러한 프로젝트에 의한 교수법은 1950년대 학문 중심 교육과정이 대두되면서 쇠퇴하였다가 1960년대 후반에 들어 인간 중심의 교육에 대한 요구가 높아지면서 다시 관심을 받게 되었다. 프로젝트 접근법의 가치는 1980년대 말부터 영국의 열린 교육 및 통합교육에 직접적인 영향을 받은 캐츠(Katz)와 차드(Chard)에 의해 재조명되기 시작하였다. 1989년 캐츠와 차드는 『Engaging Children's Mind: The Project Approach』라는 책을 출판하여 프로젝트 접근법을 유아들의 흥미와 지식, 경험에 기초한 통합적 교수학습방법의 모범적인 사례로 소개하였다. 그 이후 미국과 캐나다를 중심으로 프로젝트 접근법이 세계 각국의 유아교육과 초등교육계에 소개되면서 널리 알려지게 되었다.

2) 아동관 및 교육목표

프로젝트 접근법은 주로 듀이의 교육철학과 아동관을 바탕으로 하고 있다. 듀이는 유아를 지성과 능력을 겸비하고 개인적인 관심을 가진 '개인적 존재'와 주변 환경과 능동적으로 상호작용하는 '사회적 존재'라는 두 가지 관점에서 조명하였다. 또한 듀이는 교육은 경험을 재구성하고, 재조직하는 과정이라고 하였는데, 아동은 프로젝트에 함께 참여하여 경쟁이 아닌 협력관계를 배워 나감으로써 타인의 집단적 목적뿐만 아니라, 개인의 성취에도 기여할 수 있다고 강조하였다.

프로젝트 접근법에서 학습은 시간과 공간의 제한을 받지 않고 아동의 흥미와 호기심이 충족될 때까지 연속적으로 이루어진다. 즉, 특정 주제에 대해 관심을 가지고 몰입하는 동안 새로운 정보를 획득하게 되고 이러한 과정에서 새로운 흥미로 이어져 지속적으로 심화된 학습이 가능하게 된다. 또래뿐만 아니라, 아동으로 하여금 교사와 부모, 나아가 지역사회와도 긴밀하게 상호관계를 맺게 한다. 그리고 동일한 주제로 의미 있게 상호작용하며 협력학습을 하게 됨으로써 공동체의 삶을 경험하도록 한다. 캐츠와 차드(1989)는 이러한 프로젝트 접근법의 주목적을 주변 세계에 대한 이해를 증진시키고, 아동이 계속 학습하고자 하는 성향을 강하게 키워 주는 것이라고 하였다. 프로젝트 접근법은 궁극적으로 아동의 정신(mind)을 계발하는 데 있다. 여기서 정신은 지식, 기능, 감수성을 포함하는 개념이다. 이를 위한 구체적인 교육목표는 〈표 5-3〉과 같다.

표 5-3 프로젝트 접근법의 목표

구분	내용
지식의 획득(knowledge)	도식(schema), 아이디어, 사실, 개념, 정보 등과 관련된 행동적 지식, 표상적 지식, 사건적 지식, 대본적 지식
기술의 습득(skill)	사회적 기술(차례 지키기, 협상하기, 문제해결방안 설정하기 등), 의사소통, 자기표현, 추론능력
성향의 계발(disposition)	여러 다른 상황들로부터 겪는 경험에 대해 지속적으로 독특하게 반응하는 마음과 행동의 습관
감성의 발달(feeling)	수용감, 소속감, 유대감, 자신감, 안정감 등의 긍정적 정서

출처: Katz & Chard(1989).

(1) 지식의 획득

지식은 도식이나 아이디어, 사실, 개념, 정보 등과 관계가 있다. 이러한 지식은 그 형태에 따라 행동적 지식(behavioral knowledge), 표상적 지식(representational knowledge), 사건적 지식(event knowledge), 대본적 지식(script knowledge)으로 구분된다(지옥정, 2002). 유아들은 조사하고 토론하는 동안 접하게 되는 새로운 정보와 개념의 의미를 이해하려고 노력하면서 잘못된 개념을 수정하고, 친숙한 용어의 의미를 명료화하며, 새로운 어휘 등을 습득하게 된다.

(2) 기술의 습득

기술은 쉽게 관찰될 수 있고 비교적 짧은 시간 안에 실행되는 뚜렷한 행동의 단위를 의미한다. 이러한 기술은 인지적 · 사회적 · 의사소통 및 신체적 능력발달에 필요한 능력을 획득하는 것으로 모든 유아교육과정의 구성에 기초가 되어 왔다. 의견을 조율하여 문제를 해결하거나 어린 유아가 가위로 자르는 방법을 익히게 되는 것 등이 그러한 예가 될 수 있다.

(3) 성향의 계발

성향은 어떤 상황에 특이한 방법으로 반응하는 경향이나 마음과 행동의 습관으로 정의될 수 있다. 즉, 여러 상황에서 겪는 경험에 대해 지속적으로 독특하게 반응하는 행동이나 태도, 습관을 의미한다. 그러한 예로는 세심한 관찰력이나 모험심, 어려움에 부딪혔을 때 과제에 대한 지구력이나 호기심 등이 있다.

(4) 감성의 발달

감성은 주관적 감정이나 정서상태를 의미한다. 특히, 긍정적 감정은 수용감, 자신감, 유대감, 안정감, 상호 의존감 등으로 집단생활을 하는 가운데 주관적으로 느끼는 긍정적인 정서를 의미한다. 이러한 감성들은 후에 유아들의 긍정적인 자아개념을 발달시킨다.

3) 교육내용

주제에 대한 심층연구로 볼 수 있는 프로젝트 활동의 핵심적 요소는 주제선정이다. 좋은 주제를 선정하는 것은 바람직한 프로젝트 실행을 위해 매우 중요하다. 기본적으로 유아들의 흥미를 근거로 교사가 가치 있는 주제를 결정하게 된다. 프로젝트 활동에 걸리는 시간은 주제의 성격에 따라 며칠 만에 마무리될 수 있고, 길게는 한 달이 넘게 지속될 수도 있다.

이 과정에서 발생하는 문제점은 실제로 학급에 있는 모든 유아들의 흥미가 반영되기는 어렵다는 것이다. 그리고 유아로부터 나오는 흥미라도 충동적이거나 일시적일 경우가 있으므로 발달적, 교육적으로 가치가 있다고 보기 어려운 경우도 있다. 따라서 교사는 가치 있는 주제를 선택하기 위해 명확한 준거를 가지고 있어야 한다.

(1) 주제선정의 기준

주제를 선정하기 위한 몇 가지 기준은 다음과 같다(Katz & Chard, 2000).

첫째, 유아들에게 흥미가 있으면서 동시에 발달적으로 가치 있는 주제이어야 한다.

둘째, 주제는 일상생활경험과 관련된 것으로 유아들이 실제 환경에서 관찰 가능하고, 너무 편협하거나 광범위하지 않는 범위에서 직접 조사할 수 있는 것이어야 한다.

셋째, 유아의 발달수준, 발달특성에 따라 기초기술의 적용 기회를 충분히 제공할 수 있는 주제이어야 한다.

넷째, 토의, 조사, 현장 활용 등을 통한 문제해결의 기회를 충분히 제공해야 한다.

다섯째, 다양한 표상활동이 가능한 주제이어야 한다.

여섯째, 지역사회와 학교교육과정의 목표가 서로 연관되어야 한다. 유아의 일반적인 문화 배경뿐만 아니라, 지역문화에도 적절한 주제이어야 한다.

일곱째, 부모 및 전문가가 참여하고 공헌할 수 있는 주제이어야 한다. 부모 및 지역사회의 긴밀한 연계는 프로젝트를 확장해 나가는 데 매우 중요하다.

(2) 주제선정 시 고려할 점

주제를 선정할 때는 다음과 같이 다섯 가지 측면을 고려할 수 있다(이기숙, 2000).

첫째, 유아의 측면에서는 프로젝트 작업을 할 유아들의 집단특성을 고려해야 한다.

둘째, 교사의 측면에서는 주제와 흥미에 대한 교사의 지식이나 경험의 특성을 고려해야 한다. 교사 자신도 유아들의 주제에 흥미를 가질 때 교육활동은 더욱 풍부해질 수 있다.

셋째, 사회의 측면에서는 학교 및 공동체라는 더 큰 맥락의 특성을 고려해야 한다.

넷째, 자원의 측면에서는 이용 가능한 지역 자원의 특성을 고려해야 한다.

다섯째, 결합의 측면에서는 위의 네 가지 요소들의 다양한 결합이 이루어지도록 고려해야 한다.

(3) 프로젝트의 실행

프로젝트의 실행은 〈그림 5-2〉와 같이 크게 계획 및 준비하기, 탐색 및 표상활동하기, 마무리와 평가하기 단계로 이루어질 수 있다.

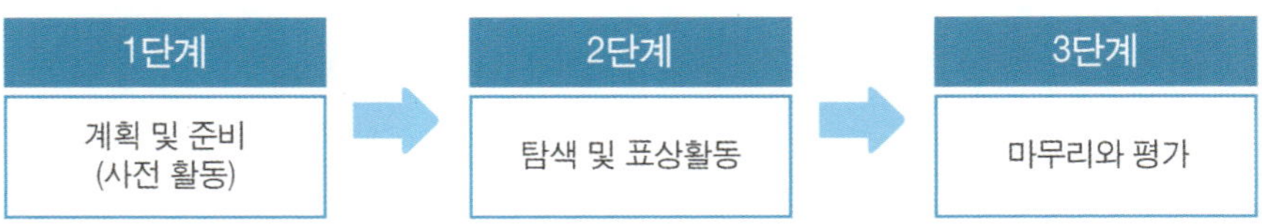

그림 5-2 프로젝트의 실행

① 1단계: 계획 및 준비하기

이 단계는 프로젝트를 시작하는 단계이다. 먼저 프로젝트를 시작하기 위해 탐구해야 할 주제를 선정해야 한다. 주제는 주로 유아들의 관심이나 흥미에 따라 제안되지만 교사가 의도적으로 흥미를 유발시키기도 한다. 주제선정 기준에 유의하여 유아들에게 흥미 있고 의미 있는 주제가 선정되면, 교사는 유아들이 그 주제에 대해 무엇을 얼마나 알고 있는지, 유아들이 직접적으로 어떤 경험을 통해 그러한 지식을 획득하게 되었는지 등을 생각하면서 예비계획안을 작성해 본다. 예비계획안 작성은 교사가 주로 소집단활동으로 유아들의 흥미에 대한 사전경험들을 확인하고, 토의를 통해 유아들과 경험을 공유하면서 이루어질 수 있다. 이러한 과정에서 교사 자신도 프로젝트의 준비와 방향을 설정하게 된다.

교사는 이를 기초로 프로젝트 주제망을 유아들과 함께 만들게 된다. 이러한 프로젝트 주제망은 브레인스토밍(brainstorming) 과정을 통해 유아들과 함께 구성될 수 있다. 브레인스토밍은 생각 모으기로 유아들이 이미 알고 있는 정보와 경험, 아이디어 등을 주제와 연결 지어 머릿속에 떠오르는 생각을 순서 없이 기록하여 펼쳐 놓는 방법이다. 이러한 브레인스토밍은 교사와 유아 전체가 함께하는 방법, 조별로 하는 방법, 개인별로 하는 방법이 있다. 유아는 대체로 자신이 알고 있는 내용을 하나의 단어로 표현하는데 어려움을 가질 수 있으므로 교사가 상호작용하여 이야기로 쓰거나 그림으로 그리도록 한다. 이때 교사는 유아가 표현한 서술형을 명사형으로 바꾸어 줄 수 있다. 이러한 과정을 통해 나온 단어들은 유사성에 따라 소주제별로 유목화하고, 주제를 중심으로 거미줄 모양으로 주제망(project web)을 작성해 나간다. 교사는 빠진 항목을 다시 확인하고 유아들이 알고 있는 지식이나 경험, 아이디어, 의견 등을 수렴하는 과정을 거듭하면서 보다 확장된 주제망을 유아들과 협의를 통해 완성하게 된다. 그러한 예는 〈그림 5-3〉, 〈그림 5-4〉와 같다.

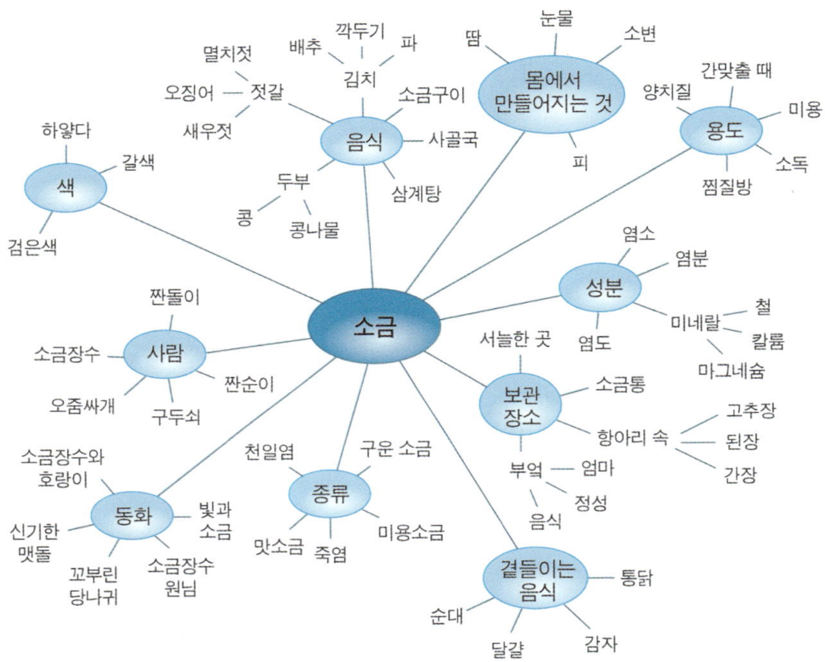

그림 5-3 소금 프로젝트에서 완성된 주제망

출처: 전남련 외(2011).

프로젝트 주제망이 완성되면 유아들의 호기심은 극대화된다. 즉, 유아들은 주제와 관련하여 알아보고 싶어 하는 것이 명료해진다. 이때 교사는 유아들의 질문들을 수용하여 질문목록을 작성한다. 이러한 질문목록은 주제에 대한 유아들의 사전 지식이나 경험뿐만 아니라, 교사 자신의 경험과 지식, 아이디어, 기술 등도 점검해 볼 수 있도록 한다. 나아가 유아들의 관점이 진지하게 받아들여지면서 감정과 의견이 존중되는 교실 분위기를 만든다. 이러한 질문목록이 없다면 유아들은 프로젝트 진행과정 동안 초기에 유아들이 가졌던 호기심이나 방향을 잃어버릴 수도 있다. 질문목록이 작성되면 질문 하나가 소주제가 되어 유아들이 정보를 수집하고 조사하는 하나의 활동이 되기도 한다 (문연심, 2014). 이러한 과정을 통해 완성된 주제망이나 질문목록은 프로젝트가 진행되는 동안 수정 또는 추가될 수 있다. 도입 단계에서의 주제망 짜기와 질문목록 작성으로 유아들은 앞으로 무엇을 어떻게 활동할 것인지에 대해 더 깊이 있게 탐구하게 되고 다음 단계의 계획을 수립하게 된다.

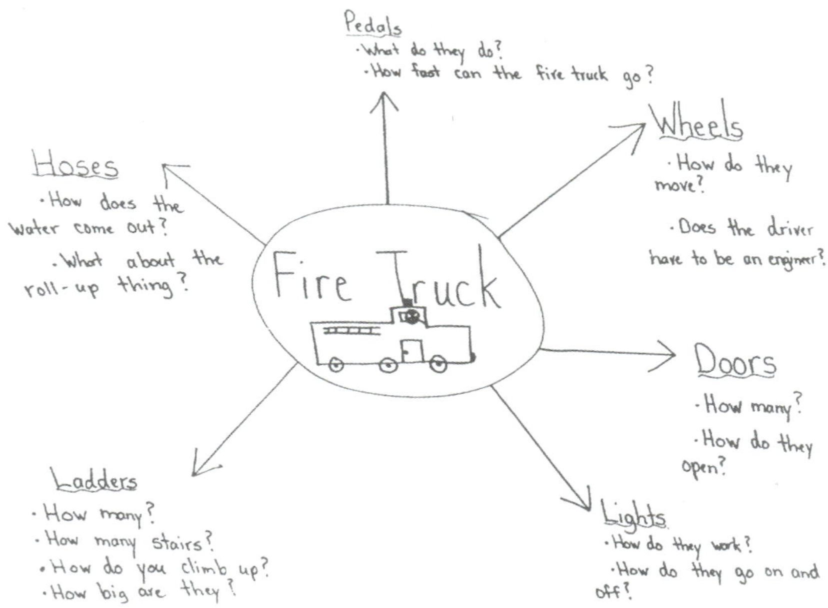

그림 5-4 소방차 프로젝트에서의 질문목록

출처: Helm & Katz(2001), p. 85.

② 2단계: 탐색 및 표상활동하기

이 단계에서 유아들은 현장(지역의 특정 장소나 사물 또는 사건 등)을 직접 견학하거나 전문가와의 만남을 통해 궁금증을 해결하는 활동을 하게 된다. 그리고 이러한 과정을 통해 알게 된 사실들을 유아들은 다양하게 표현해 나간다. 현장견학 후에는 토의시간을 통해 어디서 어떤 일이 있어났는지, 누구와 무슨 이야기를 나누었는지, 어떤 것을 배우고 느꼈는지에 대해 공통적이고도 개별적인 경험들을 정리하는 시간을 갖는다. 그리고 현장에서 그린 스케치를 보다 상세한 그림으로 완성하거나 기록하고, 도표나 모형 만들기, 극화놀이 등의 표현활동으로 연계시킴으로써 유아들의 프로젝트는 더욱 구체화된다.

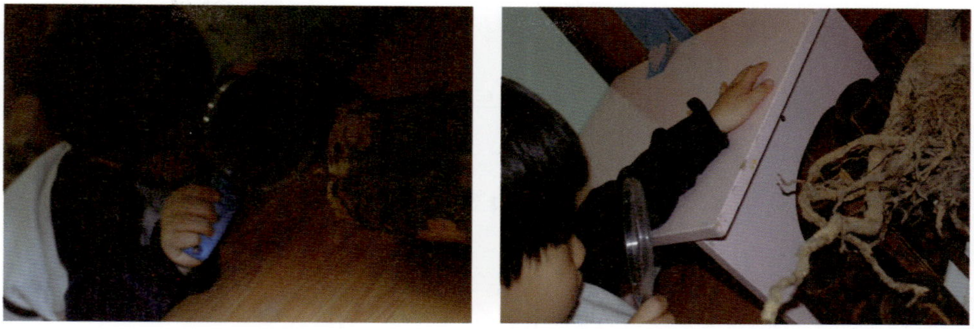

그림 5-5 나무 프로젝트 활동

③ 3단계: 마무리와 평가하기

이 단계는 그 동안 진행된 프로젝트를 발표하고 평가하는 단계이다. 이 단계에서는 프로젝트를 하는 동안 만든 여러 가지 결과물(주제망이나 주제와 관련된 질문목록, 그림이나 표, 사진이나 관찰기록 등)을 교실의 벽이나 선반 등에 전시한다. 이러한 활동은 한 학급에서 자체적으로 마무리될 수도 있다. 유아교육기관의 경우, 서로 공유하는 의미 있는 시간이 될 수 있도록 다른 학급의 유아들이나 교사와 원장 그리고 부모 및 지역사회 인사들에게 프로젝트 결과물들을 관람할 수 있는 기회를 제공하기도 한다. 이러한 기회를 통해 프로젝트 활동에 참여했던 유아들은 격려를 받기도 한다.

이와 같은 단계로 이루어지는 프로젝트 접근법은 유아들에게 자신들의 능력과 가치에 대한 감각을 발달시키는 의미 있는 학습환경을 제공한다. 이러한 과정에서 유아들은 주변 세계가 연구할 만한 흥미로운 것임을 깨닫게 된다. 그리고 자신들이 갖게 되는 판단의 힘을 시험해 보고, 실수로부터 자신감을 가지고 배울 수 있게 된다. 더불어 유아들은 교사와 함께 협의를 통해 궁금증을 해결해 나가면서 자유와 책임, 소속감과 협동심을 기르게 된다. 교사 자신도 유아들과의 다양한 프로젝트의 탐구과정을 통해 새롭게 도전받을 수 있다.

4) 교사의 역할

교사와 유아가 함께 만들어 가는 프로젝트 접근법의 실행에 있어서 민감한 관찰자와 안내자, 상호 협력자로서의 교사의 역할은 매우 중요하다. 바람직한 프로젝트 접근법을 운영하기 위해 캐츠와 차드(1989)가 강조한 교사의 역할은 다음과 같다.

첫째, 교사는 유아들이 서로 열린 마음으로 정보를 교환할 수 있도록 배려한다.
둘째, 교사는 유아들이 독립심을 기를 수 있도록 계획한다.
셋째, 교사는 유아들이 서로의 활동을 존중하도록 분위기를 조성한다.
넷째, 교사는 유아들에게 기대하는 행동을 명확하게 이야기해 주는 것이 필요하다.
다섯째, 교사는 프로젝트 주제와 관련된 책이나 전시물을 배열하고, 재료 및 기기를 손쉬운 곳에 배치하는 등 유아들의 지속적인 흥미를 유도한다.

교사가 주제를 선정하고 활동을 이끌어 가는 전통적인 교수법에 비해 자율성과 탐구력을 존중하는 아동 중심의 프로젝트 접근법(Trepanier-Street, 1993)에서는 유아들의 흥미와 삶 그리고 자발적인 동기를 존중한다. 즉, 전인적 성장을 목적으로 관심과 흥미에 따라 유아들이 원하는 주제를 자유롭게 선택하고 준비된 환경 속에서 선택한 주제를 깊이 있게 탐색하도록 배려해야 한다. 특히, 교사는 주제 및 활동목적 등을 설정할 때 유아들이 스스로 참여하도록 유도하고 활동과정에서 의견을 적극 수렴함으로써 유아들에게 책임감을 부여해야 한다.

프로젝트 접근법에서 교사의 열정과 흥미는 무엇보다 중요하다. 하지만 이것만으로 프로젝트 학습을 진행하기는 쉽지 않다. 예를 들어, 지식 습득을 위해 책을 중심으로 주제를 탐구하는 프로젝트 활동이 되지 않도록 유의해야 한다. 즉, 유아들이 개미가 무엇을 먹는지 궁금해 한다면, 실제로 개미들을 키워보며 개미에게 직접 여러 먹이를 제공해 보면서 개미의 생활을 탐색하고 관찰해 보는 시간을 유아들에게 제공해야 할 것이다.

5) 환경구성

프로젝트 활동에서 유아들의 생활공간은 모두 학습의 장이 될 수 있다. 유아들이 활동을 수행할 수 있도록 별도의 공간을 마련하여 환경구성을 할 수도 있지만 유아의 실생활과 분리되지 않도록 자연스럽게 기존의 영역을 유지하면서 융통성을 발휘하는 것이 좋다. 프로젝트 진행에 따라 필요시 유아의 능동적이고 활발한 참여를 위해 교실 환경에 변화를 줄 수 있다. 현관 및 교실 입구를 비롯한 실내환경은 활동 및 진행과정에 대한 다양한 정보를 제공할 수 있는 효율적인 환경이 된다. 주제에 따라서는 실외환경이 더욱 중요하게 부각되기도 한다.

교사는 유아의 활동을 격려하고 지지할 수 있도록 심리적인 환경도 고려해야 한다. 정서적 안정과 심리적 편안함은 더욱 능동적이고 자발적인 학습을 유도한다. 프로젝트 준비에서 마무리 단계까지 부모들의 적극적인 참여와 협조도 필요하다. 부모는 프로젝트 활동을 이끌어 가는 중요한 자원으로서 유아들의 프로젝트 활동을 더욱 풍성하게 할 수 있다.

프로젝트 접근법은 유아와 교사 모두에게 의미 있는 주제를 통해 유아 스스로 깊이 있는 탐색을 하도록 함으로써 유아교육현장에서 이루어지던 기존의 교육과정을 보완할 수 있는 방법이다(지옥정, 2002; Katz & Chard, 1989, 2000). 최근 급속한 시대의 변화에 따라 창의적 사고와 문제해결능력이 더욱 강조되고, 질 높은 유아교육 프로그램 개발에 관심이 증가하면서 프로젝트 중심의 교수학습방법은 많은 주목을 받고 있다. 프로젝트 접근법은 유아 주도적인 교육과정으로 유아들이 환경과 적극적으로 상호작용하는 바람직한 학습 형태의 예로 제시되고 있다. 우리나라도 열린 교육으로 프로젝트 접근법이 도입되어 여러 교육현장에서 우리나라 실정에 맞게 수정되어 실행되고 있다. 프로젝트 접근법에 대한 교사의 전문적인 지식이 뒷받침될 때 비로소 프로젝트 활동이 유아들과 함께 활기차게 이루어질 수 있을 것이다.

3 레지오 에밀리아 접근법

1) 이론적 배경

레지오 에밀리아 접근법(Reggio Emillia approach)은 1946년경 이탈리아 북부의 레지오 에밀리아 지역에서 시의 재정적 지원으로 시작된 유아교육 프로그램을 의미한다. 제2차 세계대전 직후, 레지오 에밀리아 시의 에밀리아 로마냐(Emillia Romagna) 지역에서 부모들이 유아기 자녀들을 위해 학교를 설립하게 되면서 시작되었다. 1967년에는 부모가 운영하던 모든 유아학교가 레지오 에밀리아 시의 관리로 통합되었다. 이러한 레지오 에밀리아 시립 유아교육체제는 뉴스위크지(Newsweek, 1992)에서 세계에서 가장 좋은 10대 학교로 지목되어 어린이들의 창의성과 예술적 표현에 찬사를 받은 바 있다(Edwards, Gandini, & Forman, 1993, 1996). 오늘날 0~3세 영아를 위한 학교와 3~6세 유아를 위한 학교로 체계화되어 운영되고 있다.

레지오 에밀리아 교육은 반영적 사고를 통한 협동학습으로 유아들이 스스로 학습해 가는 과정을 실천적으로 보여 주고 있다. 이는 고유의 독특한 이론적 배경을 토대로 한다. 레지오 에밀리아 유아교육은 한 가지 또는 몇 가지 이론을 기초로 개발되는 일반 유아교육 프로그램과는 다르다. 많은 이상적인 유아교육이론의 영향을 받았고 현재도 새로이 대두되는 이론의 영향을 받고 있다. 초기 유아교육의 철학과 원리 형성에는 중학교 교사였던 로리스 말라구치(Loris Malagzzi)가 교사로 자원해 일을 하면서 레지오 에밀리아 접근법을 확립하고 학교를 설립하는 데 주도적인 역할을 하였다. 레지오 에멜리아 접근법은 듀이의 진보주의 교육철학과 피아제의 구성주의이론으로부터 부분적인 영향을 받기도 하였으며, 특히 비고츠키의 사회적 구성주의이론과 후기 피아제 학파의 이론을 바탕으로 하고 있다. 또한 공동체 생활의 중요성을 강조한 브론펜브레너(Bronfenbrenner)와 다중지능이론의 가드너(Gardner) 등의 이론이 레지오 에밀리아 지역사회, 교사와 부모들의 경험과 재구성되어 새로운 유아교육체제가 만들어지게 되었다.

2) 아동관 및 교육원리

레지오 에밀리아 교육자들은 "아동관이 바뀌면 교육이 바뀐다"고 주장한다. 레지오 에밀리아에서 보는 유아의 이미지는 행복한 유아, 강한 유아, 능력 있는 유아이다. 유아는 성인의 가르침 대상이나 단순한 욕구를 가진 존재가 아니다. 사물에 대한 호기심과 탐구심을 가지고 자기주도적으로 학습할 수 있는 풍부한 잠재적 가능성을 지닌 존재이다. 즉, 레지오 에밀리아 접근법에서 유아는 능동적 존재로서 태어나면서부터 성인, 또래와 사회적으로 상호작용하는 관계 속에서 스스로 지식을 구성하고 발전해 나가는 유능한 존재로 여겨진다.

3) 교육과정

레지오 에밀리아 접근법에서는 발현적 교육과정, 하루일과 및 학급구성, 부모 및 지역사회와의 연계, 기록 작업, 협상을 통한 지식의 공동구성, 다상징적 접근 등의 개념들을 적용하여 운영하고 있다. 이러한 교육과정을 구체적으로 살펴보면 다음과 같다.

(1) 발현적 교육과정

레지오 에밀리아의 교육과정은 발현적 교육과정(emergent curriculum)의 형태로 운영된다. 발현적 교육과정은 교사가 학습내용을 미리 상세하게 구상하기보다는 유아에게서 보여지는 흥미와 요구, 필요성 등을 교육과정에 적극적으로 반영하여 실시하는 방법을 의미한다(Edwards et al., 1993, 1996). 즉, 교사는 일반적인 학습활동의 목표는 설정하지만 교육과정을 미리 계획해 두거나 구체적인 교수안을 확정하지는 않는다. 이러한 발현적 교육과정은 그 초점이 교육과정에 있는 것이 아니라 유아에게 있다(유승희, 성용구, 2011). 레지오 에밀리아 접근법에서 제안된 방식은 프로젝트로서 유아의 자발성과 교사의 신중하지만 융통성 있는 지도로 통합되어 이루어진다. 수업의 전 과정에서 교사와 유아

간 지속적인 협상과 조정을 통해 교육과정이 발현되는데, 발현적 교육과정을 계획할 때의 핵심은 주제선정 및 전개에 있다.

하지만 모든 유아들이 항상 프로젝트에 참여하는 것은 아니다. 즉, 프로젝트에 참여하는 유아들만 프로젝트에 관련된 활동에 참여하고 다른 유아들은 일반 교육기관에서 관찰되는 것처럼 대 · 소집단 모임, 역할놀이, 쌓기 놀이 등의 자유선택활동에 참여한다(이기숙, 2000). 프로젝트를 실시할 때는 보통 서너 명으로 구성된 소집단의 유아들이 다양한 주제를 가지고 장기적 혹은 단기적으로 프로젝트를 실시한다. 집단구성은 유아들의 흥미, 남녀의 비율, 공동학습으로 나가는 과정에서 도움을 줄 수 있는 가능성 등을 기초로 교사가 주로 구성한다. 발현적 교육과정을 운영하기 위해 유아들에게 꼭 가르쳐야 할 내용이 있다면, 교사가 일방적으로 제시하는 것이 아니라 흥미와 관심을 끌 수 있는 환경을 유아들에게 제공하여 자연스럽게 유아들을 유도한다.

(2) 학급구성 및 하루일과 운영

학급은 단일연령의 유아들로 구성되기도 하지만, 최근 혼합연령 학급도 증가하고 있다. 학급당 유아 25명 내외를 교사 두 명이 담당한다. 그리고 보통 교사들은 가족과 같은 편안한 분위기에서 서로를 잘 이해하고 최적의 학습을 경험할 수 있도록 하기 위해 유아들과 3년 동안 같은 학급에서 함께 생활한다.

레지오 에밀리아 접근법의 하루일과는 주 5일 동안 오전 7시나 8시부터 오후 4시까지 운영된다. 오전 중에는 일반 교육기관처럼 대 · 소집단활동, 역할놀이, 상상놀이, 적목놀이 등의 자유선택활동이 이루어진다. 프로젝트에 참여하는 유아들은 프로젝트에 관련된 활동을 한다. 그리고 학교 전체의 모임에서는 학급의 공동 관심사를 이야기하거나 노래를 부르고 프로젝트 활동에 대해 토론하기도 한다. 점심식사 이후에는 낮잠 시간 후, 유아들은 귀가 준비를 하면서 하루를 마무리하게 된다. 이러한 하루일과는 부모의 사정에 따라 융통성 있게 운영될 수 있다(김진영 외, 2009).

(3) 부모 및 지역사회와의 연계

레지오 에밀리아 교육과정은 부모와 교사, 지역사회의 협력을 통해 이루어진다. 그러한 예로, 프로젝트 주제는 유아들의 흥미 외에도 교사와 부모들이 함께 협력하여 구성되기도 한다. 유아들을 중심으로 또래, 교사, 학부모, 지역사회 인사가 밀접한 관계 속에서 상호작용을 하는 레지오 에밀리아 교육은 관계와 참여의 교육, 귀 기울임의 교육으로 표현될 수 있다. 그리고 상호작용적이고 사회구성주의적인 요소와의 밀접한 관계, 협동정신, 개인과 집단의 노력 등을 기본적인 가치로 하고 있다.

레지오 에밀리아 지역사회에는 레미다(Remida)라는 유아들이 사용할 재료를 자원봉사체제로 관리해주는 재활용센터가 따로 있다. 이곳에서는 프로그램 진행과정에 필요한 학습자료를 지원하고 있는데, 그 밖에 필요한 학습자료는 유아교육기관이나 부모들이 마련해 주고 있다. 부모들에게는 기본적으로 학교의 정책 수립과 유아발달, 교육과정의 계획 및 평가에 대한 토론에도 참여하도록 권장된다. 부모들이 학교교육에 참여할 몫은 매우 중요한데, 부모들에게 적극적인 지원과 봉사가 요구된다. 부모들은 자녀들의 학습활동에서부터 복지에 이르기까지 다양한 지원을 해 주어야 하는데, 보조교사, 참관자, 초청인사, 토론대상자, 청중 등 다양한 역할에 적극적으로 참여해야 한다(김춘경 외, 2016). 즉, 레지오 에밀리아에서 부모 참여는 다양한 형태로 이루어지며, 부모는 적극적인 지원자로서의 위치에 있다. 부모들은 사회의 각 부분에서 활동하면서 유아들이 관심 있어 하는 주제에 대해 도움을 제공하는 전문가들이기도 하다.

(4) 기록 작업

기록 작업(documentation)은 프로젝트의 주제 전개과정에서 이루어진다. 유아들의 사고와 학습과정을 기록하고, 기록한 것을 토대로 진행하고 있는 활동의 발전 방향을 찾아가는 방법이다. 프로젝트는 불확실한 상태에서 시작된다. 진행과정에서 교사들은 유아들의 사고와 학습과정을 매일 기록하고, 유아들과 연속적으로 협상(negotiation)하면서 경험을 재발견하고 지식을 재구성하기도 한다. 그리고 새로 추가할 가능성에 대해서는 토론을 통해 진행하고 있는 활동의 발전 방향을 함께 찾아간다.

교사의 기록은 유아에게 어른들이 자신에게 관심이 있다는 것을 알려주는 메시지를 준다. 또한 자신의 감정 및 아이디어가 의미 있는 것이라는 인식을 주어 유아를 격려하는 효과가 있다. 하지만 기록 작업은 사실 교사들에게 매우 힘든 일이다. 이로 인해 교사들은 주로 유아들의 인식의 전환이 일어나는 부분을 기록하고, 비디오를 활용하여 기록한다. 이러한 기록 작업에는 유아들이 만들어 낸 작품이나 활동한 사진, 유아들과 함께 활동을 한 교사나 다른 부모 등의 충고, 활동에 대한 토론 및 설명 등이 포함된다. 폭넓은 아이디어와 경험을 반영하는 기록을 만들어 내기 위해 유아와 교사, 부모, 지역사회 간의 협력은 필수적이다.

(5) 협상을 통한 지식의 공동구성

레지오 에밀리아에서 학습은 환경과의 상호작용에 의해 지식이 구성된다. 유아들의 주도적인 과정에 의해 이루어지며, 상호 의존적인 긴밀한 협력과 협동이 강조된다. 수준이 비슷한 유아 간이나 발달수준이 차이가 있는 유아 간, 그리고 유아와 성인 간 사회적 상호작용을 통해 유아는 자신의 인지적 갈등의 수준을 촉진하며 학습한다. 즉, 레지오 에밀리아 접근법에서의 학습은 유아의 근접발달영역(ZPD) 내에서 교사와 또래의 지원을 받아 지식이 구축되는 사회적 구성주의의 원리가 적용된다. 특히, 소집단에서의 상호작용을 통한 학습이 중요시되는데, 유아들의 의견 표현, 토론과 대화, 타인의 말에 대한 경청, 질문에 대한 응답 등이 이루어진다. 이러한 과정 속에서 구성원들 간 소통을 통해 협상 및 타협이 역동적으로 이루어진다.

(6) 다상징적 접근(muti-symbolic approach)

유아들은 자신의 주변을 탐색하고 다양한 언어, 즉 말이나 몸동작, 그림이나 쓰기, 페인팅, 조각, 상징놀이, 콜라주, 음악 등 다양한 표현방식을 통해 자신을 표현하며 배워 나간다. 교사는 유아들이 표현한 수많은 100가지 언어를 바탕으로 유아들이 관심과 흥미를 보이고, 교육적으로 의미가 있으며, 사회·문화적인 맥락에서 가치 있는 것 등을 발견하여 주제 선정에 활용한다(Edwards et al., 1993). 유아들은 이러한 표상활동을 통해 자신의 이론을 정립하거나 자신의 모순점 등을 깨달아간다. 교사들은 유아들의 표상활동을 관찰하면서 유아의 현재 수준 및 이론을 파악하기도 하고, 표상활동 결과물은 소집단 내에서 토론할 때 사용할 자료로 활용되기도 한다.

4) 교사의 역할

레지오 에밀리아에서 교사체제 및 역할은 매우 독특하다. 교사는 페다고지스타, 교사, 아틀리에리스타로 구성되어 있다. 이러한 교사의 역할을 소개하면 다음과 같다

(1) 페다고지스타(pedagogista)

페다고지스타는 교육조정자로 6세 미만의 유아를 위한 시립교육 프로그램 운영의 질적 수준을 관리한다. 이를 위해 페다고지스타 한 명이 여러 유치원을 담당하여 유치원에 관련된 정책이나 문제를 토론하거나 교사의 현직교육을 계획 및 실행하고, 직원의 임무를 배정하는 역할을 담당한다. 그리고 협력체제를 구성하여 교사, 부모, 지역주민, 시 행정가 간의 관계를 유지하고 발전시키는 역할을 한다.

(2) 교사

교사는 유아들의 관찰자, 동반자, 양육자, 안내자, 학습자, 연구자 등의 역할을 담당한다. 가장 중요한 교사의 역할은 유아를 관찰하고 학습을 지원하는 파트너로서의 역할이다. 교사는 유아들의 학습의 방향과 방법을 이해하기 위해 유아들을 주의 깊게 관찰하고 경청한다. 레지오 에밀리아 교사들은 유아의 흥미와 관심이 어떻게 작용하여 학습이 발현될 것인지를 미리 예상하여 준비하고 때로는 의도하는 쪽으로 유도하기도 한다. 그리고 유아들과 더불어 대화와 토론을 하며 질문, 대답, 적절한 지원(scaffolding)을 해 준다. 각 학급에는 두 명의 교사가 있는데, 유아들의 성장 및 발달을 돕기 위한

공동 협력자로서 동동하게 일한다(문연심, 2014). 즉, 교사들은 유아들에게 최상의 학습 환경을 제공해 주거나 유아들의 지식이 새롭게 구축될 수 있도록 팀티칭을 하기도 하면서 정기적으로 대화, 관찰, 기록, 해석, 지원 등의 역할을 함께 수행해 나간다.

(3) 아틀리에리스타(atelierista)

아틀리에리스타는 시각예술을 전공한 교사로 유아와 미술재료 간의 연관과 유아들이 이러한 재료를 통해 어떻게 학습해 나가는지에 대한 깊은 이해를 가지고 있다. 레지오 에밀리아의 학습환경에는 아틀리에(atelier)가 있다. 이 아틀리에는 교실을 대신하기보다 보완하는 의미에서 학습활동이 이루어지는 공간으로 연구하고 실험하며 다양한 자료들을 조작하는 장소이다. 아틀리에리스타는 이 아틀리에에서 주로 일하며 학급의 교사들과 협력하여 교육과정의 개발과 기록 작업에도 참여한다. 그리고 미술전담 교사로서 유아들의 학습과 사고와 탐구, 표상활동 등을 관찰하고 지원해 주는 역할을 한다(김춘경 외, 2009).

5) 환경구성

환경에는 아이디어, 가치관, 태도, 문화 등이 그 안에 반영되어 있다. 레지오 에밀리아 유아교육은 지역사회 전체의 관심사이며, 책임이라는 아이디어에 따라 레지오 에밀리아 학교는 도시 계획에 포함된다. 따라서 학교 건물을 지을 때는 학교에서 많은 시간을 보내는 교육조정자와 교사, 부모들이 건축가와 긴밀히 협의하여 계획에 참여한다. 즉, 레지오 에밀리아에서 유아교육을 위한 환경구성은 건축학적으로 설계된 공간이며, 유치원과 도시, 그 이상으로 확장된 공간을 의미한다. 학교에 있는 모든 사물은 환경을 구성하는 수동적인 요소가 아니다. 환경은 유아와 성인들에게 영향을 미치고 유아와 성인들에 의해 영향을 받는다. 레지오 에밀리아 교육 관련자들은 환경이 유아의 학습에 미치는 강력한 영향 때문에 환경을 제3의 교사라고 부른다.

학교의 실내 공간 구성은 레지오 에밀리아 교육 프로그램에 대한 모든 것과 함께 발전된다. 물리적 환경에는 레지오 에밀리아의 교육철학 및 이론이 잘 반영되어 심미적인 아름다움과 자연적인 따뜻함이 배어 있다. 말라구치는 유치원의 벽은 말하고 기록한다고 하였다. 유치원의 공간은 유아들의 작품으로 가득 차 있고, 그 옆에는 작품의 과정을 말해주는 사진이 전시되어 있다. 전시물은 전시가 잘 구성되고 공간을 아름답게 하는 데 기여하는 것 이외에도 교육적 접근이나 특정활동 등의 기록을 제공한다. 이러한 레지오의 환경은 사회적 상호작용과 탐구, 건설적 학습, 창의적인 활동을 자극하는 유용한 그릇인 동시에 의미 있는 교육적 메시지를 담고 있다(New, 2000). 이러한 레지오 에밀리아의 물리적 환경은 '순환성과 투명성' 두 가지 개념으로 특징지어진다(김진영, 2009; 이기숙 외, 2013).

레지오 에밀리아 접근법에서는 의사소통, 공동활동, 협동과 갈등을 통해 유아들이 함께 지식을 구성해 간다고 보는 관점을 적용하고 있다. 이에 학교공간은 사회적 상호작용을 통해 서로 간 교류가 촉진되도록 계획되고 조직된다. 순환성은 모든 공간이 자연적으로 연결되어 있어서 막힘없이 어느 곳으로나 통할 수 있다는 의미이다. 이러한 개념은 유아와 유아 간, 유아와 환경 간의 상호작용을 최대한 장려하는 레지오 에밀리아의 정신을 잘 반영한다. 학교공간의 경우, 유아 개인과 집단의 복지를 보장하면서 동시에 교사와 직원, 부모, 유아 간의 관계와 상호작용을 지원할 수 있도록 공동작업이나 토론, 식사 등을 할 수 있는 공간이 함께 구성된다.

그러한 예로, 유아가 혼자 있을 수 있는 안락한 공간과 피아자(piazza)라는 이름의 공간이 효율적으로 배치된다. 피아자(piazza)는 이탈리아 시의 중앙에 위치하고 있는 커다란 광장(piazza grande)이라는 말에서 유래되었다. 이 장소는 유아들이 공동으로 사용하는 공간으로 다른 반 유아들과 함께 어울리고 즐기는 만남의 장소가 된다. 피아자는 관계 형성을 지원하며 소집단활동, 이야기 나누기, 사회적 관계 등을 형성하는 중요한 공간이 된다. 이러한 피아자 교실 이외에 실내 공간을 구성하는 공간으로는 아틀리에, 컴퓨터가 갖추어진 도서실, 문서 보관실, 창고, 부엌, 식당, 물놀이를 위한 싱크대, 화장실 등이 있다.

특히, 아틀리에는 학교마다 갖추어져 있다. 이곳에서의 작업은 레지오 에밀리아 교육 프로그램 전체에 통합된다. 이러한 아틀리에는 투명성의 철학을 잘 나타내고 있는 환경 구성이다. 투명성은 같은 공간에 있지 않아도 서로의 존재를 보고 느낄 수 있는 가능성을 의미한다. 모든 문과 창에 유리를 사용하여 서로 볼 수 있도록 하였으며, 가능한 자연색을 활용하고 빛을 이용한 기구를 많이 사용한 것이 그 특징이다. 교사와 유아들은 이곳에서 연구하고 탐색하며 만들기, 그리기 등 다양한 창의적인 미술활동을 한다. 이곳에는 다양한 학습자료, 교구, 폐품을 재활용한 잡동사니 등 유아들의 표상활동을 돕는 자료들이 투명한 그릇에 차곡차곡 담겨져 있다. 곡식의 씨앗, 열매, 단추, 색깔 모래, 흙이나 돌 등의 자연물에서부터 철사, 철근 도막, 톱니바퀴, 나사못, 색종이 등의 인공자료까지 크기와 종류, 색깔에 따라 체계적으로 정돈되어 있다(김춘경 외, 2016).

그림 5-6 투명한 그릇에 담겨 있는 다양한 자료들

레지오 에밀리아의 교육은 우리가 알고 있으면서도 실천하지 못한 이상들을 구현해 내고 있으며, 실제를 토대로 계속적으로 이론을 발전시켜 나가고 있다. 특히, 지역사회가 연대감을 갖고 유아들의 교육과 복지를 사회의 공동문제로 다루며 지원하는 체제 등은 우리에게 많은 시사점을 주고 있다(Edwards et al., 1993, 1996). 우리나라에서도 레지오 에밀리아 접근법에 대한 관심이 증가하고 있다. 세미나와 워크숍을 통해 유아교육 현장 적용이 이루어지고 레지오 에밀리아 접근법을 도입해 실시하는 기관도 늘어가는 추세이다. 이탈리아에서 그 나라 상황에 맞게 적용되어온 레지오 에밀리아 접근법을 우리나라에서 그대로 활용하기는 어려울 것이다. 레지오 에밀리아 유아교육의 우리나라 적용 상 문제점(이순형 외, 2009)으로는 교사의 전문성 부족, 환경 여건의 열악함, 경제적 부담과 아틀리에 미비 등이 지적된 바 있다.

4 발도르프 유아교육 프로그램

1) 이론적 배경

슈타이너(Steiner)

발도르프(waldorf) 프로그램은 제1차 세계대전으로 인한 사회, 경제적 혼돈 속에서 오스트리아 루돌프 슈타이너(Rudolf Steiner, 1861~1925)가 1919년 남부 독일 슈투트가르트(stuttgart)에서 발도르프 아스토리아 담배공장 노동자 자녀들을 위해 학교를 만들면서 시작되었다. 발도르프 학교 설립 이후에는 1926년 슈투트가르트에서 최초의 발도르프 유치원이 설립되었다. 발도르프 프로그램은 20세기 유럽에서 슈타이너에 의해 정립된 '인지학(人智, anthroposophy)'이라는 기본 철학을 기초로 이루어졌다. 인간을 신분과 계급으로 차별하지 않고 신체(body), 영혼(soul), 정신(spirit)의 통합적인 존재로 인식한 슈타이너의 인간관은 교육학, 의학, 건축학, 예술, 농업 등에 그 영향을 미치고 있다. 특히, 교육학에 있어서는 인간에 대한 깊은 인식을 교육적으로 체계화하였다. 우리나라에는 1996년 스위스에서 열렸던 세계 교육부장관 회의에서 바람직한 교육 모델로 발도르프 학교가 소개되면서 알려지게 되었다.

2) 아동관 및 교육목표

발도르프 교육은 슈타이너의 인지학을 바탕으로 하고 있다. 인지학의 어원은 인간(anthropos)과 지혜(sophia)의 합성어로 종교적인 것과 더불어 인간다움을 탐색하는 것을 의미한다. 슈타이너는 인간의 본성이 무엇인가에 관심을 가지고 탐구하면서 인간의 정신을 객관적으로 설명하고자 하였다. 인지학의 두 가지 주요 요소는 '세계와 하나됨(oneness with the world)'과 '자아에 대한 탐색(search for self)'이다(이진희 외, 2010; Wilkinson, 1996). 그는 감각으로 지각할 수 있는 것뿐만 아니라 초감각적인 것까지 포함하여 인간을 신체만이 아닌 영혼과 정신의 통합체로 보았다. 이 세 가지 요소의 조화로운 발달로 전인적 인간발달을 지향하는 전인교육(holistic education)을 교육의 목표로 설정하고 있다(곽노의, 2005).

그림 5-7 전인교육의 세 요소

슈타이너는 7년을 주기로 하여 인간발달은 매우 점진적으로 이루어진다고 보았다. 슈타이너의 인지학에 의하면, 인간발달단계는 네 가지 구성체 '물질체, 생명체, 감성체 및 자아체'의 과정을 거친다고 하였다. 이러한 단계를 간략히 살펴보면 다음과 같다(김정임, 2003; 홍지연, 2002; Wilkinson, 1996).

(1) 물질체(물리적 육체 형성기, 출생~7세)

유아기에 해당되는 단계이다. 이 시기는 신체적 탄생으로 물리적 세계인 환경과 관계 형성을 시작하는 단계이다. 이 단계는 지적 학습이 가능하게 되며 신체발달과 함께 의지가 형성되는 시기이다. 모든 감각기관이 발달하고, 호흡 리듬과 일상생활습관이 발달하게 되면서 유아의 경험과 의식은 자신의 신체감각을 통해 물리적 주변 환경으로부터 받아들이는 인상에 의존하게 된다. 유아들은 상상력으로 가득 차 있다고 슈타이너는 말한다. 유아는 내면에 존재하는 상상력에 의해 자신의 상상의 세계를 확장하여 현실화하려는 경향이 있다. 유아기 상상력은 신체를 통제하고 조절하는 힘도 가지고 있다. 따라서 이 시기에는 언어교육보다 사물과 사람들에 의한 모방학습과 놀잇감을 통해 상상력을 증진시켜 나가는 교육이 매우 중요하다.

(2) 생명체(에테르체, 7~14세)

아동기에 해당되는 단계이다. 이 시기는 논리적·추상적 사고가 이루어지므로 구체적 사물에 대한 경험과 함께 예술교육을 통해 감정발달을 도모하는 것이 중요한 단계이다. 살아 있는 모든 것은 에테르체를 가지므로 에테르체를 생명체라고 한다. 에테르체(ethereal body)란 보통 감각으로 지각할 수 없지만 내적 기관이 개발될 때 지각되는 신체를 의미한다. 에테르체는 제2의 독립적이고 현실적인 인간 본성으로 식물계와 같은 속성을 갖는다. 에테르체는 건축가와 같은 역할을 하며 물질체의 형태를 보존하는 근원적인 힘이 된다. 슈타이너는 유아기 때 건강한 신체발달이 이루어지고 학령기 때 감정발달이 제대로 이루어진다면, 14세 전후에 아동은 조화로운 신체발달과 정신발달을 통해 제2의 탄생기인 사춘기가 나타난다고 하였다.

(3) 감성체(아스트랄체, 14~21세)

청년기에 해당되며 사춘기의 특징이 나타나는 감성체의 단계이다. 이 시기는 사고력이 풍부해지며 추상적이고 개념적인 고도의 학습이 가능해지는 단계로 개인의 관심과 호기심이 확장되면서 독립적인 판단능력이 발달하는 시기이다. 아스트랄체(astral body)는 초감각적 힘으로 에테르체보다 더 미세한 신체를 의미하며, 제3의 인간 본성으로 동물계와 같은 속성을 갖는다. 에테르체가 물질이 아니라 활동적인 힘의 형태라면 아스트랄체는 내적으로 움직이며 빛을 발하는 형태이다. 이 구성체는 즐거움, 충동, 열정, 증오, 아픔 등으로 나타난다. 만일 사람에게 아스트랄체가 없다면 인간의 신체는 살아 있지만 영혼과 정신의 활동은 없는 식물인간이 되는 것이다. 그러므로 이 단계에서는 도덕적인 원칙과 판단력을 스스로 훈련하고 타인의 의견을 경청하는 태도를 기르는 중요한 시기이다.

(4) 자아체(21세 이후)

자아는 인간만이 가지고 있는 것으로 '나'라는 의식을 가진다. 자아체(ego)는 제4의 인간 본성으로 지구상의 다른 생물체에는 없고 인간만이 소유하고 있는 인간의 자아의식을 의미한다. 자아는 고유한 존재로 인간을 다른 존재와 구별해 주는 것으로 영혼 안에 살고 있고 정신을 둘러싸고 있다.

3) 교육원리

발도르프 유아교육 프로그램에서는 유아가 자신의 내면에서 조화로운 인간성을 스스로 의식하는 교육을 지향해 나간다. 이를 위해 '리듬, 모방과 본보기, 질서' 등의 유아교육원리를 활용하여 유아의 내면적 세계를 표현하도록 하고 있다(김정임, 2003). 이러한 원리는 다음과 같다.

(1) 리듬의 원리

슈타이너는 인간발달에서 리듬의 중요성을 강조한다. 인간의 전체적인 삶은 신체적 · 정신적 리듬을 타고 이루어진다. 이러한 리듬은 외적으로 보여지는 것 뿐만 아니라, 인간의 내면에도 전체적으로 영향을 미침으로써 인간의 삶 전체를 형성하는 데 중요한 역할을 한다.

발도르프 유아교육기관의 하루는 리듬과 하모니가 함께하는 생활패턴을 가지고 있다. 유아들은 본능적으로 생활리듬을 따르며, 리듬활동을 통해 습관을 익히고, 기쁨과 삶의 에너지를 얻는다. 신체기능발달에 리듬은 필수적인 요소이며, 유아들의 말과 언어 등의 기초학습을 발달시킨다. 모든 생명체는 삶의 리듬에 의해 생존하므로 리듬이 깨지면 악순환이 되거나 생명을 잃어버린다. 우주에 존재하는 모든 생명체들은 리듬의 법칙에 의해 일관성이 있으며, 인간의 삶은 리듬에 의해 발달하고 움직인다(김성원, 2002). 예를 들어, 달과 태양계의 움직임, 밀물과 썰물의 변화, 생물계의 변화, 한 해의 주기, 하루의 리듬 등을 들 수 있다.

발도르프 유아교육기관의 하루 리듬생활을 살펴보면, 계절과 절기의 리듬에 따라 연간 교육과정이 조직된다. 일일교육에는 자유놀이, 정리정돈, 손 씻기, 바깥놀이, 동화 모임 등의 리듬이 계획된다. 하루 생활리듬은 모든 기관이 동일하게 이루어지는 것은 아니며, 각 원의 특성이나 영유아들의 상태에 따라 융통성 있게 운영된다. 보편적인 발도르프 교육기관의 하루 리듬생활 패턴은 유아들의 등원을 시작으로 아침 간식 만들기와 자유놀이를 실시한다. 아침 간식 후에는 자유놀이와 함께 예술적인 작업들을 실시한다. 오후 간식 후에는 바깥놀이, 인형극 보기 또는 수작업이나 조형활동 등의 자유놀이가 이어지고 유아들의 귀가지도가 이루어진다. 기본 원리는 함께 모여서 하는 활동(들숨: 식사시간, 이야기 듣기, 라이겐[1], 낮잠 시간 등)과 개별 활동(날숨: 자유놀이, 바깥놀이, 정리하기, 나들이 시간 등)의 조화로움에 있다. 모든 활동에는 유아들의 즐거움과 발달단계가 고려되며 예술성이 리듬생활에 포함된다. 일반적으로 발도르프 유치원은 반일제 프로그램을 기본으로 하고 있으며(Grossmann, 1994), 이러한 발도르프 교육기관의 하루일과의 생활리듬은 교육예술을 실천한다는 의미를 담고 있다.

1) 라이겐(Reigen): 사전에는 윤무(輪舞)라고 되어 있는데, 쉽게 말해 주제가 있는 움직임이라고 할 수 있다. 즉, 원을 이루고 빙글 돌면서 주제에 따른 다양한 움직임을 표현하는 놀이시간이다. 라이겐의 주제는 인간의 삶 속에서 일어나는 모든 활동과 신이 우리에게 주는 자연의 아름다움과 변화들을 예술적인 아름다운 움직임으로 구성한 것이라고 할 수 있다.

표 5-4 독일 발도르프 유치원의 하루일과 운영

시간	내용
7:00 ~7:30	등원, 교사와의 만남(아침 인사 및 간단한 일상 대화하기)
7:30 ~ 9:15	자유놀이: 간식 준비, 작업, 기념일이나 축제 등과 연관된 활동
9:15 ~ 10:00	리듬 있는 놀이
10:00 ~ 10::20	아침 모임, 실외 옷 입기, 신발 갈아 신기
10:20 ~ 11:30	정원에서 자유놀이: 공놀이, 줄넘기, 화단 가꾸기, 풀 베기, 잔디밭 가꾸기 등 (춥거나 비가 오는 날은 공원 산책하기)
11:30 ~ 11:45	실내화로 갈아 신기, 손 닦기, 인형 준비하기 동화 모임 코너로 모이기
11:45 ~ 12:00	동화 모임: 1~2주 동안 같은 이야기를 다양한 방식으로 듣는 활동
12:00 ~	귀가지도(부모와 함께 귀가하기)

출처: 곽노의(1998).

(2) 모방과 본보기의 원리

유아의 모방능력은 유아 내부에 있는 자유의 표현이다. 유아는 직접적인 감각경험을 통해 모방하면서 배우게 된다. 유아들의 기본 학습 형태는 모방과 본보기이다. 유아는 주변 인물들 속에서 비교할 수 있는 것을 인지한 경우 스스로 이러한 원리를 활용한다. 특히, 모방은 유아로 하여금 어른과 내적인 유대감을 형성하게 하는 중요한 의미가 있다.

(3) 질서의 원리

슈타이너는 유아들이 질서를 통해 주위 환경에 있는 사물을 익히고, 인간관계를 알아가게 되면서 세상에 대한 안정감과 신뢰를 형성하게 된다고 하였다. 이러한 원리(이기숙 외, 2013)는 세 가지, 즉 공간의 질서, 시간의 질서, 영혼의 질서로 설명될 수 있다. 첫째, 공간의 질서는 정리된 공간에서 유아가 창의적인 활동에 몰입할 수 있는 여유를 갖도록 하는 원리를 의미한다. 둘째, 시간의 질서는 하루일과, 일주일, 한 달, 일 년을

주기로 규칙적으로 운영되는 원리를 의미한다. 셋째, 영혼의 질서는 유아가 내면적으로 자기 세계를 형성하려고 하면서 타인과의 평온한 관계를 통해 외부에 대한 신뢰감을 형성해 가는 원리를 의미한다. 이러한 내적 질서는 유아가 외부 세계를 받아들이는 데 긍정적인 역할을 하게 된다.

4) 교육내용

발도르프 교육에서는 인간의 정신과 영혼과 신체를 조화롭게 하기 위해 다양한 예술교육을 실시한다. 슈타이너는 가르치고 배우는 일을 예술로 보았으며 인간의 교육을 교육예술(Erziehungskunst)로 보는 관점을 추구하였다. 즉, '교육은 예술이다'라는 관점에서 예술을 교육의 중심에 놓고 있다. 발도르프 유아교육기관에서 행해지는 모든 삶은 생활예술이며 교육예술이라고 할 수 있다. 즉, 예술이 발도르프 학교교육의 생명이다. 하지만 발도르프 교육은 예술가로 키우기 위해 전문교육을 하는 것은 아니다. 슈타이너는 교육을 예술이라고 하는 이유에 대해 부분에서도 전체를 느낄 수 있는 예술의 통합적 원리 때문이라고 하였다.

이러한 발도르프 교육의 특징은 전인교육, 남녀공학, 교과서 없는 수업, 성적이 없는 성적표, 외국어 수업의 발달, 자치행정 등이 있다. 발도르프 유아교육의 내용은 사회문화의 맥락에 따라 개개인 교사의 창의력에 의해 이루어진다. 몇 가지 예를 살펴보면 다음과 같다.

(1) 오이리트미

발도르프 유아교육의 특징 중 하나는 오이리트미(eurythmie)이다. 오이리트미는 '좋은, 진실한, 아름다운(eu)'과 '리듬(rythmy)'의 합성어이다. 오이리트미는 움직임과 리듬이 조화를 이루도록 하는 것으로 음악과 그림을 인간의 동작으로 나타내는 동작예술이다. 즉, 오이리트미는 신체 움직임을 통해 인간의 영적 상태와 정신적 상태, 인간 전체를 투사하여 표현하는 동작예술을 의미한다. 이러한 오이리트미는 리듬과 반복의 특징을 잘 보여 주는데, 유아들을 보다 건전하게 자라나게 하기 위한 것으로 단순한 신체표현과는 다른 몸을 움직이는 놀이이다(곽노의, 1998). 오이리트미는 유아에게 공간 적응력과 집중력을 키워 주고, 내적인 균형감각과 타인과 함께하는 공동체의 의미를 체험하게 한다. 발도로프 학교에서는 유치원이나 저학년의 경우, 막대를 이용한 간단한 것부터 시작하여 단순한 리듬에 따라 표현해 보다가 점차 복잡한 리듬의 오이리트미로 진전된다(김춘경 외, 2016). 연령이 증가하면서는 사회성 함양을 위해 음악이나 시, 드라마 내용을 표현하기도 한다.

(2) 동화 모임

발도르프 교육에서 동화 모임은 다양한 이야기를 반복해서 들려주는 활동을 의미한다. 주로 유아들은 어떤 주제에 관련된 동화를 반복적으로 들으며 질문을 하거나 이야기를 상상하여 그림이나 글, 인형극이나 동극 등으로 표현할 수 있다. 동화는 가급적 그림 없이 들려주어서 이야기로 유아들의 상상력을 자극한다. 인형극의 경우, 교사의 이야기에 귀 기울이고 인형의 움직임을 보면서 상상의 세계를 키우게 된다. 인형극에 사용되는 인형은 구체적인 표정은 없지만 유아들은 인형에 생명력이 있다고 상상하면서 내면의 이야기를 생동감 있게 그려볼 수 있게 된다.

(3) 수채화 그리기

수채화 그리기는 내적 표현이며 색깔에 대한 본질적 체험으로 유아들이 물에 젖은 도화지 위에 그림물감을 이용하여 그림을 그리는 방법이다. 발도르프 학교에서는 선보다는 면으로 형태가 드러나는 그림을 넓은 붓으로 그려보게 하는데, 유아기부터 이러한 수채화 그리기를 통해 경계 없이 조화를 이루는 자연의 원리를 배우게 한다(김수영 외, 2016; 문연심, 2014). 교사는 이 시간에 유아에게 특정 대상을 그려보게 하지 않으며, 무엇을 그렸는지 묻지 않는다. 이 방법은 자연스럽게 종이에 스며드는 색의 아름다움을 느끼게 하면서 유아들의 표현력과 감성을 더욱 풍성하게 한다. 처음에는 경계선이 모호하고 형태가 잘 나타나지는 않지만 연령이 증가하면서 자연스런 형태와 모양이 생기게 된다. 이러한 경험을 통해 조화와 통합도 경험하게 된다.

5) 교사의 역할

(1) 신체, 영혼 및 정신의 통합

슈타이너의 인지학에서는 인간을 신체, 영혼, 정신의 통합체로 보고 이 세 가지의 조화로운 발달을 교육의 목표로 지향하고 있다. 이에 발도르프 교육에서 교사는 인간의 본성과 세계의 본질에 대해 인식하고, 인지학적 방법을 통해 인간과 세계에 대한 관계를 형성해야 한다. 그리고 신체와 영혼과 정신의 통합을 위해 인간의 발달과정에서 눈에 보이는 물질체 단계와 보이지 않는 에테르체, 아스트랄체, 자아체가 미치는 영향력을 인식할 수 있어야 한다.

발도르프 유치원에서 인지학에 기초한 교사들은 유아들로부터 매일 새로운 것을 발견하고, 유아들이 하고자 하는 것을 하도록 격려하면서 유아들을 인격체로 존중한다. 인간은 자신이 가진 자유의 감정이 파괴되면, 다른 한편으로 무의식적인 의지가 남아 있게 되므로 교사는 유아들의 자유로움을 존중한다. 그리고 유아 개개인의 기질과 개성을 존중한다. 슈타이너는 인간의 기질을 네 가지, 즉 다혈질, 담즙질, 우울질, 점액질로 설명하였는데, 이 네 가지 기질은 누구나 조금씩 가지고 있지만 어느 하나가 우세한 경우가 많다고 하였다. 인간의 본질은 신체 연령과 발달단계에 따라 심화되고 발전되어 가며, 동시에 인간 기질의 근원을 형성하는 심리적이고 감정적인 부분을 지배하게 된다(홍지연, 2002). 인간의 기질을 이해하고 접근하는 교사의 관점은 개개인의 기질이 어떻게 외적인 모습으로 나타나는지 유아들이 성장하는 모습을 관찰하게 하면서 유아 개개인에 대해 구체적이고 민감하게 이해할 수 있게 한다.

(2) 친밀한 관계 형성

발도르프 학교는 교사로 구성된 교사협의회에 의해 운영되는데, 교사, 학생, 학부모 간의 인간적 유대를 매우 중요시한다. 보통 8년 담임연임제로 한 명의 담임교사가 8학년까지 같은 학생들을 지속적으로 담당하게 된다. 유치원에서는 영유아를 깊이 이해하기 위해 한 담임교사가 3~5년 정도 같은 유아들을 담당한다. 발도르프 유치원은 혼합연령으로 학급이 구성되는데, 영유아들은 동일한 선생님과 오랜 시간을 함께하며 서로에 대한 깊은 이해와 신뢰를 형성하게 된다.

(3) 자기 개발

발도르프 프로그램은 인간과 자연을 이해하도록 예술교육을 중요시한다. 유아교사는 특히 열정이 중요하다. 교육과 수업이 예술이 될 수 있도록 풍부한 예술성을 가지고 자신을 예술가로서 자각하면서 교사 자신이 먼저 예술가가 되어야 한다. 나아가 교사는 예술가뿐만 아니라 사상가, 과학자, 음악가, 환경보호자, 시인 등의 역할을 모두 담당할 수 있어야 한다.

발도르프 유치원은 틀에 박힌 형식적인 프로그램 운영에 동의하지 않는다. 일반적으로 계획되고 틀에 짜여진 프로그램에 의해 진행되기보다 교사는 자율적 의지로 활동한다. 교육계획과 교수법은 유아들의 발달상태에 따라 이루어지므로 담임교사의 통찰력과 노력이 끊임없이 요구된다. 발도르프 수업은 형식적인 지식에서 출발하는 것이 아니라, 눈에는 잘 보이지 않고 말로 표현하기는 어렵지만 비형식적인 지식(hidden knowledge)에서 출발한다. 그렇게 하였을 때 유아는 죽은 지식이 아닌 살아 있는 지식, 마음으로 느낄 수 있는 지식을 받아들일 수 있고, 비로소 창의적인 힘도 깨어날 수 있다. 이에 발도르프 프로그램을 운영하는 교사는 자기 수양과 자기교육을 지속적으로 실천하는 교사가 되어야 한다. 이를 위해 발도르프 교사들에게는 자기 개발이 강조되고 있으며, 발도르프 교사교육 프로그램은 현재도 지속적으로 연구되고 있다.

6) 환경구성

슈타이너는 인간에게 잠재되어 있는 소질과 다양한 능력개발은 아동의 본질적 특성에 맞는 교육을 통해 이루어져야 한다고 하였다. 이에 유아 스스로 성장해 나갈 수 있도록 질서 있는 교육환경을 제공하는 것이 중요하다. 발도르프 유아교육에서 중요하게 여기는 것은 자연이다. 인간은 자연의 일부이고 자연을 통해 인간은 가장 안정적인 배움을 얻을 수 있다.

인지학의 개념은 발도르프 학교 건물에서도 찾아볼 수 있다. 발도르프 유아교육의 실내와 실외환경은 모두 자연물로 이루어져 있으며, 모든 교수방법들은 자연을 중심으로 이루어진다. 예를 들어, 실내에는 TV, 컴퓨터를 비롯한 각종 전자제품은 없으며 가능한 완제품도 거의 사용하지 않는다. 완제품은 보기에는 해로울 것이 없어 보이지만 일정한 형태가 만들어져 있어 유아들의 상상력 발달을 방해할 수 있다. 실외 놀이터에는 나무 오두막, 나무 그루터기, 모래밭 등이 있으며 인공적으로 만들어진 미끄럼틀, 그네, 정글짐 등은 없다. 지붕, 교실, 복도 등은 모두 곡선 구조로 이루어져 있으며 전체적으로 각이 없고 자연을 닮아 있다.

발도르프 유아교육 프로그램은 유아의 본질적인 성장과 발달을 기초로 한 내적 교육을 강조하고 있다. 슈타이너는 현대사회의 많은 문제와 재앙이 물질주의적 세계관과 인간관에서 기인한다고 하였다. 이에 교육은 눈에 보이지 않는 세계를 창조하고 지배하는 인간의 정신적 차원에 관심을 두어야 한다고 하였다(박의수, 1994). 이러한 발도르프 교육은 20세기 아동 중심 교육의 하나로 시작되어 현재까지 전 세계에 대안교육으로 성장해 나가고 있으며, 인지학을 바탕으로 한 슈타이너의 정신은 전 세계의 교육철학으로 확산되고 있다. 이러한 발도르프 교육이 하나의 유행처럼 지나가기보다는 궁극적으로 건강한 영유아의 발달과 함께 바람직한 방향을 지향해 나가는 데 기여하는 프로그램이 되었으면 한다.

Chapter 06

유아교육과 놀이

06
Chapter

유아교육과 놀이

배울 내용

1. 놀이의 개념
2. 놀이의 구성요소
3. 놀이이론
4. 놀이발달에 영향을 주는 요인
5. 교사의 놀이지도

학습목표

1. 놀이의 정의, 중요성 및 교육적 가치를 이해한다.
2. 놀이의 구성요소를 설명할 수 있다.
3. 놀이이론의 주안점을 설명할 수 있다.
4. 놀이발달에 영향을 주는 요인과 지도방안을 모색해본다.
5. 교사의 놀이지도 방법을 숙지한다.

현대에 이르러 놀이의 중요성은 더욱 부각되고 있다. 왜냐하면 전 세계가 빠른 성장의 목표를 달성하기 위해 목적지향적인 교육에 힘쓰게 됨으로써, 그 결과 유아기의 놀이다운 놀이는 사라지고 그 자리를 놀이를 가장한 학습이 대신하고 있기 때문이다. 부모나 교사가 유아에게 놀이를 제공하고자 할 때 가장 중요하게 고려해야 할 점은 진짜 놀이를 통하여 적합하고 도전적인 놀이의 구성에 따라 놀이의 전략을 획득하도록 하여 유아에게 즐거움과 기쁨을 안겨주는 것이다. 따라서 본 장에서는 놀이의 개념, 놀이의 구성요소, 놀이이론, 놀이발달에 영향을 미치는 요인 및 교사의 놀이지도에 대해 구체적으로 살펴보고자 한다.

1 놀이의 개념

1) 놀이의 정의

하루일과 중에 많은 시간을 놀이를 하며 보내는 유아에게 놀이란 바로 생활 그 자체이고 유아의 삶에 있어서 매우 중요한 부분이다. 최근에는 우리나라의 국가 수준의 교육과정인 2019 개정 누리과정과 2020 제4차 어린이집 표준보육과정에서도 놀이중심 교육을 강조하면서 놀이의 중요성이 다시금 강조되고 있다. 또한 유아는 놀이를 통하여 다른 또래와 어울리는 방법을 배우고, 교사와 상호작용하며 놀이 집단에 참여하는 방법과 함께 차례 지키기, 기다리기 등의 사회적 규칙을 배우게 된다(서지은, 2014). 그리고 유아는 스스로 놀이를 함으로써 놀이를 함께하는 또래집단과 성인 등을 포함한 다양한 환경과 상호작용을 바탕으로 새로운 인지체계를 만들어 간다(성민경, 2021).

놀이는 인간의 기본적인 욕구 중의 하나로, 인간의 가장 순수한 내적 활동이며, 목표 없이 스스로 하는 즐거운 활동을 의미하고 재미있음, 목표없음, 스스로 시작함, 진지함, 능동적이고 자발적임으로 표현되어지며, 이에 비해 일(노동)은 단순하고 고됨, 강요적, 수동적, 타인에 의해 착수됨, 외적 목표에 대한 구속, 무사 안일함으로 표현될 수 있는 개념이다(이다혜, 2020).

이처럼 다양한 의미를 가지고 있는 놀이를 정의하기 위해서는 우선 놀이의 특성을 이해하는 것이 필요하다. 가비(Garvey, 1977)는 〈표 6-1〉과 같이 놀이의 특징으로 긍정적인 정서, 비실제성, 내적 동기, 과정지향, 융통성과 같은 소수의 동기적, 행동적 요인으로 구분하고 있다.

표 6-1 놀이의 특성

구분	내용
놀이는 긍정적인 감정(유쾌함, 기쁨, 행복 등)을 느끼도록 한다.	일반적으로 놀이를 하면서 유아들의 입가에 미소와 웃음이 함께하는 것을 볼 수 있다. 때로는 격하고, 활동적인 놀이를 하더라도 유아들은 그 활동 자체에 의미와 가치를 둔다. 예를 들어, 유아가 아주 높은 나무 위에 올라가려고 할 때, 얼굴에 약간의 두려움과 걱정의 표정이 드러난다. 하지만 유아가 나무 위에 올라가고 내려가는 것을 반복하면서 두려움과 걱정을 극복하고 만족감을 느끼는 것을 볼 수 있다. 이처럼 아이들은 놀이를 통해 긍정적인 정서를 얻는다.

구분	내용
놀이는 비실제성의 특징을 가진다.	유아들의 신체놀이, 블록쌓기, 극놀이와 게임을 포함하는 모든 종류의 놀이는 일상의 경험과 구분되는 놀이 틀을 가지고 있다. 유아는 현실을 가작화한 상태로 두고, 지금 그리고 여기(here and now)의 한계를 넘어 새로운 가능성에 대한 반복적이고 지속적인 시도를 한다.
놀이는 내적 동기를 가진다.	놀이는 배고픔과 같은 충동, 혹은 권력을 얻기 위한 외부적 목표에 의해 동기 부여가 되지 않는다. 유아들에게 놀이란 행위 그 자체가 보상됨을 의미한다. 놀이의 동기는 놀이를 하는 놀이자 내부에서 형성되며, 놀이활동은 일반적으로 놀이자 자신을 위하여 실행된다.
놀이는 과정지향적이다.	유아는 놀이를 할 때, 결과보다 과정을 중시한다. 유아는 놀이를 하면서 목표를 이루어야 하는 부담과 압력이 없기 때문에 그 과정에서 자유롭고, 창의적으로 보다 다양한 형태로 놀이를 변화시킬 수 있다. 즉, 놀이는 딱딱하지 않고, 고정되어 있지 않으며 유연하게 변화하면서 그 과정을 즐기는 것이라고 할 수 있다.
놀이는 융통성을 가진다.	유아는 놀이에서 융통성을 발휘하여 자유롭게 새로운 활동을 계획하고 구성하는 등의 시도를 통해서 일상의 생활에서도 사용할 수 있는 기술들을 개발하고 숙달시키게 된다. 이런 놀이상황에서 발휘된 융통성은 유아의 사고를 유연하게 하며, 문제해결능력, 창의력 등의 발달과 관련이 있다.

〈표 6-1〉과 같은 특징을 지닌 놀이란 사전적 의미로 여러 사람이 모여서 즐겁게 노는 일 또는 그런 활동이 가지는 성질을 의미한다(한국어사전, 2021). 구체적으로 놀이의 본질은 재미, 진지함, 몰두, 열광, 자유, 일탈, 격리로 보고, 격리된 시간과 공간 속에서 규칙을 준수하는 가운데 일상생활 속에서 경험할 수 없는 특이한 재미와 정신을 자유롭게 추구하는 자발적이고 긴장된 활동이며, 신체적 자발성, 사회적 자발성, 인지적 자발성, 즐거움의 표현, 유머감각의 다섯 가지 특징으로 정의되는 단일 성격으로 확산적 사고, 정신연령, 생활연령과 상관관계가 높은 개념이다(Lieberman, 1977). 이러한 놀이성이 활발한 유아일수록 정서 상태가 안정적이며 또래 간의 적응이 원활하고 놀이를 제안하거나, 놀이 방법을 가르쳐 주는 등의 도움을 주며, 상호작용에 긍정적으로 반응한다(최명선, 김지혜, 2006). 그러므로 놀이는 유아의 삶 자체인 동시에 세상을 이해하는 수단이며 도구로써 놀이가 소멸하면 자연적으로 삶 자체가 침체하게 되므로 치명적인 영향을 미칠 수 있다(Erikson, 1972).

2) 놀이의 중요성

놀이성이 발달한 유아는 놀이를 하는 상황에서 온화하고, 사교적이며, 친절하고 상호작용을 성공적으로 주도하고 유지하며 친구와의 갈등을 원만하게 해결할 수 있는 능력을 가지고 있는 경우가 흔하다. 또한 유아는 놀이를 하는 과정에서 또래들과 상호작용하며 자기의 존재를 인식하고 자기에게 주어진 상황을 조직, 창조, 변화시켜 나가는 등 상호 주관적인 자기의 세계를 형성해가며(이경순, 2003), 놀이를 통해 또래와 협력하고 상호작용하면서 적극적, 능동적, 주도적으로 놀이에 참여하고 즐거움을 표현하며 인지적 융통성을 발휘하기 때문에 놀이성이 발달한 유아는 그렇지 않은 유아에 비해 놀이성이 더 잘 발휘될 가능성 정도가 높다. 그러므로 유아의 놀이성은 놀이하는 또래와 놀이 속에서 긍정적인 상호작용을 통해 타인의 관점을 이해하게 되고 사회적 지식을 습득하여 사회생활을 할 수 있는 능력을 기르게 된다(전유진, 2019). 이처럼 놀이성이 발달한 유아는 또래 놀이에서 성공적인 상호작용을 통해 사회적 놀이행동을 다양하게 확장하고 적극적이고 능동적으로 놀이에 참여하며 원만한 사회생활을 위한 사회적 지식을 습득한다(이경순, 2003; 전유진, 2019; Coie, 1990).

유아에게 놀이란 자신의 흥미 및 욕구에 따라 활동의 자발적 참여와 동기가 일어나는 것이며, 놀이와 밀접한 환경과의 상호작용을 통해 유아발달의 기초를 형성하는데 매우 중요한 요인 중의 하나이다. 즉, 놀이를 통해서 습득하는 경험들은 자연스럽게 유아의 전인발달을 이루도록 기회를 제공하므로 놀이는 유아의 생활 그 자체가 되어야 하며(박찬옥 외, 2014), 놀이는 결국 아동에게 없어서는 안될 생활 중의 일부이자 절대적인 것이기 때문에 앞으로 살아가는 유아들에게 놀이는 지속적으로 중요한 영향을 미치게 된다. 이런 이유로 수많은 학자들은 유아에게 놀이를 통해서 교육의 기회로 제공해 주어야 한다고 주장하여 왔다.

이처럼 놀이는 유아의 발달에 영향을 미치는 중요한 요소이기 때문에 굉장한 가치가 있다. 하지만 오늘날 유아들은 다양한 디지털 기기에 노출되고 있어 놀이에 대한 경험이 점차 부족해지고 있다. 즉, 유아들은 교육기관이나, 가정에서 쉽게 TV, 스마트기기 등을 통해 디지털화된 경험을 하고 있다. 이런 생활 속에서 유아는 놀이를 경험하지 못하게 되고, 유아들에게 진정한 놀이가 아닌 스마트기기를 이용한 놀이들이 증가하고 있는 실정이다. 이는 결국 유아들을 스마트 기기에 대한 노출을 증가시키고 의존하게 만든다.

따라서 놀이는 유아들의 발달에 있어서도 매우 중요한 요소로 부모, 교사 또한 놀이의 중요성을 인식하고, 교실환경 및 놀잇감을 발달에 맞게 제공해 주어야 한다.

3) 놀이의 교육적 가치

놀이는 유아발달에 영향을 미치고 있는 중요한 요소로서, 〈표 6-2〉와 같은 교육적 가치를 가진다(전남련 외, 2012).

표 6-2 놀이의 교육적 가치

구분	내용
놀이는 유아들이 주변세계를 숙달하는데 도움을 준다.	놀이는 반복되는 놀이활동을 통해서, 인지능력, 사회적 능력, 신체능력 등을 발달시키고, 주변세계에 대해 숙달되도록 돕는다. 유아는 모든 신체, 즉 감각기관을 통해 놀이활동을 할 때 가장 실용적이고 효율적인 학습을 할 수 있다. 놀이를 하는 과정이 곧 학습활동이 되어, 주변세계에 숙달될 수 있도록 해주는 것이다. 숙달은 환경을 단지 잘 아는 것을 의미하지 않고, 유아가 어떻게 환경적으로 잘 적응할 수 있는지 보다 정교하게 익히는 것이다. 주변세계에 대한 숙달은 유아의 사회적 기술, 인지적 기술, 언어적 기술, 신체적 기술 등의 통합적인 발달과 관련되어 있다.
놀이는 유아의 정서발달에 도움을 준다.	유아들은 놀이경험을 통해 행복함, 자신감, 공격성, 불안 등과 관련된 감정들을 경험하고 느끼게 되고 이를 표현한다. 놀이를 통해서 아이들은 자신들이 느끼는 감정들을 조절할 수 있도록 도움을 주는 경험을 한다. 놀이경험을 통해서 유아들은 의미 있는 활동을 유지시키고 계속해서 찾도록 동기유발을 하는 자기보상(self rewardness)을 받으려고 한다. 또한 놀이경험을 통해서 불안과 억제된 자신의 부정적인 강력한 감정을 조절하여 다시 안정감을 되찾는 조절을 할 수 있다. 즉, 놀이는 부정적인 감정들을 전환하고 치료해주는 정서정화(cathartic effect)의 역할을 한다.
놀이는 문제해결력과 창의적 능력 발달에 도움을 준다.	유아들은 여러 가지 형태의 놀이들을 통해서 창의력 발달을 증진시킨다. 놀이경험을 통해서 아이들은 가상적 인물과 배경을 만들어 상상하고 상징적으로 표현하는 경험들을 한다. 이는 창의력뿐만 아니라, 문제해결능력을 키우는 데 도움이 된다. 즉, 놀이를 통해서 유아들이 여러 가지의 현실에서 문제를 해결하는 상황을 찾아가는 경험을 하는데, 이런 활동은 유아의 창의력뿐만 아니라, 문제해결력의 발달에도 영향을 준다.

구분	내용
놀이는 사회성 발달 능력에 도움을 준다.	유아들이 또래와 놀이활동을 하면서 자기중심적인 사고에서 벗어나 탈중심화를 경험하게 된다. 유아는 스스로 선택한 놀이활동에 참여함으로써 자신을 인정하고 받아들일 준비를 하게 된다. 유아는 자신이 소속되어 있는 사회의 기준, 관습을 받아들여 그 사회의 구성원으로 행동할 수 있어야 한다. 놀이와 유아가 하나가 되는 매개체가 될 때 인간관계로 접할 수 있는 사회적 기술과 원만한 인간관계를 맺는 방법 등을 배우게 된다. 또한 다양한 사회적 규칙에 대해서 배우며 협동, 평등, 규칙 지키기 등을 배운다.
놀이는 유아의 인격형성에 영향을 미친다.	유아기 때의 자아통제력, 협조성, 자발성 등과 같은 특성이 놀이를 통해 발달된다.
놀이는 신체운동발달을 촉진시킨다.	놀이를 통해서 유아의 근육과 신체기능이 향상된다. 신체의 기능이 향상된 이후에 운동기능의 발달이 이루어지며, 이런 발달된 운동기능은 자발적 놀이형태로 이어져서 또 다른 운동기능의 발달을 이끈다.

이처럼 유아의 놀이는 유아 자신이 조화롭고 전인적인 인간으로 나아갈수 있는 발판이 되므로 유아의 발달에서 매우 중요한 역할을 한다.

2 놀이의 구성요소

놀이에는 동적인 활동을 좋아하는 신체적 자발성, 친구의 접근에 쉽게 반응하고 협동적인 사회적 자발성, 주도적이며 놀잇감을 융통성 있게 독창적으로 사용하는 인지적 자발성, 다양한 놀이 활동에 참여하며 감정표현이 자유로운 즐거움의 표현, 장난기가 많고 재미있는 이야기를 잘하는 유머감각을 포함한다(김영희, 1995). 즉, 놀이의 구성요소는 〈그림 6-1〉과 같이 신체적 자발성, 사회적 자발성, 인지적 자발성, 즐거움의 표현, 유머감각의 5가지이다. 이를 구체적으로 살펴보면 다음과 같다(장은영, 2022).

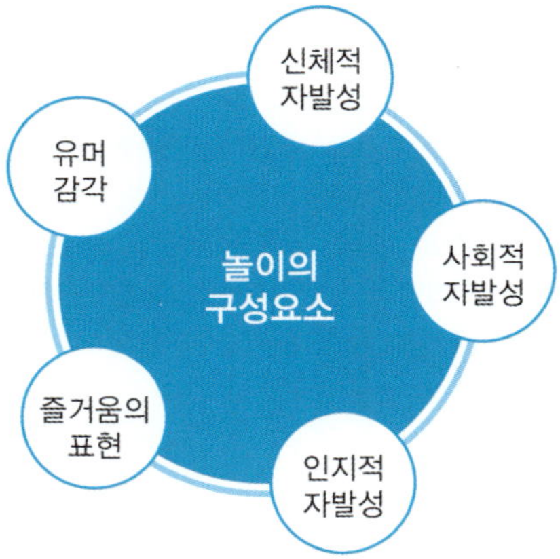

그림 6-1 놀이의 구성요소

1) 신체적 자발성

신체적 자발성은 유아가 놀이하면서 보이는 신체를 활발히 움직이는 정도와 신체 협응력의 정도, 유아가 놀이하는 과정에서 전신 또는 신체 부위의 움직임으로 신체 기관 간의 협응력, 활발한 신체 움직임의 유연성, 신체 움직임의 정도의 민첩성 등 운동기능 활동의 정도를 의미한다(이미경, 2019). 즉, 신체적 자발성은 놀이할 때 잘 조화된 놀이의 움직임으로 기관 간의 협응이 활발하게 진행되는지, 정적인 것보다 동적인 활동을 우선하는지, 대근육의 활동이 왕성한지 등 관찰을 통해서 확인할 수 있다. 이처럼 신체적 자발성은 놀이과정에서 신체기관의 움직임의 유연성 및 대·소근육 간의 협응력과 신체활동의 정도를 말하며 유아의 놀이모습의 관찰을 통해 놀이성향을 파악할 수 있다.

이처럼 유아의 신체적 자발성은 반복적인 신체놀이를 통해 운동능력과 신체발달에 영향을 미치고 있으며, 유아놀이에서 신체적 기술과 지각 능력은 또래관계에서 긍정적이고 적극적인 사회관계를 형성하는 데 원동력이 된다.

2) 사회적 자발성

사회적 자발성은 유아가 놀이하는 과정에서 놀이의 대상이 되는 또래들과의 협력 및 친밀한 접촉놀이에서 보이는 주도적 역할 등 다른 유아들과 협동하며 놀이하는 정도를 말한다. 즉, 사회적 자발성은 놀이할 때 또래의 접근에 쉽게 반응하고 협동적이며 친구를 쉽게 사귀고 놀잇감을 함께 나누는 성향이며, 유아가 놀이하는 과정에서 또래와의 협력 및 친밀한 접촉으로 다른 유아의 참여를 수용하는 주도적 역할과 놀잇감을 나누어 함께 사용하는 협동적 역할 등 놀이의 정도를 의미한다(문성영, 2020; 이미경, 2019). 따라서 사회적 자발성은 유아의 또래와 협력 및 접촉을 통한 친밀한 놀이과정에서 다른 유아의 놀이참여를 긍정적으로 수용하며 주도적인 역할을 담당하는 내적 · 심리적 특성의 경향이 있어 사회적 요인은 놀이와 매우 긍정적인 상관관계가 있다.

이처럼 사회적 자발성은 다른 유아들의 접근에도 원활하게 반응하고 사회적 기술과 자신감 등의 성격특성이 높아 바람직한 관계 형성을 위해 다양한 상황에서도 효과적인 상호작용으로 원활하게 문제해결을 하도록 한다.

3) 인지적 자발성

인지적 자발성은 놀이할 때 유아가 주도적이고, 다양한 사고를 하면서 놀잇감을 융통성 있게 사용하는지의 정도를 의미하며(김종석, 2011), 인간의 인지과정은 인지구조로써 외부환경의 자극에 대하여 끊임없이 동화와 조절의 과정을 거치면서 평형상태를 유지하는 과정이다(Piaget, 1962). 인지적 자발성은 유아가 놀이하는 과정에서 상상력을 발휘하여 창의적으로 놀잇감을 사용하는 정도로써, 자신만의 독창적인 방법을 생각해 내고 자유롭게 놀잇감을 사용하는 것을 의미한다(Smilansky, 1968). 따라서 인지적 자발성은 놀이할 때 자신만의 독특한 놀이방법을 만들어 내는지, 틀에 얽매이지 않고 자유롭게 물건을 사용하는지, 여러 가지 성격의 역할들을 하고자 하는지, 놀이하는 동안 노래를 부르거나 이야기를 하는지를 말한다(배미경, 2015). 따라서 인지적 자발성은 주도적으로 다양한 외부적 환경의 자극에 반응하여 독특하게 놀이방법을 만들어 내어 자유롭게 놀잇감을 사용하고 다양한 성격적 역할놀이 모습 등의 놀이특성을 말한다.

이처럼 인지적 자발성이 발달한 유아는 또래놀이 속에서 자신과 타인이 연결되어 있다는 것을 경험함으로써 독창적이고 확장된 사고로 또래와의 관계를 원만하게 형성하므로 유아에게 인지적 발달 촉진을 시켜주기 위한 적절한 활동이 필요하다.

4) 즐거움의 표현

즐거움의 표현은 유아가 놀이하는 과정에서 나타나는 감정, 기쁨, 즐거움, 성취감 등의 정도를 말하며, 유아가 다양한 놀이 중에서 성취에 대한 만족감, 열정, 즐거움, 재미, 소리, 억제를 표현하는지를 나타내는 것으로 즐거움과 행복을 나타내는 정도를 의미한다(이정희, 2020). 즐거움의 표현은 유아가 퍼즐 맞추기를 완성했을 때의 흡족함, 소꿉놀이할 때 느끼는 행복감, 쫓고 쫓기는 놀이의 스릴과 웃음 등을 통하여 얻는 즐거움이라는 쾌감으로, 이는 다른 놀이를 지속하게 하는 심리적 요인으로 작용한다(박선영, 2012). 따라서 즐거움의 표현은 연합놀이, 협동놀이 등의 사회적 놀이를 하는 과정에서 나타나는 정서표현 중 즐거움과 기쁨을 더 잘 표현하는데 긍정적인 효과가 있다. 다시 말해 즐거움의 표현은 놀이하는 과정에서 나타나는 감정이나 생각 등의 정도이며 놀이의 즐거움을 경험하게 되면 놀이를 지속하게 하여 사회관계적 놀이에서 긍정적인 정서표현을 하는 데 효과가 있다.

이처럼 유아가 놀이하는 과정에서 내면의 감정을 표현하므로 다른 사람의 감정표현을 이해하게 되며 표현하는 즐거움으로 놀이를 지속하면서 연합놀이나 협동놀이와 같은 사회적 놀이과정에서 전인적인 발달을 이루며 사회에 적응하며 성장한다.

5) 유머감각

유머는 인지적인 놀이의 한 형태로써 웃음을 자아내거나 부적절한 사건이나 행동 및 생각들을 익살맞게 인식하고 발견하는 정신적 경험이며, 유머감각은 놀이과정에서 유아가 우습고 재미있는 이야기를 하고 친구들과의 농담을 즐기는 정도를 의미한다

(Barnett, 1991). 유머감각은 유아가 놀이 중 또래들과 농담을 즐기거나 혹은 주위 상황에 맞는 재밌는 이야기와 우스꽝스러운 표정을 지으며 즐기는 것을 의미하며, 유머감각은 유아가 다른 아이들과 우스운 이야기를 좋아하는지, 놀이할 때 장난기가 많은지, 재미있는 이야기를 들으면 잘 웃는지, 놀이할 때 익살부리기를 좋아하는지를 관찰하여 파악한다(김종석, 2011). 따라서 유아의 유머감각은 놀이 중 또래에게 웃음을 주려고 폭넓은 상상력과 창의적인 모습으로 농담을 즐기거나 적절하지 않은 사건이나 행동과 생각을 익살스럽게 인식하고 웃음을 자아내는 등의 인지적 놀이행동이다.

이처럼 유머감각이 발달한 유아는 유연한 사고와 창의력을 발휘하여 어려운 상황을 재빨리 극복할 뿐만 아니라, 타인과 자신의 삶에 기쁨과 가치를 느끼게 되므로 유아의 유머감각을 측정하는 것은 유아의 놀이성 파악에 중요한 요인이 된다.

3 놀이이론

놀이행동을 설명하기 위한 이론들은 놀이란 무엇인지, 놀이를 유발하고 촉진하는 것은 무엇인지, 놀이가 유아의 발달에 어떤 영향을 미치는지 등에 대한 해답을 찾는데 도움을 준다. 이러한 놀이의 이론은 19세기와 20세기 초에 발생한 고전이론(잉여 에너지 이론, 휴식이론, 반복이론, 연습이론)[1]과 1920년 이후에 발전된 현대이론으로 구분할 수 있다. 현대이론으로 구분되는 정신분석, 인지적 놀이 및 사회적 놀이에 대해 살펴보면 다음과 같다.

1) 고전적 놀이이론

이론	창안자	놀이의 목적
잉여 에너지 이론	Schiller/Spencer	잉여 에너지의 소비
휴식이론	Lazarus	일에서 소모된 에너지의 재충전
반복이론	Hall	고대 원시적 본능의 재현
연습이론	Grose	성인생활에 필요한 기술의 연습

1) 유아의 정신분석적 놀이

20세기에 들어오면서 놀이이론은 유아발달에서의 역할을 규명하고 이론의 체계를 갖추어 나가기 시작했다. 정신분석과 심리역동적 이론(Psychoanalytic theory)의 창시자인 프로이트(Freud, 1961)는 유아는 놀이를 통하여 심리적 외상을 경험한 사건과 연계된 부정적인 감정을 제거하는 정화효과를 가진다고 주장하였다. 즉, 놀이를 통하여 현실에서 불가능한 역할을 수행함으로써 만족감을 느끼고, 실생활에서 느끼는 불만, 갈등, 불안을 해소하는 수단으로 정서적 문제를 치료하여 감정을 정화시킬 수 있다는 것이다. 또한 에릭슨(Erikson)은 프로이트의 이론을 보완하여 놀이가 주변세계와 내적인 자아와의 통합에 기여한다고 주장하였다. 즉, 유아들이 놀이를 하면서 가상적인 상황에서 여러 가지 역할에 도전하고 적용해 봄으로써 현실적 요구를 이해하고 자아발달의 기회를 가지게 된다는 것이다.

2) 유아의 인지적 놀이

인지적 놀이란 유아에게 인지적으로 필요한 기술 및 능력을 발달시키는 놀이를 의미한다. 사전적인 정의는 읽기, 쓰기, 셈하기 등의 필요한 기술이나 크기나 색깔, 형태, 무게, 시간 등에 관한 기본적 개념의 학습이 이루어지도록 하는 놀이라고 할 수 있다. 이러한 인지적 놀이는 여러 가지 색의 단계를 나타내는 색판, 그림 맞추기, 숫자막대를 이용한 놀이, 모래놀이, 물놀이 등 다양하게 나타난다. 유아에게는 정보나 사실을 주입식과 암기식으로 알리는 것보다는 구체적 경험을 할 수 있는 인지적 놀이의 기회를 주는 것이 유아의 인지능력 발달에 도움이 된다(교육학용어사전, 1995).

인지적 놀이 발달에 관한 연구로는 피아제(Piaget, 1962)에 근거한 인지적 놀이 발달 연구가 대표적이다. 그는 유아에게 있어 환경은 인지발달을 가속화할 수 있는 절대적인 요소라고 주장하였다. 유아는 환경과의 끊임없는 상호작용을 통한 행동, 모든 유기체, 유아를 포함하여 새로운 환경에 대한 탐색과정과 인지구조의 조절로 인하여 평형을 유지하면서 인지능력을 발달시켜 나간다. 이러한 의미에서 그는 아동의 인지능력이 발달하는 단계를 감각운동기, 전조작기, 구체적 조작기, 형식적 조작기로 나누어 제시하였다. 그리고 0~2세(감각운동기)에는 연습놀이, 2~7세(전조작기)에는 상징놀이, 7~11세(구체적 조작기)에는 규칙 있는 게임의 순으로 발달한다고 보았다. 놀이발달 단계는 〈표 6-3〉과 같다(임소연, 2021).

표 6-3 피아제(Piaget)의 놀이발달 단계

나이	구분	내용
0세~2세	감각운동기	• 자신의 주변 세계를 이해할 때 감각과 운동에 의해서 이해하는 시기 • 대상영속성을 습득하는 시기
2~7세	전조작기	• 상징적 사고가 가능하며 언어가 크게 발달 • 가상놀이가 가능하게 되는 시기 • 직관적 사고, 사고의 중심화, 자기중심성이 존재 • 물활론적인 사고 가능

나이	구분	내용
7~11세	구체적 조작기	• 보존개념, 서열화, 유목화 등이 발달하는 시기 • 자기중심성을 벗어나, 타인의 생각이나 감정을 이해하는 조망수용능력이 습득되는 시기
11세 이후	형식적 조작기	• 진리, 정의, 행보, 아름다움 등에 대한 추상적 사고가 가능한 시기

1900년대 중반부 이후 피아제는 인지발달적 견해에 따라서 놀이를 통해 유아의 인지, 사회 및 정서발달이 이루어진다고 강조하였다. 또한 파튼(Parten, 1933)은 유아가 두 살 중반쯤이 되면 평행놀이와 혼자놀이, 쳐다보는 행동이 감소된다고 하였고, 유아가 네 살이 되면, 협동놀이와 연합놀이가 점차 증가한다고 하였다. 유아들은 놀이를 통해서 전인적 발달이 이루어지고, 점점 더 복잡하고, 성숙된 놀이를 하게 된다. 유아의 인지능력이 발달되면서 사고의 폭이 넓어지고, 점점 복잡하고, 다양한 경험을 통해 지식을 습득하고, 다양한 놀이를 할 수 있다.

피아제(Piaget)는 새롭게 습득한 지식을 놀이활동을 통해 연습하고, 적용하는 것의 반복을 거쳐 가면서, 견고화시킨다고 보았다. 단순히 유아에게 놀이는 즐거움을 선사하는 것이 아닌, 새로운 지식을 자연스럽게 습득하도록 해주고, 지식을 놀이라는 상황에 활용함으로써 견고화할 수 있는 기회이기 때문에 매우 중요하다고 주장하였다. 또한 놀이를 통해 인지발달 중 보존개념을 습득할 수 있다고 보았다. 보존개념이란 사물의 양적 특성은 변하지 않는다 것을 유아가 이해하는 것이다. 예를 들어, 2개의 물의 양과 물통의 모양이 같은 것을 각각 다른 모양의 물통에 부었을 때, 물의 높이가 달라지는데, 물통의 모양의 변화했지만, 물의 양은 그대로인 것을 인식하는 것을 말한다.

그리고 스밀란스키(Smilansky, 1968)는 창의성과 지적발달에 놀이가 중요한 역할을 한다고 주장하였다. 그는 피아제의 인지놀이 발달단계 유형을 기준으로 놀이유형들을 조정하여 재조직하였다. 이러한 인지놀이 유형에는 기능놀이와 구성놀이, 역할놀이 및 규칙이 있는 게임의 4가지의 유형이 나타난다고 주장하였는데, 기능놀이란 간단하게 반복놀이로 사물이 있다가 없어지는 것을 반복하는 놀이라고 정의할 수 있으며, 유아들이 부수고 모으는 것을 반복하는 행동들을 포함한다. 구성놀이란 이전에 없던 것이나 사물을 새롭게 창조해내는 것으로 모래나 점토를 가지고 새로운 것을 만드는 것이나 블록을 이용해서 새로운 환경을 구성해보는 놀이 등이 해당한다. 역할놀이란 가상놀이 또는 역할이행이라고 하는데, 역할모방과 가상전환의 요소가 있다. 구체적으로 역할모방이란 유아가 엄마나 아기의 역할을 맡아 따라하는 것처럼 대상의 역할을 그대로 흉내내는 것을 말하고, 가상전환은 현재 일어나는 일이 아니라 가상의 상황을 상상하여 행동이나 언어로 표현하는 것을 의미한다. 예를 들어, 유치원 교실에서 아빠역할을 맡아 운전하는 것을 흉내내는 것이나, "자! 우리는 여행을 왔다고 하자!"와 같이 표현하는 것을 의미한다. 규칙이 있는 게임은 미리 정해진 규칙에 대해 알고 그것을 수용하고 인식하면서 놀이를 하는 것이다. 예를 들어, 게임규칙이 미리 정해진 카드놀이를 들 수 있다. 지금까지 스밀란스키(1968)가 주장한 인지놀이 발달단계를 살펴보면 〈표 6-4〉와 같다.

표 6-4 스밀란스키(Smilansky)의 인지놀이 발달단계

구분	내용	예
기능놀이	간단한 반복놀이로 사물이 있다가 없어지는 것을 반복하는 놀이	부수고 모으기
구성놀이	이전에 없던 것이나 사물을 새롭게 창조해 내는 놀이	모래나 점토, 물감, 블록
역할놀이	역할모방과 가상전환의 요소가 있음. 역할모방이란 타인의 역할을 맡아 따라하는 것을 말하고, 가상전환이란 현재 일어나는 일이 아니라 가상의 상황을 상상하여 만들어 행동이나 언어로 표현하는 놀이활동	부모, 아기
규칙이 있는 게임	미리 정해진 혹은 새롭게 정해진 규칙을 확인하고 그것을 인식하고 수용하면서 진행하는 놀이활동	말뚝박기, 과녁 맞추기, 카드게임

그리고 리버만(Lieberman, 1997)은 놀이를 좋아하는 특성을 가진 유아는 창의력이 높다고 보았다. 그가 제시한 놀이를 좋아하는 특성은 〈표 6-5〉와 같이 5개의 하위목록으로 구분할 수 있다.

표 6-5 리버만(1997)의 놀이를 좋아하는 특성

구분	내용
신체적 자발성	신체 전체 혹은 신체 일부분의 원기 왕성한 움직임과 뛰어난 협응력
사회적 자발성	타인과 어울릴 줄 아는 능력, 집단에 참여하고 빠져나올 수 있는 능력
인지적 자발성	상상력, 창의력, 융통적 사고력
즐거움의 표현	크게 웃으며 표현하기, 행복 및 즐거움을 표출하기
유머감각	재미있는 사건들의 식별력, 즐거운 상황들의 인식, 세련된 장난기

따라서 역할놀이는 창의성을 신장시키는 주된 요소라는 것을 알 수 있다(지성애, 2004). 선행연구에 의하면, 유아는 놀이를 통해 인지능력(학습력)이 발달된다고 보았는데, 인지능력의 하위요인인 학습력이 가장 높은 정적상관이 있는 것으로 나타났다. 이것은 신체적 움직임이 활발한 유아들일수록 그 능력과 적극성 때문에 모든 학습활동, 특히 새로운 활동에 잘 참여하며 집중력이 높다는 것을 보여준다. 박애경 등(2018)의 연구에서는 놀이에 활발하고 자발적으로 참여하는 유아들이 학습력 또한 높다는 결과가 나타났다. 이러한 선행연구결과는 인지적 놀이를 통해 다양한 유아발달 능력이 이루어진다는 견해를 지지하고 있다.

3) 유아의 사회적 놀이

사회적 놀이 관련 연구에서 파튼(Parten, 1932)은 자유놀이 동안 사회적인 놀이 행동을 관찰하여, 유아의 놀이에 사회적인 단계가 있다고 주장하였는데, 구체적인 내용은 〈표 6-6〉과 같다.

표 6-6 파튼(Parten)의 사회놀이 발달단계

구분	내용
비참여 행동	비참여 행동(Unoccupied behavior, 0~1.5세)은 짧은 순간에 아무런 목적 없이 잠시 어떤 것을 흥미롭게 살펴볼 뿐, 제대로 몰입되지 않는 놀이를 의미한다. 흥미를 끄는 것이 없을 때에는 주위를 두리번거리거나 선생님을 따라다니거나 장난감을 가지고 노는 것이 아니라 단순히 만지작거리는 행동을 한다. 이는 사회적 놀이발달과정에서

구분	내용
	처음 유아가 경험하는 단계지만, 어느 놀이 형태에도 포함되지 않는 행동이라고 볼 수 있다.
방관자적 행동	방관자적 행동(Onlooker behavior, 1.5~2세)은 유아가 주변을 관찰하면서 놀이를 한다는 점에서 비참여 행동과 유사하지만 주변 환경에서 흥미로운 사건이 아니라 특정한 유아를 관찰한다는 점에서 차이가 있다. 방관자적 행동을 보이는 유아들은 다른 유아들의 이야기를 듣고 놀이하는 것을 보거나 놀이하고 있는 다른 유아들에게 말을 걸거나 놀이에 대한 제안을 하기도 한다. 하지만 놀이에 직접적으로 참여하지 않는다. 이러한 방관자적 행동은 대부분 놀이에 참여하지 못하는 소극적인 유아들이나 한 놀이가 끝나고 다른 놀이를 찾아서 선택하려고 하는 유아들에게서 나타난다.
단독놀이	단독놀이(Solitary play, 2~2.5세)는 다른 유아와의 상호작용의 빈도가 매우 낮은 편에 속하며 다른 유아의 놀이나 놀잇감에 호기심이나 관심을 가지지 않고 자신의 놀이에만 몰입하는 형태를 말한다. 이 놀이의 특징은 다른 유아가 어떤 놀잇감으로 어떤 놀이를 누구와 하는지 상관하지 않기 때문에 다른 놀이에 비해 비성숙한 형태로 오해하기 쉽다. 그러나 자신의 놀이를 창의적으로 계획하고 놀이에 대해 집중하기 때문에 놀잇감에 대한 이해가 높을 수 있으므로 유아에게 단독놀이의 경험은 필요하다.
병행놀이	병행놀이(Parallel play, 2.5~3세)는 같은 공간에서 유아들끼리의 상호작용이 없으며 다만 다른 유아와 같거나 유사한 놀잇감을 가지고 혼자 놀이를 하는 것을 의미한다. 병행놀이가 다른 그룹의 유아들의 놀이에 자연스럽게 합류하거나 자신의 놀이에 다른 유아들을 참여시키는 도구로 사용될 수 있다는 관점에서 본다면, 병행놀이는 단순히 다른 유아들과 상호작용이 없는 놀이보다는 오히려 일정수준의 사회성이 요구되는 놀이라고 볼 수 있다. 파튼의 연구에 의하면 아동의 놀이는 단독놀이, 제한적이지만 사회적 참여가 이루어지는 병행놀이, 온전한 사회적 참여가 요구되는 협동놀이의 단계로 발달된다고 하였다.
연합놀이	연합놀이(Associative play, 3.5~4.5세)는 다른 유아들과 함께 놀이에 대해 이야기를 나누고, 다른 유아들의 놀잇감을 빌리기도 하고 빌려주기도 하며 다른 유아들의 놀이를 흉내내기도 하지만 놀이의 목표, 놀이에서의 역할분담 등 놀이의 조직적인 체계는 아직 마련되지 않은 단계의 놀이를 의미한다. 각자 자신의 놀이를 진행한다는 점에서 병행놀이와 유사하지만 놀잇감을 빌려주거나 다른 유아의 놀이에 참여하거나 의견을 교환한다는 점에서 병행놀이보다 높은 수준의 사회성이 필요한 단계임을 알 수 있다.
협동놀이	협동놀이(Cooperative play, 4.5세 이후)는 여러 명의 유아들이 공동의 목표를 가지고 놀이의 리더를 중심으로 놀이에서의 역할을 분담하여 조직적으로 진행되는 사회적 놀이이다. 놀이의 종류로는 여러 가지 물건이나 구조물 만들기, 축구, 학교놀이, 시장놀이, 병원놀이 등이 있으며, 집단끼리의 경쟁에서 승리하기 위한 협동-경쟁적 놀이(cooperative-competitive play)로 발전되기도 한다.

파튼은 유아의 사회성이 발달함에 따라 비사회적 놀이인 혼자 놀이와 제한된 사회적 놀이인 병행놀이는 줄어들고, 진정한 상호작용의 형태인 연합놀이와 협동놀이는 비중이 늘어난다고 주장했다. 하지만 이와 반대되는 견해로 혼자 놀이가 사회성의 미숙함이 아니라 독립적인 성향이라고 볼 수 있으며, 병행놀이에서도 주변 유아들의 놀이의 형태를 관찰하고 모방함으로써 추후의 연합놀이나 협동놀이에 도움이 된다는 주장도 있다.

이에 하우즈(Howes, 1980)는 단계적으로 나타나는 사회적 놀이 수준을 제시하였는데, 구체적인 내용은 〈표 6-7〉과 같다.

표 6-7 하우즈(Howes) 사회적 놀이유형

구분	내용
단순 평행놀이	가까운 거리 또래끼리 놀이를 하지만 의사소통, 제스처, 눈맞춤과 같은 상호작용은 없는 놀이유형
상호관심	놀이 중에 또래끼리 눈맞춤, 서로가 옆에 있는 것을 인식은 하지만 직접적인 상호작용은 없는 놀이유형
단순 사회적 놀이	놀이 동안 또래가 서로 유사한 놀이상황 안에서 의사소통하고, 놀이감을 빌려주는 등의 상호작용이 있는 놀이유형
보완 및 상호놀이	사회적 관계가 출현하는 놀이유형으로, 또래 간의 역할을 분담하여 맡고 서로가 역할을 바꾸어서 놀이하기도 하는 놀이유형
보완 및 상호적 사회놀이	또래 간의 2명 이상이 역할을 맡아 놀이하며, 가작화 의사소통을 하며 놀이하는 놀이유형

하우즈의 이론에 따르면, 가장 낮은 수준의 놀이를 평행놀이로 보고 있다. 이 놀이유형에는 다른 유아와 사회적 접촉, 대화가 없는 혼자놀이의 유형을 말한다. 다음으로는 상호관심 놀이유형이 나타난다. 즉, 놀이를 하는 또래 간의 눈맞춤의 행동을 보이는 놀이유형이다. 이 단계에서는 다른 유아의 존재와 현재 활동에는 관심을 갖지만, 상호작용은 하지 않는 놀이유형을 말한다. 이후 단순 사회적 놀이가 나타나는데, 유아들은 유사한 놀이를 하면서 직접적인 사회적 상호작용이 일어나는 놀이단계로 볼 수 있다. 즉, 놀이를 하는 또래 간의 서로 의사소통이 나타나고, 서로의 장난감이나, 물건, 자신이 만든 작품 등을 빌려주거나 교환하면서 웃음, 즐거움을 느끼는 사회적 상호작용이 일어난다. 이어서 보완 및 상호 놀이단계의 유아는 사회적 놀이를 참여한다. 함께 또래들과 놀이하면서 적극적으로 참여하며 놀이하는 놀이단계이며 유아는 사회극 놀이를 하는 동안 보완적 역할을 수행한다. 즉, 역할이 분명하게 이름 붙여지지는 않지만 유아의 행동은 그것과 일치해야 하는 것을 말한다. 마지막으로 보완 및 상호적 사회놀이 단계에서는 또래 간의 2명 이상이 역할을 맡아 놀이하며 가작화를 하며 의사소통하는 놀이단계이다. 여기에서 가작화 의사소통이란 유아가 자신이 맡은 놀이역할에 충실하게 이행하고 의사소통하는 것을 말한다.

이러한 사회적 놀이단계를 유아의 연령과 활동영역 등 여러 변인과 관련성을 제시한 파튼(Parten)은 단독놀이는 2세에서 2세 반, 평행놀이는 2세 반에서 3세 반, 연합놀이는 3세 반에서 4세 반, 협동놀이는 4세부터 놀이한다고 주장한다. 지성애(1997)의 연구에 따르면, 이러한 놀이단계는 위계적으로 순서에 따라 구성되는 것이기 때문에 연령이 낮을수록 혼자놀이, 쳐다보는 행동들이 많은 반면, 연령이 높아질수록, 연합놀이, 집단놀이의 경향이 증가되어 연령 간의 차이가 있다는 사실을 밝혀냈다.

4 놀이발달에 영향을 주는 요인

놀이발달에 영향을 주는 요인을 개인적인 요인, 가정환경 및 교육환경으로 구분하여 살펴보면 다음과 같다.

1) 개인적인 요인

(1) 성별

유아의 놀이는 성차에 의해 뚜렷하게 차이를 보인다. 구체적으로 놀이를 운동 또는 신체놀이, 사회놀이, 사물놀이, 가작화놀이 4가지 영역으로 나누어 성차에 의한 차이점을 살펴보면 다음과 같다.

신체 또는 운동놀이는 대·소근육을 사용하는 놀이를 의미하며, 많은 연구들에서 남아들과 여아들의 놀이에서의 성차는 4~5세 이전에는 나타나지 않는다고 보고하고 있다(Fagot & O'Brien, 1994). 하지만 그 이후의 남아들은 거친 신체놀이와 도구적 공격성(자신의 욕구를 충족시키기 위한 수단으로 공격행동이 발생하는 경우를 뜻하며, 예로는 때리기, 밀기 등 신체적 힘 사용하기)

이 많이 나타나며, 반면에 여아들은 언어와 인간관계를 이용하여 부정적인 감정을 전달하는 관계적 공격성(간접적 혹은 언어적 공격성, 배척하기, 관계를 조작해 해를 끼치기, 소문 퍼뜨리기 등의 간접적 못살게 굴기)이 많이 나타난다. 학령기에는 여아에 비해 남아의 신체놀이에서 놀이집단의 크기, 경쟁성, 상호의존성, 역할분담 등에서 확실한 성차가 나타난다.

사회놀이나 사회성 수준에서의 유의미한 성차에 대한 주장보다는 사회놀이에서의 성 선호설과 상호작용 양식의 성차에 대한 주장이 더 지지를 받고 있다. 4세경부터 유아들은 놀이에서 친구를 선택할 때 성차를 두지 않다가 4세경부터 점점 동성의 놀이친구를 선호하는데, 유아기 동안 빈도가 증가한다. 구체적으로 남아들의 놀이사회는 보다 광범위하고 개인적이며 경쟁적인 반면에 여아들은 집약적이고 관계중심적이며 주관적인 경향을 보인다.

사물놀이에 사용하는 놀잇감의 종류와 사용방법에서 남아와 여아의 성차가 나타난다. 구체적으로 남아는 블록이나 바퀴 달린 놀잇감을 선호하고, 여아들은 책상에서 색칠하기, 퍼즐 맞추기, 인형놀이 등을 선호한다. 사용방법에서는 남아는 자동차놀이나 블록놀이 등 정형화되어 있지만 활발한 움직임을 요구하거나 반복적인 조작을 하는 기능놀이를 많이 사용하며, 여아는 퍼즐 맞추기나 색칠하기 등의 목표를 위한 계획에 따라서 사물을 사용하는 교육적이고 정적인 구성놀이에 더 강한 경향성을 보인다.

가작화놀이에서의 성차는 맥로이드(McLoyd, 1980)를 비롯한 여러 학자들의 연구에서 여아들이 남아들보다 가작화를 위한 사물 변형을 더 많이 한다고 주장하였으나, 존슨 등(Johnson, Ershler & Bell, 1980)은 자유놀이 관찰 연구에서 유아기의 여아와 남아들은 가작화놀이의 사물사용방법에서 유의미한 성차를 보이지 않는다는 것을 발견했다. 이로써 가작화놀이에서 여아들이 사물변형기술의 발달이 앞선 것이 아니라 유아기의 언어 및 인지발달이 남아에 비해 빠르기 때문일 수도 있다고 주장한다.

(2) 인지발달과 놀이

여러 연구들을 통해 유아기의 인지발달과 놀이는 유의미한 상관관계가 있는 것으로 알려져 왔다. 1921년부터 시작한 영재에 관한 터먼(Terman)의 종단연구에서는 영재의 특성이 신체활동이나 거친 게임에는 흥미가 없었고 지적이고 조용한 놀이에 흥미를 나타냈다. 또한 영재는 자기보다 연령이 높은 놀이 친구를 선호하며 상상놀이를 즐겨 하는 특징을 나타냈다. 티저드 등(Tizart, Philps & Plewis, 1976)은 유아의 놀이의 복잡성과 지능지수, 상상놀이 참여 빈도와 지능지수는 높은 정적 상관관계를 보인다고 주장했다. 반면에 스밀란스키(Smilansky, 1968)는 유아의 지능에 따른 사회극놀이의 훈련효과가 별 다른 차이가 없음을 제시하였다.

이렇듯 놀이와 인지발달의 상관관계에는 찬반의 의견이 분분하므로 유아의 인지발달과 놀이에 미치는 여러 가지 요인들과의 분석과 이해가 필요하다.

2) 가정환경

(1) 부모

유아의 놀이에 중요한 영향을 미치는 요인은 유아의 부모라고 할 수 있다. 즉, 놀이에서의 부모의 역할, 부모의 양육태도, 부모와 유아의 애착의 질 등이 유아의 놀이발달에 직접적인 요인이 될 수 있다. 유아들의 놀이에서 부모역할의 중요성을 연구한 오코넬과 브레서튼(O'Connell & Bretherton, 1984)은 영유아기에 혼자 노는 것보다 부모가 함께 놀아줄 때 상상놀이의 다양성이 증가한다고 주장한다. 또한 부모의 양육태도에서 어머니의 체벌 강도가 강할수록 영유아들의 상상놀이 참여도가 낮고(이은해, 정문자, 1981), 안정애착은 유아의 탐색적 행동과 융통성 있는 행동을 증가시키는 중요한 요소라는 연구(Joffe & Vaughn, 1982)들을 볼 때, 부모는 유아놀이의 관찰자, 안내자, 놀이제공자의 역할을 수행할 수 있도록 노력해야 할 것이다.

(2) 가정의 사회경제적 수준

가정의 사회경제적 수준은 영유아의 놀이와 밀접한 관련성이 있다(김수영, 2000; 장유경, 성지현, 2011). 먼저 가정의 사회경제적 수준이 높을수록 영유아의 가상놀이에서 적극적이며 참여도가 높게 나타났으며 상호작용적 가상놀이를 선호하는 것으로 나타났다. 즉, 부모의 놀이의 중요성에 대한 인식수준도 영유아가정의 사회경제적 수준이 높을수록 높게 나타났다. 이는 사회경제적 계층이 낮은 영유아들은 가정에서 놀이에 참여할 수 있는 기회와 환경이 다양하게 부여되지 않기 때문이다. 사회경제적 계층이 낮을수록 부모가 생계를 유지하는 데 대부분의 시간과 노력을 기울이기 때문에 적극적으로 자녀의 놀이에 관심을 가지고 이해하기 어렵다(신유림 외, 2007).

이와 같은 선행연구에서 나타난 결과들을 종합해 볼 때, 부모의 사회경제적 수준은 영유아의 놀이환경과 밀접한 관련성이 있다. 하지만 단순히 사회경제적 수준만을 높이는 것으로는 유아의 놀이를 촉진할 수는 없다. 따라서 영유아의 다양한 놀이활동을 촉진하기 위해서 부모는 경제적인 부분에만 치중하기보다 유아와 함께 놀이할 수 있는 시간을 마련하는 것이 무엇보다 우선되어야 할 것이다.

3) 교육환경

(1) 교사

스밀란스키(1968)는 최초로 교사가 유아의 놀이발달에 중요한 역할을 한다는 연구를 발표했다. 그의 연구에 따르면, 유아의 사회극 놀이활동에 있어 적절한 교사의 개입은 유아 사회극 놀이의 질적·양적 향상이 있음을 밝히고 있다. 과거에 비해 유아들의 놀이시간이 가정에서보다 유아교육기관에서 더 증가하고 있기 때문에 유아의 놀이에 대한 교사의 개입, 인식, 지도 등은 유아의 놀이 지속 시간, 놀이에서의 활발한 상호작용, 문제해결능력 증대 등에서 더욱더 중요한 요소로 부각되고 있다. 특히, 교사의 바람직한 놀이지도는 유아들이 창의적이고 흥미로운 놀이로 구성하도록 하며 놀이의 수준을 한층 발전시킬 수 있는 밑거름이 된다.

(2) 놀이의 공간밀도, 놀잇감 및 공간배치

놀이실의 공간밀도가 높은 경우(놀이실 대비 유아의 수가 많은 경우)에는 조작놀이, 비참여 행동이나 방관자적 행동의 빈도가 높게 나타났으며, 반면 공간밀도가 낮은 경우에는 적목이나 바퀴 달린 놀잇감의 사용 빈도가 높게 나타났다. 한편, 놀이실의 놀잇감이 부족한 경우에는 유아들의 공격성이 높아지고 비참여 행동이나 거친 신체활동이 증가된다고 보고되고 있다. 또한 공간배치에서 흥미영역별로 구분지어 구성한 경우에는 다른 유아의 놀이를 방해하는 행동이 줄어들고 놀이 지속 시간이 늘어났다. 즉, 놀이공간의 밀도가 높고, 놀잇감이 부족하고, 놀이공간구성이 비효율적으로 제공된 경우에는 유아들의 공격성과 안전사고의 가능성이 높아지며 놀이의 질은 떨어진다. 그러므로 놀이공간의 밀도가 적절해야 하며, 공간배치가 흥미영역별로 효율적으로 구성되어야 한다.

5 교사의 놀이지도

1) 놀이지도 시 교사의 역할

놀이에 대한 교사의 적절한 개입과 참여는 유아의 놀이활동에 긍정적인 영향을 미치는 만큼 교사는 놀이의 질이 향상될 수 있도록, 그리고 놀이가 좀 더 높은 수준의 교육적 활동이 될 수 있도록 놀이의 환경을 풍부하게 제공하며 적절한 놀이지도가 이루어질 수 있도록 노력해야 한다. 놀이활동 시 교사의 역할을 구체적으로 살펴보면 〈표 6-8〉과 같다.

표 6-8 놀이활동의 교사의 역할

구분	내용
계획자로서의 역할	모든 활동의 효율성을 극대화하기 위해서는 체계적인 계획을 수립하는 것이 중요하다. 놀이활동에 필요한 환경구성, 공간활용, 교구교재의 선택, 놀이방법 및 구성 등 여러 가지 제반사항에 대한 계획이 필요하다. 교사는 유아의 발달에 적절하며, 유아의 흥미를 유발하고 지속시킬 수 있으며, 전인적인 성장발달에 적합한 놀이활동을 제공할 수 있는 놀이활동을 계획할 수 있어야 한다.

구분	내용
관찰자로서의 역할	유아의 놀이활동을 계획하고 제공할 때, 교사는 유아의 놀이활동과 관련된 여러 가지 요인들을 관찰하고 이를 통해 유아 개개인의 발달상태, 즉 정상적인 발달이 이루어지고 있는지, 이 놀이에 흥미를 가지고 몰입하는지, 놀이의 수준과 환경구성이 유아의 발달에 적합한 놀이인지 등을 파악할 수 있어야 한다.
조정자로서의 역할	조정자로서의 역할이라고 하여 유아의 놀이활동에 교사의 직접적인 참여를 뜻하는 것은 아니다. 유아들이 놀이활동을 구성하고 진행할 때, 놀이의 방향이 유아들이 원하는 방향으로 진행되지 않아서 교사에게 도움을 요청했을 때 또는 놀이활동 도중에 유아들끼리 해결할 수 없는 갈등 상황이 발생했을 때와 같은 여러 가지 곤란한 상황에서 유아들에게 간접적인 도움을 주어 놀이활동을 조정해 주는 역할을 의미한다.
개발자로서의 역할	유아의 놀이활동은 제한적인 놀이환경과 반복되는 주제선정, 익숙한 놀이활동자료 등으로 인해 유아들로 하여금 다소 지루하고 놀이에 대한 흥미를 떨어뜨릴 수 있다. 이러한 제한적인 놀이활동은 유아들의 놀이활동 효과를 저해하는 요인이 된다. 따라서 교사들은 유아들의 놀이활동에 필요한 여러 가지 제반 사항에 대하여 관심을 가지고 유아의 발달에 알맞고, 유아의 흥미를 유발할 수 있는 새로운 놀이의 개발과 보급에 힘써야 한다.
평가자로서의 역할	평가는 놀이활동의 전반적인 과정이 제대로 잘 진행되었는지를 살펴볼 수 있으며, 추후 놀이활동을 계획할 때 가장 중요한 기초가 되는 자료이다. 따라서 놀이활동 중에 나타난 유아의 표정, 질문, 태도 등을 면밀하게 관찰하여 놀이활동이 유아에게 사고를 확장시키는 효과가 있는지, 유아의 전인적 발달에 긍정적 효과를 보이는지 등을 파악하여 놀이활동이 올바른 방향으로 제시될 수 있도록 평가해야 한다.

2) 유아-교사 간 상호작용

유아의 하루는 "놀이의 연장선상"이라고 해도 과언이 아니며, 그들이 하는 거의 모든 활동은 놀이를 통해 이루어진다. 놀이는 영아의 생활일 뿐만 아니라 여러 영역의 지식을 얻게 되는 방법이 되기도 한다. 즉, 영아에게 있어서 놀이는 성장과 발달에 영향을 주는 중요한 변인이라는 뜻이기도 하다. 특히, 언어적으로 자신의 의사를 충분히 표현하지 못하는 영유아기에는 언어보다는 놀이에 의해 이를 더 적절하게 표현할 수 있다(김미라, 2018; 양지현, 2022).

놀이는 유아의 내적 요인으로 유아기의 전인적 발달에 많은 영향을 주며, 유아들은 놀이를 통하여 또래집단 안에서 상호작용하며 전인적인 발달을 이루어 나간다. 또한 주양육자인 부모가 놀이의 중요성에 대해 인지하고 적극적이고 허용적인 태도로 놀이에 참여하는 경우, 유아의 놀이태도는 여러 영역의 발달과 연관되어 신체적, 사회적, 인지적 자발성과 함께 즐거움과 유머를 가진 긍정적 경향으로 발달될 수 있다. 따라서 유아의 주양육자가 부모였던 예전과 달리 주양육자를 대체하는 유아교사의 놀이참여는 유아의 놀이성 발달에 긍정적인 영향을 미친다. 즉, 교사 역시 유아의 발달에 많은 영향력을 미치므로 유아와 교사의 긍정적인 관계형성은 유아가 기관에서 새로운 환경을 적극적으로 탐색하며 안정적으로 일과를 보내는데 필수적인 요소이다(배미연, 이순복, 2014).

교사가 긍정적이고 적극적으로 상호작용할수록 유아는 높은 집중력을 보이고 모방놀이를 좋아하며, 이와 같은 영향력을 받게된 유아는 놀이 시 외부환경을 관찰하고 받아들이게 되며, 타인의 감정을 이해하는 긍정적인 사회 · 정서적 행동이 의미 있게 나타날 수 있으며, 애정적으로 상호작용의 관계를 맺는 영아의 불안은 낮아져 긍정적인 성장과 발달을 할 수 있다.

엔슬리와 브래드바드(Endsley & Bradbard, 1981)는 질적으로 수준이 높은 상호작용을 하는 교사집단의 유아는 놀이에 적극 참여하고 행복하며, 유아 대 유아, 교사 대 교사, 교사 대 유아 사이에 사랑과 존중이 실제하여 또래 영아들이나 다른 성인과 긍정적으로 상호작용하는 모습을 보인다. 하지만 그렇지 않은 집단의 유아는 또래 영아들이나 성인과의 부정적인 상호작용을 더 많이 한다는 연구결과가 있으며, 교사가 긍정적인 지원과 지지를 제공하는 경우, 유아는 또래관계에서 높은 유능감을 보이며 복합적인 형태의 놀이에 많이 참여하게 된다고 주장한다(Howes & Hamilton, 1993). 곽주영(1996)의 연구에서도 질 높은 수준의 교사행동을 보이는 학급의 유아는 낮은 학급의 유아보다 긍정적 상호작용과 청원적 상호작용을 많이 하는 모습을 보였고 또래의 영아들에게 부정적인 상호작용을 적게 한다는 결과가 나타났다. 민송이(1995)는 보육기관 교사의 언어유형과 유아의 놀이실 행동에서 반응적인 언어표현을 하는 교사집단에 속해 있는 유아는 또래뿐 아니라 교사와 긍정적 상호작용을 더 많이 하지만 통제적 언어표현을 하는 교사집단의 유아는 혼자 하는 놀이행동이 자주 나타난다고 하였다.

홀로웨이 등(Holloway & Reichhart-Erikson, 1988)은 유아-교사 간 긍정적 상호작용에 대해 유아의 의견을 존중하고 반응적이며, 따뜻하고 유아의 생각이나 느낌을 의인화하는 것에 대해 격려하는 것으로 보았으며, 유아교사는 영아들의 비언어적 의사소통에 대해 민감하게 반응하고 해석하는 능력을 키워 나가야한다고 주장하였다. 또한 유아-교사 간의 상호작용이 자주 일어나는 유아는 생소한 교실 환경에서도 활발하게 탐색하며, 유아-교사간 긍정적인 애착안정성이 바탕이 된 유아는 또래집단과의 놀이를 즐기며 사회적 놀이를 확대하는 성향이 있고, 더욱 적극적이고, 호기심이 강하며, 구성놀이나 상상 수준도 더 높은 것으로 나타났다(Howes, 1997).

이처럼 유아교사가 유아와 충분하고 적극적 반응을 보이며 대화를 하는 것은 유아의 여러 영역의 발달을 촉진시키는 매우 중요한 요소이므로 유아 놀이성의 발달을 돕기 위해서 유아교사는 유아들과 충분하고 풍성한 언어적 의사소통을 해야 한다.

3) 누리과정의 놀이를 지원하는 교사의 역할

2019년 개정된 누리과정에서는 유아중심, 놀이중심 및 교사의 자율성을 강조한다. 따라서 교사는 각 학급에서 교육과정을 놀이중심으로 다양하게 운영할 필요성이 있다. 놀이를 지원하는 교사의 역할은 유아의 흥미와 관심을 존중하고 유아가 주도적으로 탐구하고 경험을 구성할 수 있도록 교육적 지원 방안을 계획·실행하는 교육 전문가로서의 교사의 역할을 수행해야 한다. 따라서 놀이를 지원하는 교사의 역할은 〈표 6-9〉와 같은 역할 수행이 요구된다.

표 6-9 놀이를 지원하는 교사의 역할

- 교사는 유아의 놀이, 일상생활, 활동으로 하루일과를 계획하고, 특히 유아가 몰입하여 놀이할 수 있도록 놀이를 충분히 계획한다.
- 교사는 유아의 놀이가 배움으로 이어지도록 유아와 활발하게 상호작용(관찰하기, 함께 놀이하며 질문하기, 제안하기, 정서적 지원하기)하고, 유아가 자유롭고 주도적으로 놀이할 수 있는 교육 환경(시간, 공간, 자료)을 제공한다.

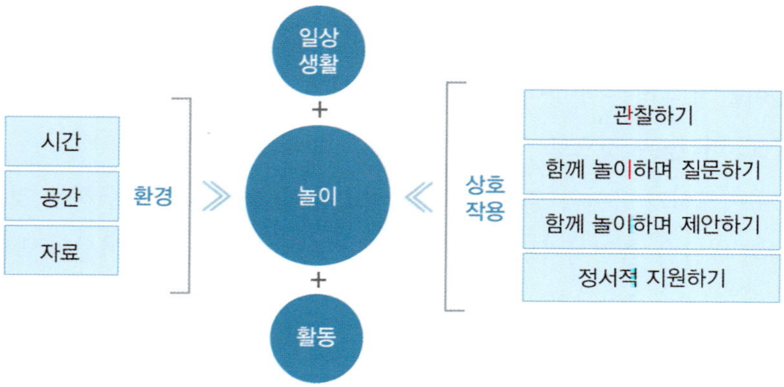

- 놀이를 지원하는 과정에서 교사는 다양한 방안을 염두에 두고, 필요한 경우 교사가 계획하거나 유아가 준비한 활동을 실시해 놀이가 활발하게 이루어지도록 지원한다.
- 교사는 일상생활, 놀이, 활동의 전체 맥락에서 유아의 배움이 일어났는지 관찰하며, 누리과정 5개 영역 중 유아의 배움이 잘 관찰된 영역을 중심으로 평가한다. 이때 놀이에서 모든 개인 유아를 평가해야 할 필요는 없다.
- 교사는 놀이 과정이 마무리되었을 때 교육과정을 평가하며, 이때 누리과정을 기반으로 유아의 배움이 잘 관찰된 영역을 중심으로 평가한다.

출처: 교육부, 보건복지부(2020). 2019 개정 누리과정 놀이운영사례집: 놀이를 지원하는 교사의 역할(유아의 발현적 놀이에 리듬을 맞추는 교사).

Chapter 07

유아교육과 부모

07
Chapter

유아교육과 부모

배울 내용

1. 학부모와의 관계 형성
2. 학부모와의 의사소통
3. 부모교육

학습목표

1. 학부모와의 관계 형성의 필요성을 인식한다.
2. 학무모와의 의사소통원칙과 올바른 태도를 형성한다.
3. 부모교육의 중요성과 실제를 익힌다.

교사와 학부모와의 협력은 영유아의 발달과 관련된 각자의 역할을 촉진하기 위한 것으로 교사와 학부모는 영유아의 바람직한 발달을 위하여 각자의 성공적인 협력이 이루어질 수 있도록 노력해야 한다. 최근의 많은 연구들에서 교사와 학부모 간의 협력과 상호작용은 영유아발달에 긍정적인 영향을 미친다는 연구결과는 교사와 학부모와의 협력의 필요성을 지지하는 결과이다.

1 학부모와의 관계 형성

부모와 교사에게는 자녀를 바르고 올바르게 양육하고 교육해야 할 책임이 있다. 부모로서의 책임은 단순히 자녀에게 필요한 음식물을 제공해주고, 옷을 입히고, 잠자리를 마련해 주는 것만으로 끝나는 것이 아니다. 즉, 부모는 가정 내에서 영유아교육의 의의를 인식하고 영유아교육에 필요한 제반 지식과 기능을 습득하며, 부모와 자녀 간의 관계를 원만히 유지 · 발전시키는 데 필요한 태도에 대한 교육을 받아야 한다. 그리고 교사는 부모들에게 유아교육기관에서 생활하고 있는 영유아의 상태를 정확하게 부모에게 전달하여야 하며, 더불어 자녀를 양육하는 데 필요한 정보와 기술을 부모에게 제공해 주어 자녀의 올바른 성장과 발달을 증진시킬 수 있도록 도와주어야 한다. 이를 위해 필요한 것이 학부모와 교사와의 관계 형성, 즉 협력이 매우 중요하다. 효과적인 학부모와의 관계 형성을 위해 필요한 지침은 〈표 7-1〉과 같다(염지숙 외, 2018).

표 7-1 학부모와의 효과적인 관계 형성을 위한 지침

구분	내용
자기이해	효과적인 교사는 부모와 왜 협력해야 하는가와 어떻게 프로그램을 그들의 삶의 양식에 맞출 것인가를 설명하기 위해 충분한 시간을 가져야 한다.
전문성	효과적인 교사는 영유아발달, 행동관리, 교수방법, 상담, 치료, 부모역할, 부모교육에 있어 충분한 지식과 기술을 가지고 있어야 한다.

구분	내용
감정통제	사려 깊은 교사와 부모가 되기 위해서는 어려운 과업, 타인과의 상호작용과정에서 직면하는 긴장과 갈등을 조절할 수 있어야 한다.
감정이입	부모의 감정을 다스리며 협력적인 의사소통을 하기 위해서는 진실한 감정이입을 할 수 있어야 한다.
끈기와 수용	효과적인 교사와 부모가 되기 위해서는 시행착오, 영유아의 발달 등에 대해서 쉽게 좌절하고 초조해 하기보다는 지속적으로 협력하는 것이 필요하다.
정직	효과적인 교사는 진실함을 통해 부모의 적응을 돕고, 자신이 둔감해지거나 냉담해지는 일이 없도록 해야 한다.
옹호	교사와 부모는 상호 지지하고 옹호해야 한다.

1) 관계 형성의 필요성

부모는 영유아의 최초의 교사이며, 가정의 환경은 교육적 환경의 매우 중요한 부분이다. 그리고 부모들의 대부분은 자녀들의 발달에 관심이 매우 높기 때문에 유아교육기관에서 실시되는 활동, 교육내용 및 방법에 대해 관심이 높다. 따라서 가정과 유아교육기관에서 영유아지도를 위한 교육적 방법이나 기술에서 많은 차이가 발생하면 영유아는 학습활동에서 갈등을 경험하게 되고, 반면 가정과 유아교육기관 간의 교육의 방법이나 기술이 일치된다면 영유아의 발달에 긍정적인 영향을 주기 때문에 학부모와 교사 간의 협력은 매우 중요하다. 부모와 교사 간 협력이 필요한 이유를 구체적으로 살펴보면 〈표 7-2〉와 같다(정갑순, 2006).

표 7-2 관계 형성이 필요한 이유

- 부모는 자녀에 대해 누구보다도 가장 잘 알고 있기 때문에 자녀의 개인적 요구나 정보를 교사에게 제공해줌으로써 영유아교육 프로그램의 목적과 운영 계획 수립에 큰 도움을 줄 수 있다.
- 부모와 교사는 영유아와 같이 보내는 시간이 많다는 공통점을 가지고 있으며, 특히 교사는 영유아에게 개별적으로 적합하고 치밀한 계획을 수립하고 지도할 수 있다는 특징을 지닌다. 따라서 부모와 교사의 관계는 자녀를 위한 공동협력교사로서의 역할을 수행할 수 있다.
- 부모는 자녀가 받고 있는 프로그램과 여러 가지 혜택에 대하여 직·간접적으로 비용을 지불하고 있으므로 자녀가 배우는 학습내용과 방법에 대해 알 권리를 가진다.

- 자녀가 받고 있는 프로그램의 성과에 대해 자세하게 알게 되면 부모는 프로그램이 더 오래 지속되고 확대할 수 있도록 하기 위해 최선을 다한다.
- 영유아기 자녀를 위한 부모훈련은 대상 영유아뿐만 아니라 그 외 자녀들을 위해서도 매우 유익하다. 즉, 부모가 배운 영유아지도 기술을 다른 모든 자녀들에게 훌륭한 부모 · 교사 역할을 수행할 수 있도록 도와준다.
- 유아교육기관에서 진행하는 프로그램에 대하여 부모가 직접적이며, 체계적으로 협력할 때 영유아의 학습의 성과와 속도는 촉진된다.

2) 관계 형성의 효과성

부모와 교사와의 협력은 부모, 교사 및 영유아에게 긍정적인 영향을 미치게 된다. 부모와의 관계 형성이 부모, 교사 및 영유아에게 미치는 영향을 살펴보면 〈표 7-3〉과 같다(권화숙 외, 2018).

표 7-3 관계 형성이 부모, 교사 및 영유아에게 미치는 영향

대상	구분	내용
부모	교사로서의 역할수행	교사와의 협력을 통해 자녀의 양육에 필요한 기술들을 습득함으로써 교사로서의 역할을 수행하게 된다. 구체적으로 부모가 영유아지도에 직접 참여함으로써 영유아의 올바른 인성, 기본생활습관 형성 등에 영향을 미치게 된다.
	자기만족감 증대	부모가 교사와 협력관계를 맺는 것은 자녀교육을 위해 맺어지는 자연적이며 인위적인 과정이다. 부모는 직접적으로 교사와 공동협력을 통해 자녀교육에 참여함으로써 부모 자신의 가치를 재발견하고 자녀교육에 대한 윤리적 · 사회적 책임을 이행했다는 만족감을 가지게 된다.
교사	정보 및 자료 확보	교사는 영유아의 건강한 발달을 위해 영유아에 대한 다양한 정보를 가지는 것이 중요한데, 이런 정보는 부모와 가족을 통해 습득되는 경우가 대부분이다. 따라서 교사는 부모나 가족과의 긴밀한 협력을 통하여 가정에서 작성한 기록물, 질문지 그리고 면담 등을 통해 영유아지도에 필요한 다양한 정보나 자료를 확보할 수 있다.
	자기관리	교사는 부모와의 협력을 위해 부모와 자주 접촉하게 되며, 호감을 얻기 위해 다양한 노력들을 하게 된다. 예를 들어, 자신의 행동과 말, 몸가짐, 인사 및 태도 등에 대하여 예민하게 주의를 기울이게 되며, 부족한 점은 수정해가면서 교사로서의 품위를 유지해 나간다. 품위유지는 교사가 영유아교육에서 영유아에게 모델링이 되는 교육적 환경으로 작용함으로써 부모로부터 신뢰와 인정을 받게 된다. 이와 같은 쌍방향적 협력을 통해 교사는 자기관리와 부모의 신뢰와 믿음을 쌓게 된다.

대상	구분	내용
	전문성 제고	교사는 부모와의 협력을 통하여 영유아 이해를 위한 각종 정보와 자료를 확보할 수 있고 학부모의 신뢰와 믿음을 주어 유아교육현장에서 가장 적절한 방법으로 영유아지도의 효율성을 제고시킬 수 있는 전문가의 역할을 수행할 수 있게 된다.
영유아	바람직한 성장·발달 도모	교사는 학부모로부터 수집한 다양한 정보와 자료, 신뢰와 믿음을 바탕으로 영유아지도에 대한 적극적인 참여와 지원을 받아 지도함으로써 영유아의 바람직한 성장·발달을 도모하게 한다.
	자신감 향상	영유아는 부모님이 교사와의 원활한 의사소통, 유아교육기관의 다양한 활동에 적극적으로 참여함으로써 유아교육기관의 모든 활동에 자신감과 적극성을 가지고 생활할 수 있다.

2 학부모와의 의사소통

1) 의사소통의 개념

현대에 들어와서 의사소통(communication)이란 용어는 매우 다양하고 광범위하게 사용되고 있으며, 중요성 또한 강조되고 있다. 의사소통이라는 용어는 라틴어 "commubis"에서 파생되었으며, 그 뜻은 공동, 공통 또는 공통성을 의미한다. 따라서 의사소통이란 두 사람 또는 그 이상의 사람들 사이에서 일어나는 의사전달과 상호교류가 이루어진다는 뜻이며, 어떤 개인 또는 집단이, 개인 또는 집단에 대해 정보, 감정, 사상, 의견 등을 전달하고 그것들을 받아들이는 과정을 의미한다. 이형득(1989)은 의사소통을 감정, 생각, 느낌 등의 메시지를 전달하는 매개체이며, 그것을 통하여 한 인간이 다른 인간과의 관계를 발전시킬 수 있는 본질적인 하나의 과정이라고 주장하였다. 그로스, 크랜들과 크놀(Gross, Crandall & Knoll, 1980) 등은 의사소통은 사람들 간에 감정, 태도, 사실, 믿음, 생각을 전달하는 과정이며, 대인적 의사소통은 서로에게 영향을 주고 서로를 이해하는 모든 수단을 포함하는 개념이라고 하였으며, 비엔베누(Bienvenu, 1970)는 의사소통이란 사람들이 서로를 이해하기 위해 다른 사람의 관점에서 문제를 보려는 것이며, 다른 사람과의 관점의 차이를 알기 위하여 자기의 느낌과 의미를 상대와 교환하는 방법으로 정의하고 있다. 사티어(Satir, 1972)는 의사소통이란 일반적으로 문맥 내의 언어행동에 사용되는 것으로 이해되며, '상호작용'이나 '상호반향작용'을 의미하고 있다고 주장하고 있다.

이상의 정의들을 종합해보면, 학부모와의 의사소통이란 상징에 의하여 교사와 학부모 간의 정보·생각·감정을 전달하는 것이며 결정의 전제가 되는 정보를 전달하는 과정을 말한다. 즉, 교사와 학부모 간의 사실이나 생각, 감정 등을 전달함으로써 상대방에게 생각이나 행동, 태도에 영향을 미치고 행동에 변화를 일으키는 것을 말한다. 또한 메시지의 내용 그 자체보다는 대상 간의 상호작용의 전달방법이 중요하다는 것을 강조하고 있다.

2) 의사소통의 과정

학부모 관계에서 발생하는 의사소통과정을 이해하기 위해, 두 사람 간의 의사소통을 고려하여 살펴보면, 효과적 의사소통이 일어나기 위해서는 6개의 요소가 작용한다. 즉, 송신자, 수신자, 메시지, 채널, 환경 및 방해물이다. 다시 말해 두 사람 간의 의사소통은 메시지의 송신과 수신으로 이루어지는데, 두 사람 사이의 메시지의 송신과 수신의 과정은 〈그림 7-1〉로 나타낼 수 있다.

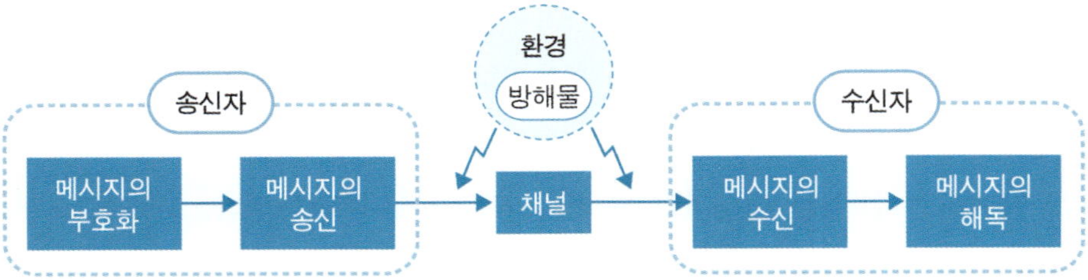

그림 7-1 의사소통과정의 모형

출처: 홍대식(2011). 성공적 인간관계. 박영사. p. 39.

송신자(sender 또는 source)는 타인에게 메시지를 보내고자 하는 사람을 의미하며, 메시지는 전달하게 될 의도, 목적 또는 생각이다. 메시지의 명료성, 수신자의 주의상태, 메시지의 복잡성과 길이 및 메시지와 조직화 방식이 메시지의 수신에 영향을 주게 된다. 그리고 메시지는 채널 또는 매체(channel 또는 medium)를 통해 전달된다. 메시지는 인쇄된 채널(예를 들어, 프린트, 필기, 전자메일)이나, 송신자가 행하는 말, 또는 이 둘의 어떤 종합을 통해 전달될 수 있다. 말을 통한 메시지는 전해지는 메시지의 언어적 내용(또는 언어적 채널)과 몸짓이나 음성의 질과 같은 비언어적 신호들의 형태로 전달된다. 수신자는 메시지를 받고 이해하는 사람이다. 환경은 메시지의 전달과 수신에 영향을 주는 외부요인들이다. 사람들의 태도들이나 분위기와 같은 조직문화, 사람들 사이의 신뢰나 존경과 같은 것들이 여기에 속한다. 방해물(또는 소음: noise)은 의사소통을 방해하는 요인들을 의미하며 방해물들은 환경요인들로 구성된다(홍대식, 2011). 따라서 효율적인 의사소통을 위해서는 송신자와 수신자, 채널 및 환경이 모두 적절하게 상호작용을 할 때 이루어지게 된다.

의사소통의 과정을 세 단계로 살펴보면, 첫째, 메시지를 보내고 받는 과정(sharing)이다. 언어적, 비언어적 또는 문서 등의 방법으로 다양하게 이루어지며 수직적 또는 수평적 통로를 통해 이루어진다. 둘째, 메시지를 이해하는 과정(understanding)이다. 정보를 보내는 사람의 메시지와 받는 사람의 메시지가 일치되도록 하는 과정으로서 실제로 말하는 내용을 잘 들으려고 하는 노력이 포함된다. 셋째, 메시지를 명확히 하는 과정(clarifying)이다. 효과적인 의사소통을 하는 데에 특히 중요한 과정으로서 정보의 내용이 불확실하면 문제를 명백하게 하기 위해 질문이 제기되어야 한다. 명확화의 목적은 옳고 그름을 증명하려는 것이 아니고 말하여지는 것을 정확히 이해하려는 것이다.

3) 의사소통의 일반원칙

학부모와의 효율적인 의사소통이 이루어지기 위해 필요한 일반원칙이 존재한다. 〈표 7-4〉와 같은 원칙, 즉 명료성, 일관성, 적시성, 적량성, 배포성, 적응성과 동일성 및 관심과 수용하에 이루어질 때 가장 효율적인 의사소통이 이루어지게 된다.

표 7-4 의사소통의 일반원칙

구분	내용
명료성(clarity)	의사소통에 있어서 정보 구조는 체계화되어 있어야 하고 정보 표현의 언어는 정확하여야 하며 정보 표현의 문장은 알기 쉬워야 한다.
일관성(consistency)	의사소통은 전달내용이 서로 모순되어서는 안 되며 일관성을 유지해야 한다.
적시성(timeliness)	정보의 도달점인 피전달자가 정보를 받아들이는 준비성의 정도에 따라서 적시에 정보를 전달하지 않으면 효과가 없다.
적량성(adequacy)	정보량은 책임도 또는 정보활용도 등에 따라 조절되어야 한다.
배포성(distribution)	정보는 전달받아야 할 정보의 범위, 대상자가 명확해야 한다.
적응성과 통일성 (adaptability & uniformity)	적응성이란 융통성, 현실 합치성을 의미하며 통일성이란 의사소통이 각각 전체로서 통일된 내용을 담고 있어야 함을 의미한다.
관심과 수용 (interest & acceptance)	어떠한 의사소통이든 피전달자가 관심과 수용적인 태도를 보일 때 효과적으로 행해질 수 있다.

4) 의사소통의 필요성

학부모와의 의사소통이 필요한 이유로는 첫째, 의사소통은 교사와 학부모 사이에 공통이해를 조성하여 공동목표를 향한 상호협조를 가능하게 해준다. 둘째, 의사소통은 영유아의 건강한 발달을 위한 의사결정(decision-making)에 있어서 전제적 조건이 된다. 즉, 정보 없이는 결정이란 불가능하기 때문이다. 셋째, 의사소통은 교사와 학부모 개인의 심리적 욕구를 충족시켜 주는 데 큰 역할을 한다. 인간은 본질적으로 의사나 감정을 표출함으로써 만족을 얻을 수 있다. 넷째, 의사소통은 교사와 학부모에게 장래의 대비를 가능하게 해준다. 즉, 의사소통을 통한 정보의 획득은 영유아를 위해 장래에 취할 태도나 행동 대비에 중요한 역할을 수행한다.

5) 의사소통 시 올바른 태도

의사소통은 교사가 학부모에게(혹은 학부모가 교사에게) 일방적으로 메시지를 전달하는 과정이 아니라 상대방과의 상호작용을 통해 메시지를 다루는 과정이다. 성공적인 의사소통을 위해서는 자신이 가진 정보와 의견을 상대방이 이해하기 쉽게 표현하는 것뿐 아니라, 상대방이 어떻게 받아들일 것인가를 고려해야 한다. 그리고 의사소통이라고 하면 무조건 기계적인 정보의 전달만으로 잘못 이해해서는 안 된다. 의사소통은 정보전달 이상의 것이다. 즉, 의사소통이란 다른 이해와 의미를 가지고 있는 사람들이 공통적으로 공유할 수 있는 의미와 이해를 만들어 내기 위해 서로 언어 또는 문서 그리고 비언어적인 수단을 통해 상호 노력하는 과정이다. 따라서 일방적인 말하기가 되지 않도록 의사소통의 정확한 목적을 알고, 의견을 나누는 자세가 필요하다.

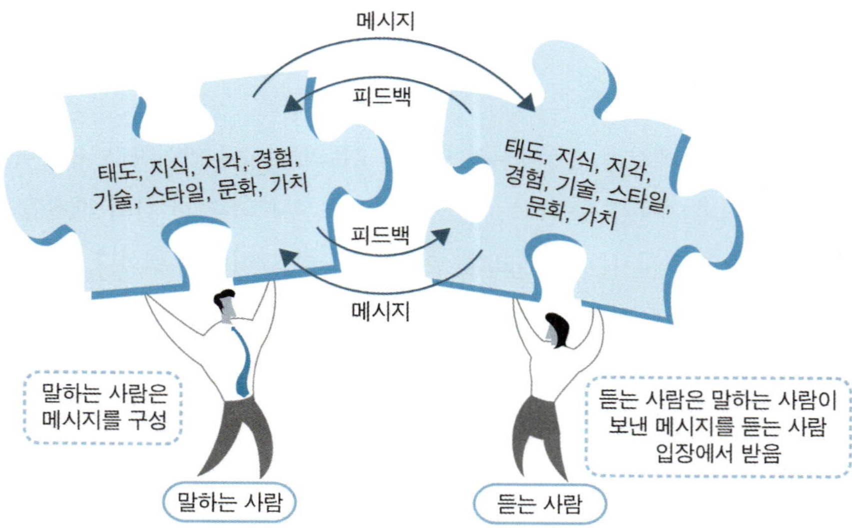

그림 7-2 의사소통과정

출처: 한국산업인력공단(2016). 의사소통능력 학습자용 워크북. p. 15.

3 부모교육

부모교육이란 부모로 하여금 자녀교육에 대한 책임을 인식하고, 주어진 책임을 수행하는 데 필요한 지식과 기술을 습득하여 부모에게 요구되는 기본적인 태도를 지니도록 하기 위해 의도적으로 주어지는 교육과정을 의미한다. 최근 들어 유아교육기관을 통한 부모교육이 강조되는 이유는 무엇보다 효과적인 유아교육을 위해 부모의 참여가 필수적이기 때문이다. 부모의 관여 없이 유아교육기관 단독으로 최상의 성과를 거둘 수 없으며, 부모의 무관심과 그릇된 교육관 때문에 영유아의 발전 가능성을 신장시키지 못하는 사례를 흔히 발견할 수 있다. 그러므로 부모교육을 통해 가정과 유아교육기관이 일치된 협력체제를 유지하는 것이 필요하다(권화숙 외, 2018).

1) 부모교육의 필요성

부모교육 프로그램에서는 가정에서의 영유아교육의 의의를 인식하고, 영유아교육에 필요한 제반 지식과 기능을 습득하는 일을 강조하며, 부모와 자녀 간의 관계를 원만히 하고, 이를 유지 · 발전시키는 데 필요한 부모의 태도에 대하여 훈련한다. 이러한 부모교육의 필요성을 영유아의 입장, 부모의 입장 및 사회적 입장에서 살펴보면 다음과 같다(유효순, 이원영, 2007).

(1) 영유아의 입장

영유아는 부모에게 의존하여 발달이 이루어지게 된다. 따라서 영유아 입장에서는 부모가 신체발달, 감각 및 지각발달, 언어발달, 사회성 · 정서발달, 인지발달 등에 영향을 주기 때문에 부모교육이 필요하다. 영유아의 발달에 부모의 영향이 크다는 것은 많은 연구들을 통해 입증되어 왔다.

(2) 부모의 입장

부모의 입장에서는 첫째, 부모의 미성숙한 인성을 들 수 있다. 성숙한 인성을 갖추고 아이를 깊이 사랑할 수 있는 동시에 독립심, 자발성, 창의성, 협동심을 길러줄 수 있는 사람이 좋은 부모이다. 그러나 성숙되지 않은 상태에서 결혼을 하게 되는 경우가 대부분이며, 아이가 태어나면 더 혼란을 경험하게 된다. 부모교육은 부모 자신이 미성숙한 인성을 가졌다고 하더라도 아이를 잘 키우겠다는 의지로 부모교육을 받으면 양육태도가 변하고 자신의 인성도 보다 성숙해질 수 있기 때문이다. 둘째, 대가족제도에서 핵가족제도로의 변화이다. 예전 대가족제도에서는 아이의 양육에 가족의 역할이 중요하였지만 핵가족제도에서 부모들은 가족에게 의지하지 않고 자녀양육의 책임을 수행해야 한다. 준비 없이 아이를 낳아 양육하게 되면 자녀 양육이 기쁨이라기보다는 짐으로 여겨질 수 있기 때문에 부모교육을 통해 기쁜 마음으로 키울 수 있도록 부모역할에 대한 지식을 제공할 필요성이 대두되었다. 셋째, 사회 이동의 증가이다. 사회가 도시화 · 문명화 · 산업화가 될수록 가정단위 또는 개인의 사회 이동횟수는 증가하게 된다. 1990년대 이후 주말부부가 계속 증가하면서 이에 따른 자녀 양육문제는 심각한 문제로 부각되고 있으며, 이들을 정신적으로 후원하고, 자신감을 갖고 자녀양육을 할 수 있도록 도울 수 있는 부모교육이 필요하게 되었다. 넷째, 성역할 개념의 변화이다. 예전의 사회생활, 직장은 남성의 역할이고, 여성은 가정에서 자녀양육과 살림살이에 전념해야 한다는 생각에 변화가 일어나기 시작하였다. 즉, 여성의 사회 진출이 활발해지면서 우리나라도 양육을 부부의 공동책임으로 인식하게 되었고, 특히 남성들을 대상으로 부모교육을 실시할 필요성이 강조되고 있다.

(3) 사회적 입장

사회적 입장에서는 인적 자원의 효율적 개발, 사회균등, 경제성 측면이 부모교육의 중요성을 강조하게 되었다. 국가발전의 원동력은 인간이며, 인적 자원의 지적 · 인성적 기반이 영유아기에 형성되므로 유아에게 절대적 영향을 주는 부모교육의 강조는 당연한 것이다. 그리고 부모교육은 후세대교육의 수준을 높이고, 장래 인적 자원의 질을 높여 빈곤계층의 폭을 좁히는 데 중요한 수단이 된다. 경제성 측면에서 보면 교육에의 투자는 어릴 때 할수록 효과가 크다. 따라서 질적 수준이 높은 인적 자원을 확보하기 위해서는 영유아기에 교육투자를 할 필요가 있으며, 영유아를 가장 효율적으로 교육시킬 수 있는 교사는 바로 부모이기 때문에 부모교육이 필요한 것이다.

2) 부모교육의 형태

(1) 수준별 형태

부모교육의 형태는 소극적이고 최소한의 부모참여 형태로부터 부모가 완전히 프로그램을 주관하는 적극적인 형태에 이르기까지 크게 네 가지 수준별 형태로 구분된다. 수준별 형태의 단계와 내용은 〈표 7-5〉와 같다.

표 7-5 수준별 형태의 단계와 내용

단계	내용
기초적 형태	• 전통적으로 유아교육기관에서 실시해 오던 소극적이며 수동적인 부모참여 형태이다. • 이 형태는 교사가 주도적인 입장에 서서 아동발달과 해당 교육기관의 교육방향과 운영에 관한 정보와 지식을 전달하는 형태이다. • 주로 부모회, 참관, 가정통신, 면담, 가정방문이 여기에 속한다.
약간 진보된 형태	• 약간 진보된 형태로 직접적인 교수활동에 부모참여가 이루어지도록 계획한 형태이다. • 부모교육 프로그램과 일치되는 범위 내에서 부모가 도울 수 있는 활동을 교사가 정해주고, 부모들은 이를 조절하여 교육 프로그램을 운영하는 형태이다. • 아동의 언어학습활동과 훈육기술을 위한 과정들이 여기에 속한다.
많이 진보된 형태	• 부모가 학급활동 보조자나 자원자로서 봉사하는 진보된 부모참여 형태이다. • 학급 내의 일상적 과정을 지원하고 교사의 주의 깊은 감독 · 자문하에 보조 교수기능을 수행하며, 부모가 교사의 교수활동 중 일부를 분담하기 때문에 교수기술에 대한 부모훈련이 반드시 필요하다. • 이 형태는 부모가 교구나 교육자료를 제작 · 마련하는 활동, 환경구성, 각종 행사지도, 간식, 휴식, 신체검사, 안전지도, 귀가지도, 놀이지도와 같은 활동이다.

단계	내용
가장 진보된 형태	• 교사가 부모의 권한을 최대한 인정하여 교육기관의 운영에 직접 참여하려는 부모의 요구를 완전히 존중하는 가장 진보적인 부모교육 형태이다. • 이 형태는 부모가 단순히 봉사하는 사람이 아니고 오히려 부모들이 교육과정의 운영이나 교육목표 설정, 교육기관의 재정 및 설비에 대한 제 문제를 결정하는 주도 세력이 되는 형태이다. • 보조교사, 교육자료 제작, 자원봉사 프로그램, 전문 지식을 활용한 봉사 등이 여기에 속한다.

출처: 고정곤 외(2016). 부모교육. 양서원. pp.193-194.

(2) 유형별 형태

유아교육기관에서는 기관의 교육철학 및 계획, 부모와 지역사회의 요구 및 특성을 충분히 반영하여 실천 가능한 프로그램이 되도록 매년 부모교육 프로그램을 계획해야 한다. 다양한 부모교육의 유형에 따른 내용과 운영방법은 〈표 7-6〉과 같다(김연진, 이상희, 2012). 가장 비형식적인 브레인스토밍부터 가장 형식적인 강연회에 이르기까지 다양한 부모교육 유형이 있으며, 주제에 따라 적절한 방식을 결정해야 한다.

표 7-6 부모교육 유형에 따른 내용 및 운영방법

유형	특징	집단구성	좌석배치	제한시간	적절한 주제의 예
브레인스토밍	• 모든 사람이 새롭고 다양한 주제를 산출한다. • 사고의 확장과 문제해결능력을 기른다.	30명 이하	원	4~6분, 10분	• 자녀 생활습관 기르기 • 가정 주변의 문제 • 문제해결방법
원탁 모임	• 전 구성원이 원으로 앉아서 적극적으로 참여한다. • 토의를 통하여 문제를 규명하고 결정한다.	소집단	원, 반원		• 부모 간 팀워크 • 문제행동 • TV의 영향
동심원 모임	• 큰 원 안에 작은 원을 만들어 소집단 토의를 하고, 바깥원의 구성원은 이를 경청한다. • 토의 후 전체 집단에 공개한다.	내부원 6~8명, 전체 24~30명	원	5~10분	• 유아에게 바라는 것 • 가치판단력 • 자녀 자아존중감 형성

유형	특징	집단구성	좌석배치	제한시간	적절한 주제의 예
소집단 토의	• 모든 참여자가 상호작용할 수 있는 소규모로 진행된다. • 6명의 회원이 6분간 토의하므로 6-6회라고도 한다.	최소 2명, 최대 6~8명	원, 반원	6분	• 아동의 정서와 감정 • 훈육 • 도덕적 가치
워크숍과 센터	• 워크숍에 직접 참여하여 교구 제작, 그림 그리기 등을 하게 된다. • 센터는 실제로 하지 않고 여러 영역을 다니며 시범을 보고 설명을 듣는다.	소집단	분리된 방이나 큰방	주제에 따라 상이	• 동요, 동시 • 책 만들기 • 유아놀이 • 교구제작
참관과 견학	• 실제로 현장을 견학하고 지역사회 등을 방문한다. • 사전토의나 추후활동을 하면 보다 효과적이다.	소집단			• 박물관, 신문사, 병원, 소방서, 특수학교, 방송국, 우체국, 경찰서 등
역할 놀이	• 특정한 상황을 극화하여 역할을 수행한다. • 문제상황을 판단하거나 다른 사람의 입장에 대한 이해심을 기른다.	소집단, 대집단	원, 반원, 강당식 배열		• 교사-부모회 • 유아의 문제행동 • 집단 내의 역할 • 가정방문 시 가능성 있는 상황 • 경청하기 • 나-전달법
극놀이	• 선정된 연극대본을 통하여 토의한다. • 촌극은 집단의 욕구와 직접 관련되므로 유익하다. • 인형극은 부담감이 없어 효과적이다.	소집단, 대집단	원, 반원, 강당식		• 고집 센 아동 다루기 • 가족의 의사소통 • 유아를 위한 어머니 연극
공개 토론회	• 선정된 주제를 공개 토론하는 모임이다. • 주제에 대한 찬반 토의를 한다.	4~6명	반원		• 새로운 교수방법 • 훈육방법
대담	• 비전문가나 전문가에 의한 공개토의이다. • 청중의 질의응답을 받는다. • 단일토의와 이중토의가 있다.	6~12명	반원		• 자녀의 공포심 다루기 • 불안을 해소하는 방법

유형	특징	집단구성	좌석배치	제한시간	적절한 주제의 예
토론	• 논란이 되는 문제에 대하여 찬반론을 토의한다.	2~6명, 대집단	원, 강당식		• 개방교육 대 전통교육 • 성취장려 대 경쟁촉구
독서회	• 책을 선정하여 읽고 난 후 토의한다.				• 가치명료화 • 의사결정법
시청각 교재	• 시각적 · 청각적 자료는 공개토의를 촉진시킨다. • 집단에 필요한 정보를 제공한다.	소집단, 대집단	부채꼴		• 정서적 성장 • 공포심 다루기
심포지엄	• 한 주제에 대하여 여러 명의 발표자가 의견을 제시한다. • 발표 후 질의응답시간을 갖는다.	대집단	원, 반원, 강당식	5~10분	• 성역할 이해 • 다양한 문화 이해 • 소비자 교육
강연회	• 전문가가 한 주제에 대하여 강연한다. • 특정 지식을 많은 사람들에게 전달하는 데 효과적이다.	대집단	강당식		• 유아교육의 중요성 • 양육태도와 아동 행동 • 질병문제

출처: 정옥분, 정순화(2016). 부모교육. 학지사. pp. 399-400.

3) 부모교육의 실제

(1) 드라이커스의 부모교육이론에 기초를 둔 부모연구회

부모연구회는 드라이커스(Dreikurs, 1958)의 부모교육 모델 중의 하나로 오늘날 미국이나 캐나다에서 널리 행해지고 있는 부모교육 중의 하나이다. 여기에서 부모들은 자녀를 허용적이거나 독재적으로가 아니라 민주적으로 지도하는 것을 배우게 된다. 이 연구회의 기본 원리는 다음과 같다. 첫째, 부모와 자녀 간의 민주적 관계는 다정하고 엄격한 태도로서 상호 존중을 바탕으로 한다. 다정함은 아동에게 표현되는 것이고, 엄격함은 부모 자신에게 적용되는 것이다. 둘째, 아동의 잘못된 행동목표를 알아내고, 이러한 행동의 사회적 결과를 이해하는 것은 부모들이 아동을 심리적으로 이해하도록 한다. 셋째, 보상과 벌은 모두가 사회적으로 평등한 진정한 민주적 사회에서는 존재하지 않은 것으로써, 자연스러운 논리적 결과는 개인의 권위를 현실의 권위와 그 상황에 대한 사회적 욕구로 대치된다. 넷째, 아동을 존중하고, 사랑하고, 지지하고, 한 개인으로서의 가치를 나타내 주는 격려는 아동으로 하여금 자신의 가치에 대해 보다 긍정적으로 느끼게 하는 중요한 수단이다. 즉, 아동의 바람직하지 못한 행동은 격려가 없음을 나타내는 것이다. 아동의 힘을 강화함으로써 부모의 애정, 수용, 사랑을 통해 협동적 관계가 형성된다. 이러한 우호적 관계에서 부모는 아동이 보다 건설적이고 사회적으로 유용한 태도와 행동을 갖도록 하는 데 도움을 줄 수 있다.

(2) 기노트의 부모상담 모임

기노트(Ginot, 1965)는 그의 임상경험을 토대로 하여 의뢰되어 오는 아동의 부모를 위한 세 종류의 치료, 즉 집단심리치료, 집단부모상담, 집단지도를 개발하였다. 이 중 그가 임상작업을 부모–중재의 연속선상으로 개념화한 것 중에서 아동–중재, 즉 아동중심에 가까운 것으로서, 여기에서는 부모의 효능성을 증가시키는 데 초점을 둔다. 이러한 경험을 토대로 기노트는 비의뢰집단의 부모들에게 사용될 수 있는 부모교육을 고안하게 되었는데, 이것이 바로 부모상담 모임이다. 부모상담 모임은 10~20명의 부모들이 15주 동안 매주 모임을 갖고 아동에 관한 다양한 문제들에 대해 자신의 느낌을 이야기하고, 부모와 자녀 간의 효과적인 의사소통기술을 증진하기 위한 워크숍을 갖는 것이 특징이다.

(3) 고든의 부모효율성훈련

고든(Gordon, 1975)의 부모효율성훈련(Parent Effectiveness Training: PET)은 부모와 자녀 간의 효율적 대화 및 자녀양육의 기술을 익히도록 하는 것이다. 이 프로그램에서는 부모들을 가르칠 수 있는 지도자교육과 직접 부모를 대상으로 하는 교육 프로그램이 있다. 부모들을 가르칠 지도자는 본부의 전문가로부터 이론 및 실제에 대한 훈련을 받고 자격증을 취득해야 한다. 이들 지도자들은 지역사회에서 약 10명 정도의 모임을 구성하여 프로그램을 실시하게 된다. 특히, 이 프로그램에서는 역할놀이를 통해 자녀와의 대화 및 자녀양육기술을 익히고, 가정에서 직면하는 여러 문제를 다루어 보게 된다.

본 프로그램은 부모 역할에 대한 지적인 이해에 그치는 것이 아니라 부모들이 실제로 체험학습을 통하여 부모역할을 담당하는 능력을 습득하도록 하는 데 중점을 두고 있다. 즉, 이 프로그램은 전 과정에서 전체적으로 부모-자녀관계의 상호작용을 중시하여 부모와 자녀 사이의 효과적인 의사소통과 문제해결방법을 제안함으로써 부모들로 하여금 체험하게 한다. 그리고 회기별 활동내용을 다음 회기까지의 시간 동안에 가정에서 실제 자녀와의 관계에서 적용할 수 있도록 하고, 매 회기의 시작단계에서 경험을 나누고 피드백을 하는 시간을 가지게 하여 프로그램이 일상생활에서의 경험과 의미 있게 연관될 수 있도록 한다는 특징을 가진다. 즉, 참가자들이 자녀양육의 기술능력을 개발하고, 부모의 의사소통능력을 향상시키는 것을 강조한다. 부모효율성훈련 프로그램의 회기별 내용을 살펴보면 〈표 7-7〉과 같다.

표 7-7 부모효율성훈련 프로그램의 회기별 교육내용

주	교육내용
1주	프로그램 소개와 정의, 목표 설정하기, 행동의 네모꼴 도식, 문제가 되는 사람 가리기
2주	반영적 경청: 의사소통의 걸림돌과 걸림돌 경험하기
3주	자녀의 의사소통하기, 감정표현 어휘 찾기, 반영적 경청 실습
4주	나-전달법: 나-전달법의 3요소 설명하기, 나-전달법 체험하고 인식하기
5주	나-전달법의 종류, 아이를 위한 나-전달법, 환경을 재구성하기, 가정환경의 재구성
6주	제3의 방법: 갈등 해결하기, 과거의 갈등 해결하기
7주	문제해결의 6단계, 욕구를 언어로 표현하기, 제3의 방법으로 계획하기
8주	가치관 대립에 대처하는 기술, 가치관 대립을 인식하기, 자녀의 가치관에 영향 주기

(4) 효율적 부모역할을 위한 체계적 훈련(STEP)

효율적 부모역할을 위한 체계적 훈련(Systematic Training for Effective Patenting: STEP)은 드라이커스(Dreikurs, 1958)와 고든(Gordon, 1975)의 이론 중 장점만을 골라 체계화한 것이

다. 이 프로그램은 9주에 걸쳐 한 주에 한 장씩 진행되는 체계적인 부모훈련 프로그램이다. 조직적이고 단계적이며, 특히 강사를 위한 지침서가 명확하고 체계적으로 제시되어 있는 것이 특징이다. 효율적 부모역할을 위한 체계적 훈련(STEP) 프로그램은 크게 부모로서의 능력 향상을 위한 구체적인 내용과 자녀의 행동발달 이해를 돕기 위한 내용으로 구성되어 있으며, 전자는 부모에게 요구되는 양육의 원리와 기술을 의미하며, 후자는 자녀의 긍정적인 행동목표의 초점으로 되어 있다. 프로그램의 진행은 각 단원에서 중요하게 다루는 이론을 설명하고 질문과 교재를 읽고 토론하며, 각 단원 마지막 끝에는 금주 활동에 대한 문항이 기록되어 있어서 배운 내용을 집에서도 연습할 수 있도록 되어 있다(Dinkmeyer & Mckay, 1976). 이를 위해 효율적 부모 역할을 위한 체계적 훈련(STEP) 프로그램은 총 9장으로 구성되어 있으며, 그 내용을 구체적으로 살펴보면 다음과 같다.

표 7-8 부모 역할을 위한 체계적 훈련(STEP) 프로그램의 구성과 내용

구분	제목	내용
1장	자녀행동의 이해	부모의 민주적인 양육태도는 인간의 존엄성과 가치에 있어서 아이도 성인과 동등하다는 것을 강조한다.
2장	자녀와 부모 자신의 이해	자녀와 부모 자신에 대한 올바른 이해를 위해서는 자녀의 잘못된 행동목표뿐만 아니라 자녀가 사용하는 정서나 생활방식, 부모 자신이 완벽한 부모인지, 책임 있는 부모인지에 대한 인식도 필요하다.
3장	격려: 자신감과 자아존중감 길러주기	자녀에게 자신감과 가치감을 길러주는 목적은 통제나 벌을 가하지 않고 자녀로 하여금 바람직한 행동을 하도록 하는 것이다.
4장	의사소통: 반영적 경청	부모의 효과적인 의사소통은 효과적인 경청을 통해서 가능하다. 부모의 권위적이고 인습적인 태도는 효과적인 의사소통을 방해하는 주된 요인이다. 효과적인 의사소통기술 중 경청의 기법은 자녀의 생각과 감정을 반영하는 개방적이고 반영적인 경청(reflective listening)이 권장된다.
5장	의사소통: 대안 찾기와 나-전달법	자녀와의 문제에 있어서 자녀가 문제를 지닌 경우에는 반영적 경청이 효과적이며, 부모가 문제를 소유하고 있을 경우에는 부모의 감정을 표현하는 나-전달법을 사용하는 것이 효과적이다.

구분	제목	내용
6장	책임감 훈육방법	자녀를 양육할 때 부모들은 권위를 사용하여 보상과 처벌을 통한 훈육방법을 쓰는 경우가 있는데, 이러한 방법은 부모와 자녀 간의 상호존중의 관계를 방해하며 자녀의 책임감 형성에도 저해요인이 된다. 따라서 자녀 스스로 행동에 책임을 지도록 하는 방법으로는 자연적 귀결과 논리적 귀결을 경험하게 하는 것이 효과적이다.
7장	자연적 귀결과 논리적 귀결의 활용	자연적 귀결은 자연적인 상황에서 아이 스스로 자신의 행동에 대한 결과를 경험할 수 있도록 하는 방법이다. 부모가 방해하지 않는다면 아이들이 일상생활에서 자신의 행동에 대한 결과를 자연스럽게 경험할 수 있다. 논리적 귀결은 행동에 대한 결과가 아이의 행동으로 인해 자연스럽게 일어나는 것이 아니라, 다른 사람이나 부모에 의해 정해지는 방법이다.
8장	가족모임	민주적 가족관계는 가족 구성원 모두가 의사결정과정에 참여할 기회를 가질 때 가장 효과적으로 성립한다. 또한 가족 모임은 가족 구성원이 정기적으로 갖는 모임으로서 부모와 자녀 간의 원활한 관계를 형성하는 데 필수적이다.
9장	자신감 배양과 잠재력 발휘	효과적이고 민주적 행동의 부모는 자녀를 훌륭하게 양육하며 자신감을 배양하고 잠재력을 신장시키기 위한 노력이 필요하다. 따라서 부모는 자녀를 양육하는 과정에서 자신감을 위축시키고 잠재력을 약화시키는 자기패배적 신념을 경계해야 한다.

(5) 적극적 부모 역할훈련(APN)

적극적 부모 역할훈련(Active Parenting Now: APN) 프로그램은 우리의 자녀들이 그들이 살고 있는 사회 안에서 생존하고 번영하기 위해 필요한 자질인 협동심, 용기, 책임감, 자아존중감을 길러주어 독립적인 인간으로 살 수 있도록 보호하고 준비해주는 것을 목적으로 하고 있는 프로그램이다. 이러한 목적을 효율적으로 달성하기 위해서 부모 자신의 자아존중감과 양육태도, 의사소통패턴을 점검해보고, 문제해결, 분노감정 다루기, 가족화목 활동, 기술 가르치기 등 다양한 기술과 기법을 교육 훈련하게 된다. 훈련이라는 개념을 쓰는 것은 효율적인 자녀 양육기술과 기법들이 익숙해질 때까지 연습하도록 과제를 부과하고 점검한다는 의미에서 훈련이라는 의미를 쓰고 있다.

적극적 부모 역할훈련(APN) 프로그램의 세부 목표를 구체적으로 살펴보면, 첫째, 자녀의 행동에 적절한 한계를 설정함으로써 사회에서의 적응능력을 높인다. 둘째, 자녀의 잘못된 행동목표에 대한 인식을 높인다. 셋째, 격려를 통해 자녀의 용기를 북돋운다. 넷째, 자연적 귀결과 논리적 귀결의 방법을 사용함으로써 책임감을 향상시킨다. 다섯째, 자녀에게 협력을 유도할 수 있도록 돕는다. 여섯째, 민주적인 가족분위기를 형성하도록 돕는다.

적극적 부모 역할훈련 프로그램은 1983년 'Active Parenting Today' 프로그램에서 2007년 'Active Parenting Now'으로 수정 보완되었다. 수정된 적극적 부모 역할훈련(APN) 프로그램은 보살핌을 제공하는 자로서 자신을 보살피기를 통해 부모 자신의 자아존중감과 부모가 스스로 자신을 관리하도록 하는 내용이 추가되었다. 또한 자녀와의 대결구도를 다루는 느슨한 대결방법, 자녀의 강점을 구축하는 방법, 가족 인물 콜라주 만들기, 사회문제화되고 있는 위험요소인 마약, 성, 폭력에 대해서도 추가되었다. 시대의 변화에 걸맞게 더 다양하게 수정 보완되고 비디오 출연자와 구성 또한 새로워졌다. APN 프로그램은 강의, 비디오시청, 토론과 소감 나누기 활동, 역할놀이, 피드백 등 다양한 교수법을 적용하고 있다. 비디오에는 서양인, 흑인, 동양인과 정상가정, 편부모가정, 혼합가정이 등장하는데, 인종과 문화가 다르더라도 자녀교육에서 부딪치는 문제는 공통점이 많기 때문에 다양한 가족 유형을 보면서 여러 가지 도움을 받을 수 있다. 세계화 추세 속에서 민주시민으로서의 자질을 길러 주기 위해 APN 프로그램에서는 가족화목활동과 생활인의 기술 가르쳐주기 및 민주적인 의사결정능력과 발표력을 길러주는 가족회의방법도 제시하고 있다. 적극적 부모역할 프로그램의 교육내용을 살펴보면 〈표 7-9〉와 같다.

표 7-9 적극적 부모 역할훈련 프로그램 구성표

주제	소주제
적극적인 부모	• 자녀양육방식 • 우리가 키우고자 하는 아이들은? • 한계 내에서의 자유 • 가족을 강화시키기 위한 활동

주제	소주제
자녀 이해하기	• 행동의 기본원리 • 잘못된 행동목표 • 부모역할과 분노 • 자아존중감 발전시키기
용기 북돋우기	• 용기를 잃게 하는 행동 피하기 • 격려의 네 가지 방법 • 격려의 활용 활동
책임감 개발하기	• 문제가 되는 사람은 누구인가? • 나–전달법 • 자연적 귀결과 논리적 귀결 • 상호존중
협력 구하기	• 의사소통의 장애 피하기 • 적극적인 의사소통 • 감정 경청하기 • 애정 표현하기
민주적인 가정	• 가족회의 • 집단에서의 부모역할 논의하기 • 가족단위 강조하기 • 우리 의식 함양하기

(6) 자녀의 힘을 북돋우는 부모(EPT)

우리나라에서도 부모교육의 중요성이 인식되면서 많은 부모교육 프로그램들이 개발되었으며, 그중 하나가 한국청소년상담원에서 1993년부터 개발 보급하고 있는 '자녀의 힘을 북돋우는 부모(Empowering Parent Training: EPT)' 교육 프로그램이다. 즉, 1993년 '자녀의 힘을 북돋우는 부모'라는 총론이 개발된 이후 1994년에 '자녀의 힘을 북돋우는 대화', '바른 행동의 길 다지기' 프로그램이 개발되었고, 1995년에 '생활의 기틀 세우기', '어울려 사는 지혜 기르기', 2005년에 '자녀와 함께 성장하는 부모' 등의 프로그램들이 개발되었다.

자녀의 힘을 북돋우는 부모(EPT) 프로그램은 전통사회에서부터 실천해오던 자녀교육방식을 구식이라고 하여 소홀하게 다루고 동시에 서구의 자녀교육방식은 문화적인 차이로 토착화되지 못함으로써 현재의 부모들이 느끼는 어려움과 혼란을 해결하고자 하는 취지에서 프로그램을 개발하였다. 또한 프로그램의 개발과정에서 어느 한 학문 분야에 치중하기보다는 학제적인 입장을 취하고 있으며, 동서양의 문화적 차이를 감안하여 우리나라의 현실에 적절한 자녀양육의 지침을 마련하는 데 주력하여 개발된 프로그램들이다(권화숙 외, 2018). 자녀의 힘을 북돋우는 부모(EPT) 프로그램의 목표 〈표 7-10〉 및 구체적인 구성과 내용을 살펴보면 〈표 7-11〉과 같다.

표 7-10 부모(EPT) 프로그램의 목표

- 자녀교육을 위해 부모의 지속적인 변화와 성장의 필요성에 대한 인식을 강조한다.
- 부모-자녀관계에서 필수적인 대화의 원리를 제시한다.
- 자녀의 행동지도의 원리와 방법에 대한 지침을 제시한다.
- 기본생활습관 정립의 방법을 제시한다.
- 어울려 사는 삶의 모습과 원리를 제시한다.
- 자녀와 함께 성장하는 부모의 모습을 제시한다.

표 7-11 부모(EPT) 프로그램의 구성과 내용

구분	내용
총론: 자녀의 힘을 북돋우는 부모	자녀의 힘을 북돋우는 부모(EPT) 라는 총론 프로그램은 1993년에 개발되었으며, 이 프로그램에서는 올바른 부모역할의 기본 방향과 자녀의 발달단계에 필요한 바람직한 양육방법을 제시하고 있는 것이 핵심이다.
자녀의 힘을 북돋우는 대화	본 프로그램은 1994년도에 개발되었으며, 이 프로그램에서는 부모-자녀 간에 효율적인 상호작용이 이루어지도록 대화의 원리를 학습하고 구체적인 사례를 통해 기술을 습득하도록 구성되어 있다. 대화는 말하는 기술보다도 태도가 더 중요하며, 부모의 생각을 자녀에게 주입시키지 않도록 하며, 부모 자신과 자녀의 마음을 충분히 검토하여 상호 간에 타협점을 모색하는 것을 전제로 하고 있다.
바른 행동의 길 다지기	본 프로그램은 1994년에 개발되었으며, 이 프로그램에서는 자녀 스스로 자제하며 책임을 질 줄 아는 자녀로 성장시키기 위해 필요한 행동지도의 원리와 방법들을 제시하고 있다. 이를 위해 가르치기, 다지기, 바로잡기의 세 가지 원리를 강조하고 있다. 가르치기는 어떤 행동은 해야 하고 어떤 행동은 하지 말아야 하는지를 알려주는 것이고, 다지기는 자녀의

구분	내용
	바른 행동을 숙달시키고 이를 굳혀 나가기 위해 적절한 상과 격려를 해주는 것을 의미하며, 바로잡기는 자녀의 어긋난 행동을 바로잡아 올바른 행동으로 이끌어 주는 것을 말한다.
생활의 기틀 세우기	본 프로그램은 1995년에 개발되었으며, 이 프로그램에서는 자녀가 사회생활에 원만하게 적응하고 인류공동체에 어울려 사는 삶을 준비하기 위해 기본적인 생활습관을 어려서부터 몸에 익혀서 자연스럽게 실천하도록 생활의 기틀을 세우는 방법을 제시한다.
어울려 사는 지혜 기르기	본 프로그램은 1995년에 개발되었으며, 이 프로그램에서는 가족이나 친구, 이웃, 자연환경과 바람직하게 어울려 사는 모습과 방법을 다루고 있다. 어울려 산다는 것은 관계 속에서 질서를 지키며 서로를 존중하고 갈등을 건설적으로 해결하며 서로의 성장을 돕는 것이다.
자녀와 함께 성장하는 부모	본 프로그램은 2005년에 개발되었으며, 이 프로그램에서는 청소년 자녀를 둔 부모를 대상으로 하며, 15명 이하의 소규모 집단으로 진행된다. 이 프로그램의 목적은 부모의 자기 성장과 자질 향상을 통해 부모-자녀관계의 발전을 도모하는 것이다. 이 프로그램은 인간중심상담이론의 인간관계에 근거하고 있으며, 자녀의 청소년기에 부모가 맡아야 될 가장 중요한 역할이 '상담자' 역할을 하는 것이라는 전제에서 출발한다. 그런 의미에서 이 프로그램은 부모들을 대상으로 한 준상담자 교육 프로그램이라고도 할 수 있다. 즉, 이 프로그램을 통해 부모들은 자녀를 상담자의 시각으로 보고 상담자의 마음으로 대하는 것을 배우게 된다.

(7) 존중받는 아이 함께 크는 부모

"존중받는 아이 함께 크는 부모" 프로그램은 2015년 중앙육아종합지원센터에서 개발하여 현재 각 지역의 육아종합지원센터에서 부모들을 대상으로 실시되고 있는 프로그램이다. 존중받는 아이 함께 크는 부모교육 프로그램은 체계적인 부모교육을 진행함으로써 가정양육을 담당하고 있는 부모들의 바람직한 부모 역할 정립 및 양육기능을 강화하여 영유아 부모의 강점과 긍정적 가치를 발견하고 존중받는 아이로 양육할 수 있도록 돕는 데 있다. 즉, 부모들에게 부모로서 자기조절능력을 키우고 영유아를 존중하는 양육방법의 기술을 향상시킴으로써 부모로서의 인성을 함양하고자 하는 데 그 목적이 있다.

존중받는 아이 함께 크는 부모교육 프로그램은 자녀를 단순히 보호와 훈육의 대상으로 보는 시각에서 나아가 아무리 어린아이이라도 그 나름의 생각이 있으며, 온몸으로 표현하고, 발달단계에 따라 생존기술이 성장되어 가는 능력 있는 존재로 보는 것이 중요하다는 존중의 관점을 가지고 있다. 즉, 아이는 자신의 주변과 상황에 대하여 이해하고 해석하며, 판단할 수 있는 능력을 가진 독립적인 인격체로 인정한다. 이런 관점으로 아이를 바라보고 아이의 감정, 생각, 요구, 바람을 존중하며, 자녀를 양육하도록 교육시키기 위한 내용들로 구성되어 있다. 존중받는 아이 함께 크는 부모교육 프로그램은 영아 편과 유아 편으로 구성되어 있으며, 그 내용은 〈표 7-12〉와 같다.

표 7-12 존중받는 아이 함께 크는 부모교육

구분	영아 편	유아 편
Ⅰ. 아이를 잘 키울 수 있을까요?	• 어렵고 힘든 과제, 양육 • 부모와 아이 모두 행복한 자녀존중 양육 • 양육, 세상에서 가장 성스러운 즐거움	• 어렵고 힘든 과제, 양육 • 부모와 아이 모두 행복한 자녀존중 양육 • 양육, 세상에서 가장 성스러운 즐거움
Ⅱ. 우리 아이 잘 자라고 있나요?	• 건강하게 태어나기만 바랄 뿐이에요 • 뱃속에 있을 때가 제일 편했어요 • 아이의 마음을 알고 싶어요 • 언제쯤이면 대화가 될까요? • 아직 어린데 뭘 알까요?	• 유아기(만 3~5세) 신체운동발달 • 유아기(만 3~5세) 사회정서발달 • 유아기(만 3~5세) 언어발달 • 유아기(만 3~5세) 인지발달
Ⅲ. 알아도 막상 현실에서는 어려워요	• 영아기(0~12개월) 양육사례, 함께 풀어보아요 • 영아기(13~36개월) 양육사례, 함께 풀어보아요	• 유아기(만3~5세) 양육사례, 함께 풀어보아요
Ⅳ. 어떻게 하면 우리 아이의 웃음을 더 많이 볼 수 있을까요?	• 삼시 세끼 이상의 놀이밥을 챙겨요 • 놀이밥 레시피로 놀이밥 영양사가 되어요 • 아빠놀이는 감칠맛이 있어요	• 삼시 세끼 이상의 놀이밥을 챙겨요 • 놀이밥 레시피로 놀이밥 영양사가 되어요 • 아빠놀이는 감칠맛이 있어요
Ⅴ. 도움을 받는다면 더욱 힘이 날 것 같아요	• 우리 동네에 뭐가 있을까 찾아봐요 • 어린이집과 함께 아이를 키워요 • 인터넷에서 얻는 육아 정보에 신중하세요 • 부모의 참여는 자녀양육의 디딤돌이 돼요	• 우리 동네에 뭐가 있을까 찾아봐요 • 어린이집과 함께 아이를 키워요 • 인터넷에서 얻는 육아 정보에 신중하세요 • 부모의 참여는 자녀양육의 디딤돌이 돼요

Chapter 08

유아교육과 교사

08 Chapter

유아교육과 교사

배울 내용

1. 유아교직의 전문성
2. 유아교사의 역할과 자질
3. 유아교사 양성과정
4. 유아교사 현직교육

학습목표

1. 유아교직의 전문성을 이해한다.
2. 유아교사의 다양한 역할과 자질을 이해한다.
3. 우리나라의 유아교사 양성과정을 이해한다.
4. 유아교사 현직교육과정을 이해한다.

유아교육의 질을 결정하는 데 교사의 역할은 매우 중요한 요인으로 설명된다. 이 장에서는 유아교육에서 가장 핵심적인 요소인 유아교사의 전문성을 이해하고 유아교사의 역할과 자질을 점검해보고자 한다. 또한 우리나라의 유아교사 양성과정과 재교육제도를 알아본다. 이를 통하여 교육현장에서 드러나는 유아교사의 모습과 교사양성과정에 대한 고찰을 통해 전문적이고 유능한 유아교사의 자세를 확립할 수 있도록 한다.

1 유아교직의 전문성

가정에서의 자녀에 대한 교육과 책임이 강조된 과거와 달리 교육의 사회적 책임과 초기경험의 중요성 등 유아교육의 중요성이 강조되면서 유아교사의 전문성에 대한 다양한 논의가 이루어졌다.

유아기는 다른 어느 시기보다 교육환경에 의한 영향을 많이 받으며 교육환경 중에서도 교사는 유아에게 영향을 미치는 인적 환경으로서 가장 중요한 요인이 된다. 그러므로 어린 유아를 대상으로 하는 교육에서 교사가 유아의 발달과 학습에 미치는 영향은 다른 무엇보다도 크다고 할 수 있는데, 이는 유아교육이 지식전달이 주가 아니라 유아의 전인적 성장을 목적으로 하기 때문에 더욱 그렇다. 오늘날과 같이 급속도로 변화하는 사회 속에서 우리 사회의 어떤 영역들도 전문성 없이는 효과적으로 직무를 수행할 수 없게 되었으며 따라서 유아교육교사들의 전문성에 대한 요구는 필연적으로 대두되었다.

일반적으로 전문직(profession)이란 특정 분야에서 요구되는 고도의 지식과 이를 소화하는 능력, 자격증, 자율성, 윤리강령, 자신의 권익을 보호할 수 있는 단체 등의 특성을 요구한다(박은혜, 2015). 이러한 전문직의 특성을 유아교직이 가지고 있느냐에 대한 논의는 꾸준히 되고 있다. 구체적으로 유아교사직이 전문직이 아니라고 하는 학자들은 전문화된 지식이 타 전문직보다 상대적으로 부족하고 전문직으로서의 낮은 사회적 인식과 사회적 지위와 경제적 대우가 낮다고 주장한다. 또한 교사 스스로 전문직이라는 인식이 부족하고 의사결정 시 교사의 자율성이 제한되며 이직률이 높은 특성을 전문직으로 보기 어려운 이유로 든다(임부연 외, 2014).

그럼에도 불구하고 유아교사직을 전문직으로 보는 입장은 다음과 같다. 페니(Feeny, 1983)는 유아교사의 역할이 유아들에게 광범위한 지식을 전달하며 긍정적인 자기 인식을 하도록 돕고 유아의 발달과 학습에 관한 지식과 신념이 필요하며 유아교육에 대한 전문적 지식을 현장에서 사용하고 있으며, 교사들이 유아를 위한 프로그램의 선택을 위해 필요한 지식과 기술을 지속적으로 취득해야 한다는 점에서 전문직이라고 보고 있다. 브라우디(Broudy, 1984)나 힐더브랜드(Hilderbrand, 1979)도 유아교사는 교수기술이나 교실운영과 같은 업무뿐 아니라 진단, 의사결정 및 판단 등과 같은 역할을 소화해 낼 지식이 필요한 전문인으로 정의하였다(이은화 외, 1995 재인용).

박은혜(2015)는 유아교사직의 특성을 어린 연령의 유아들을 대상으로 하는 직업이며 가장 중요한 시기에 그 기초를 닦아주는 매우 중요한 역할을 하는 사람으로 정의한다. 또한 유아들의 전인적 발달을 도와주고 가르치는 일과 돌보는 일을 조화롭게 유지해야 하는 직업으로 결론적으로 유아교사직은 전문직이라고 정의하였다. 다양한 학자들의 의견을 바탕으로 유아교사직의 일반적인 전문적 특성과 현대 사회에서 요구하는 유아교사의 전문성을 살펴보면 〈표 8-1〉, 〈표 8-2〉와 같다.

표 8-1 유아교사직의 특성

- 유아교육은 유아발달과 교육에 대한 전문적인 지식을 요구한다. 유아교사들은 유아발달에 대한 지식, 교육과정운영과 평가에 대한 지식, 물리적 환경구성에 대한 지식을 가지고 있어야 하며, 교육활동 수행능력 등 교수-학습에 대한 기술적 지식도 가지고 있어야 한다. 이러한 다양한 지식과 이해를 가지고 현장에서 직접적으로 역할 수행을 해야 하는 실천적 전문가이다.
- 유아교사들은 교육과정을 운영하고 실행하는 데 자율적인 의사결정을 하며 책임이 요구된다.
- 유아교사가 되기 위해서는 국가 수준의 자격증이 필요하고 자격증이 없이는 현장에 취업할 수 없으며 자격증 취득을 위한 일정수준의 교육과정을 이수해야 한다. 교사가 된 후에도 지속적으로 현직교육 등을 통해 전문성을 유지한다.

- 유아교사를 위한 전문교직단체가 있으며 이들 단체를 통하여 교권 신장 및 교원 복지의 증진, 전문성을 고양하고 있다. 또한 유아교육은 실천적 학문으로서 실제현장에서의 교사의 자율성이 크기 때문에 옳고 그름에 대한 구체적이고 명확한 윤리강령(사도강령, 사도헌장, 보육시설장 · 교사 윤리강령 등)을 발표하였다.
- 유아교육에 대한 공적인 책임이 증가하고 교사들의 처우나 근무시간에 대한 논의가 계속되고 있다.
- 유아교사는 유아와 관계하는 것 이상으로 부모, 지역사회 등과 다양하게 관계한다. 이는 유아교육의 본질적인 역할이다. 유아를 둘러싼 다양한 환경인 부모, 가정, 지역사회의 요구를 반영한 교육과정운영, 부모교육 등을 통한 성인교육, 지역사회 자원의 이용 등을 통하여 사회적으로 기여하는 역할을 담당하고 있다.

표 8-2 전문직의 특성과 유아교사직의 전문적 특성

전문직의 특성	유아교사직의 전문성
고도의 전문화된 지식과 능력	유아교육과 아동발달에 대한 전문적 지식과 교수학습방법에 대한 지식
전문교육과 자격증	교사양성교육을 통한 국가자격증 습득, 다양한 현직교육을 통한 전문성 신장
자율성과 책임감	교육과정운영 및 학급관리의 자율성 보장, 책임감
사회적 지위와 경제적 보상	유아교육기관평가, 교사복지 관련 지원 및 유아교육의 공적 책임 증가
윤리강령	사도강령과 사도헌장, 보육시설장 · 교사 윤리강령
권익보호단체	유아교사의 교권 신장과 복지 증진, 교사의 전문성 고양을 위한 전문교직단체 설립 및 가입
사회적 봉사 및 기여	지역사회의 요구를 반영한 교육과정, 부모교육을 통한 성인교육, 지역사회봉사 등 유아를 둘러싼 다양한 환경과 관계를 맺음

2 유아교사의 역할과 자질

1) 유아교사의 역할

유아교사의 역할은 시대와 사회에 따라 그 관점이 변화되고 있다. 과거의 유아교육은 가정에서 어머니의 책임으로 이루어지는 것으로 생각해왔었다. 그러나 산업사회로

의 발전과 유아기 경험의 중요성이 대두되면서 유아교사의 역할이 가르치는 것으로서 더욱 강조되기 시작하였다. 유아교육기관에 다니는 유아들의 연령이 하향화하고 기관에 머무는 시간이 증가하면서 교육에 대한 역할과 더불어 건강과 안전을 보호하는 역할이 가정뿐만 아니라 기관에서도 요구되고 있다. 따라서 유아교사는 전문적인 지식과 기술을 가지고 전달해야 함과 동시에 부모를 대신한 양육자의 역할도 중요하게 부각되고 있다.

역할이란 사회의 어떤 지위에 있는 사람에게 사회가 공통적으로 기대하는 행동 유형으로 유아교사의 역할은 유아교육을 위해 교사에게 기대하는 행동 및 태도를 의미한다(박은혜, 2015). 유아교사의 역할은 사회, 문화, 제도 등 시대적 변화에 따라 달리 규정되고 정의되고 있다. 캐츠(Katz, 1970)는 유아교사의 역할을 모친 모형(maternal model), 치료 모형(therapeutic model), 교수 모형(instructional model)으로 구분하였다. 모친 모형은 유아들을 안전하고 편안하며 행복하게 하는 역할을 의미하며, 치료 모형은 유아들이 자신의 감정을 표현하도록 도우며 긴장을 풀어 주며, 내적인 갈등을 해결하도록 돕는 역할을 의미한다. 교수 모형이란 유아에게 지식과 정보를 전달하고 유아들이 기술을 발달시키도록 하는 역할을 의미한다. 이 중 과거에는 교사에게 모친 모형을 강조하였으나 근래에는 과거만큼 강조되고 있지는 않으며, 오히려 유아교사의 전문적인 역할 수행이 지지되면서 교수 역할과 어머니의 역할을 구분짓게 되었다(Katz, 1980).

스포덱(Spodek, 1985)은 유아교사의 역할을 양육 역할(nurturant role), 교수 역할(instructional role) 및 관련적 역할(relational role)로 구분하였다. 스포덱의 견해에서 특별한 점은 교사의 관련적 역할이다. 이는 교사가 유아와의 상호작용을 통해서 유아를 안내하고 그들에게 도움을 주는 역할을 의미한다. 또한 그는 교사가 양육 역할에 너무 치중하다 보면 다른 교육적 요구들이 무시될 수 있으므로 주의해야 한다고 주장한다.

이은화(1985)는 유아교사의 역할로 환경 제공자, 관찰자, 프로그램(학습) 계획자, 연구자, 부모교육 담당자, 평가자 및 유아의 요구에 반응하는 역할 등 일곱 가지로 보았다. 이은화(1985)가 제시한 유아교사의 역할 중 중요한 특성은 연구자로서의 교사의 역할이다. 이는 교사의 전문성 발전을 위해 매우 필요한 부분으로 현재 관심이 높아지고 있는 교사의 역할이다. 다만 현실적으로 시간 · 경비 · 도구 등의 지원 상 어려움이 있어 현장에서의 실행에 문제가 있다. 쉬케단츠 등(Schikedanz, York, Swart & White, 1990)은 유아교사의 역할을 지식전달자, 교육과정 계획 · 조직 · 평가자, 훈육자, 의사결정자의 역할로 분류하였다. 특별히 의사결정자의 역할은 교사가 항상 유아를 관찰함으로써 이를 프로그램 수정에 반영하고 기본적인 프로그램이 설정되면 언제, 어디서, 어떻게 상호작용할 것인지를 결정하는 역할을 의미하는 것으로 교사의 역할 중 가장 중요한 것으로 보았다. "2007년 개정 유치원 지도서 총론"에서는 유아교사의 역할을 교육과정 설계자, 일과 계획 및 운영자, 상담자 및 조언자, 생활지도자, 현장연구자, 행정 업무 및 관리자, 의사결정자, 동료와의 협력자로 제안하여 설명하고 있다. 이와 같이 유아교사의 역할은 다양한 역할을 수행함을 알 수 있다. 유아교사의 역할을 양육의 역할과 교육담당자의 역할, 구성원의 역할로 나누어 살펴보면 다음과 같다.

(1) 양육의 역할

양육담당자로서의 역할은 유아를 보호하고 사랑하며 훈육하는 역할을 하는 것을 의미한다. 유아교사는 유아와 긴밀한 상호관계를 형성하고 애착관계를 형성하게 된다. 이는 유아가 심리적인 안정감과 신체적인 편안함을 느낄 수 있도록 해주어야 한다는 것을 의미한다.

(2) 교육담당자의 역할

교육담당자의 역할이란 적극적으로 유아를 교육하는 역할임을 의미한다. 유아교사는 교실환경을 구성하고 학습을 계획하며 이를 수행하고 평가하여 학습능력과 지적 성취감을 향상시킨다. 교육담당자의 역할은 관찰자, 교육과정 계획자, 교육활동 조직자로서의 역할이 있다.

- **관찰자**: 교사는 유아의 개인적인 능력이나 요구, 개인차를 파악하여 개별화된 교육을 수행하여야 한다. 관찰은 유아의 발달에 대한 정보를 제공해줌으로써 발달에 적합한 활동을 계획하고 문제점을 밝혀낼 수 있다.
- **교육과정 계획자**: 교수의 가장 중요한 학습활동의 계획 및 조직, 평가에 이르는 일련의 과정을 계획하고 수행하는 것이다.
- **교육활동 조직자**: 유아들의 학습을 적절히 계획하고 상호 작용하고 적절한 환경을 제공하여 유아의 학습을 보조해주는 역할을 한다.

(3) 구성원의 역할

유아교사는 유아교육기관의 구성원으로서 유아교육기관의 활동 및 의사결정에 참여하게 된다. 유아교사는 한 유아교육기관의 일원일 뿐만 아니라 한 지역사회의 성원으로서의 역할을 담당해야 함을 의미한다.

2) 유아교사의 자질

유아교사가 갖추어야 할 자질로 수업기술이나 인성적 태도, 정서 등 다양한 요소를 들 수 있다. 유아교사의 역할을 수행하기 위해 갖추어야 할 유아교사의 자질을 개인적 자질과 전문적 자질로 나누어 살펴보고자 한다.

(1) 개인적 자질

유아교사에게 요구되는 개인적 자질은 일반적으로 건강한 신체와 정신, 인간에 대한 사랑, 온정적인 성품과 의사소통능력, 성실성, 창의성, 융통성 및 열정 등이 있다〈표 8-3〉.

표 8-3 유아교사의 개인적 자질

구분	특성
건강한 신체와 정신	하루의 대부분의 시간을 유아와 함께하며 유아의 요구에 반응하고 교수-학습활동을 제공해야 하는 교사의 건강한 신체는 교사가 갖추어야 할 기본이 된다. 신체적으로 건강한 교사는 유아의 다양한 요구에 민감하게 반응할 뿐만 아니라 정신적으로도 안정되어 긍정적인 태도로 유아들을 대할 수 있게 된다.
인간에 대한 사랑	유아교사는 유아를 존중하고 사랑하는 것은 물론 인간에 대한 관심을 가지고 나아가 생명체나 인간에 대한 이해하는 태도를 가져야 한다. 이러한 태도는 유아의 생각이나 느낌 반응 등을 소중히 하고 수용해줌으로써 긍정적인 성격 형성에도 영향을 준다. 또한 부모와 동료 등의 관계에서도 다른 사람의 입장을 고려하고 우호적이며 협력하는 태도로 원만한 인간관계를 맺고 유지하는 데에도 영향을 미친다.
온정적인 성품	유아교사의 온정적인 성품은 유아의 성격 형성이나 정서에도 영향을 준다. 성실하고 온정적인 성품은 유아를 있는 그대로 수용하고 인정하고 존중해주는 능력을 가진 사람이다. 이러한 태도 안에서 유아들은 정서적 안정감을 느끼게 된다.
성실성과 인내심	유아교사들은 성실성과 인내심이 요구된다. 교사의 성실하고 열성적인 태도는 유아들에게 좋은 본보기가 될 수 있으며 유아교육의 전문성을 고취하고 효과적인 교육방법을 탐색하는 태도는 자신을 발전시키는 좋은 덕목이 된다.

(2) 전문적인 자질

교사의 전문적인 자질은 역할수행에 직접적인 영향을 미칠 수 있는 자질이다. 유아교사에게 요구되는 전문적 자질은 교사 역할을 수행하기 위한 유아발달에 대한 지식뿐만 아니라 이를 실천하는 교수기술 그리고 교육관과 직업윤리로 나누어 볼 수 있다〈표 8-4〉.

표 8-4 유아교사의 전문적인 자질

구분	특성
전문적인 지식	유아교사는 유아의 성장·발달과 유아교육에 대한 전문적인 지식을 가지고 있어야 한다. 교사들은 유아발달에 대한 지식과 더불어 이를 실천하고 적용할 수 있는 교수-학습지도과정 및 평가에 대한 지식을 가지고 있어야 하며, 사회문화에 대한 일반 교양지식도 가지고 있어야한다.

구분	특성
교수기술	유아교사는 교육과정을 계획하고 실천하고 평가하는 능력이 있어야 한다. 또한 교수-학습과정에서 교재교구를 제작하고 효과적으로 활용할 수 있는 기술도 갖추어야 한다. 특히, 효과적인 의사소통의 기술을 가지고 부모 및 관련 전문기관과의 상호작용이 필요하다.
올바른 교육관과 직업윤리	유아교사는 교사로서의 철학이 있어야 한다. 유아교육에 대한 역사와 아동관 등의 이론을 바탕으로 유아와 교육에 대한 바람직한 자신의 철학을 가지고 있어야 한다. 또한 자신의 전문성을 함양하기 위한 노력을 해야 하며 교육에 대한 직업윤리를 가지고 있어야 한다. 이를 통하여 동료들과 협동하고 사회에 봉사하는 교사로서의 소명감을 가져야 한다.

3 유아교사 양성과정

우리나라의 유아교육기관은 유치원과 어린이집으로 이원화되어 있으며 유아교사도 유치원교사와 보육교사로 구분된다. 유아교사가 되기 위해서는 유치원은 유치원 정교사 자격증, 보육교사는 보육교사 자격증이 있어야 한다. 교사 양성과정의 주무부처 또한 교육부와 보건복지부로 나누어져 있으며, 「유아교육법」과 「영유아보육법」에 각각 자격기준이 명시되어 있다. 유아교사 양성과정을 유치원교사 양성교육과정과 보육교사 양성교육과정으로 나누어 살펴보면 다음과 같다.

1) 유치원교사 양성과정

우리나라의 유치원교사는 1915년 이화학당에 2년 과정의 유치원 사범과가 설치되면서 시작되었다. 현재 우리나라의 유아교사는 4년제 대학 유아교육과 및 관련 학과, 2~3년제 전문대학 유아교육과 및 관련 학과, 교육대학 심화과정, 방송통신대학 유아교육과, 교육대학원 등에서 양성되고 있다. 유치원 정교사 자격증을 취득하기 위해서는 교과교육 8학점을 포함한 전공교과목 50학점과 교육실습 4학점을 포함한 교직과목 22학점을 이수해야 한다〈표 8-5〉.

표 8-5 유치원 정교사 자격검정을 위한 이수 교과목

<table>
<tr><th colspan="2">구분</th><th>교과목</th><th>이수학점</th></tr>
<tr><td rowspan="2">전공
(50학점)</td><td>기본이수과목</td><td>유아교육론, 유아교육과정, 영유아발달과 교육, 유아언어교육, 유아과학교육, 유아수학교육, 유아미술교육, 유아음악교육, 유아교사론, 유아동작교육, 유아놀이지도, 유아교육기관운영관리, 아동복지, 유아건강교육, 유아관찰 및 실습, 부모교육, 유아안전교육</td><td>21학점 이상,
7과목 이상</td></tr>
<tr><td>교과교육</td><td>유아교육론, 유아교재연구 및 지도법, 유아논리 및 논술</td><td>8학점 이상,
7과목 이상</td></tr>
<tr><td rowspan="3">교직
(22학점)</td><td>교직이론</td><td>교육학개론, 교육철학 및 교육사, 교육과정, 교육평가, 교육방법 및 교육공학, 교육심리, 교육사회, 교육행정 및 교육경영, 생활지도 및 상담, 기타 교직이론에 관한 과목</td><td>12학점 이상,
6과목 이상</td></tr>
<tr><td>교직소양</td><td>특수교육학개론, 교직실무, 학교폭력예방 및 학생의 이해</td><td>6학점 이상,
3과목 이상</td></tr>
<tr><td>교육실습</td><td>학교현장실습(2학점 이상), 교육봉사활동(2학점 이내포함)</td><td>4학점 이상</td></tr>
</table>

출처: 교육부(2018). 2018학년도 교원자격검정실무편람.

유치원의 교원은 원장, 원감, 교사로 구분되며 자격증은 대통령령으로 정하는 바에 따라 교육부장관이 검정하고 수여하는 국가자격증이다. 「유아교육법」에 따르면 유치원 교사는 1급, 2급, 준교사로 구분되며 공립유치원에는 수석교사직이 신설되었다. 현재 유아교사의 자격기준은 「유아교육법」 제22조(법률 제14567호, 2018. 2. 8) 및 별표 1, 2에 명시되어 있다. 또한 자격 검정에 대한 세부사항은 「교원자격검정령」(1993. 6. 16. 대통령령 제13909호)과 「교원자격검정 시행규칙」(1993. 6. 17. 교육부령 제634호)에서 제시하고 있다. 이를 정리하면 〈표 8-6〉과 같다.

표 8-6 유치원 원장 · 원감 · 교사 자격기준

학교별＼자격	자 격 기 준
원장	1. 유치원의 원감자격증을 가지고 3년 이상의 교육경력과 소정의 재교육을 받은 자 2. 학식 · 덕망이 높은 자로서 대통령령*이 정하는 기준에 해당한다고 교육부장관의 인정을 받은 자
원감	1. 유치원 정교사(1급)자격증을 가지고 3년 이상의 교육경력과 소정의 재교육을 받은 자 2. 유치원 정교사(2급)자격증을 가지고 6년 이상의 교육경력과 소정의 재교육을 받은 자
정교사 (1급)	1. 유치원의 정교사(2급)자격증을 가진 자로서 3년 이상의 교육경력을 가지고 소정의 재교육을 받은 자 2. 유치원 정교사(2급)자격증을 가지고 교육대학원 또는 교육부장관이 지정하는 대학원의 교육과에서 유치원 교육과정을 전공하여 석사학위를 받은 자로서 1년 이상의 교육경력이 있는 자
정교사 (2급)	1. 대학에 설치하는 유아교육과 졸업자 2. 대학*(전문대학 및 이와 등등 이상의 각종 학교와 「평생교육법」 제31조 제4항에 따른 전문대학학력인정 평생교육시설을 포함한다) 졸업자로서 재학 중 소정의 보육과 교직학점을 취득한 자(산업대학 포함) 3. 교육대학원 또는 교육부장관이 지정하는 대학원의 교육과에서 유치원 교육과정을 전공하고 석사학위를 받은 자 4. 유치원 준교사자격증을 가진 자로서 2년 이상의 교육경력을 가지고 소정의 재교육을 받은 자
준교사	1. 유치원 준교사 자격검정에 합격한 자

비고: 1. 원장 · 원감, 「초 · 중등교육법」의 규정에 의한 교장 · 교감, 교육장 · 장학관 · 장학사 · 교육연구관 · 교육연구사의 경력 연수는 교육경력 연수로 볼 수 있다.

출처: 「유아교육법」(법률 제13574호, 2015. 12. 22) 제22조 제1항 관련 [별표 1]. 유아교육법 제22조(법률 제14567호, 2018. 2. 8)

2) 보육교사 양성과정

보육교사는 다양한 양성기관에서 배출된다. 보육교사 2급 자격을 취득하기 위해서는 전문대학 또는 이와 동등 이상의 학교에서 보육관련 교과목 및 학점을 이수하고 졸업하거나 보육교사 3급 자격을 취득한 후 1년 이상의 보육업무 경력과 승급교육을 받아야 한다. 교과목에 의한 자격 취득의 경우 보육교사 2급 자격을 취득하기 위해서 이수해야 할 교과목은 총 17과목 51학점 이상이다(영유아보육법 시행규칙 별표 4). 관련 과목 이수 여부에 따라 교사자격이 부여된다〈표 8-7〉.

표 8-7 보육교사 2급 자격기준 이수 교과목

<table>
<tr><th colspan="2">구분</th><th>교과목</th><th>이수학점</th></tr>
<tr><td>교사인성 영역</td><td>필수 교과목</td><td>보육교사(인성)론, 아동권리와 복지</td><td>2과목
(6학점)</td></tr>
<tr><td rowspan="2">보육지식과 기술영역</td><td>필수 교과목</td><td>보육학개론, 보육과정, 영유아발달, 영유아교수방법론, 놀이지도, 언어지도, 아동음악(아동동작, 아동미술), 아동수학지도(또는 아동과학지도), 아동안전관리(또는 아동생활지도)</td><td>9과목
(27학점)</td></tr>
<tr><td>선택 교과목</td><td>아동건강교육, 영유아사회정서지도, 아동문학교육, 아동상담론, 장애아지도, 특수아동의 이해, 어린이집 운영관리, 영유아 보육프로그램 개발과 평가, 보육정책론, 정신건강론, 인간행동과 사회환경, 아동간호학, 아동영양학 부모교육론, 가족복지론, 가족관계론, 지역사회복지론</td><td>4과목
(12학점)
이상,</td></tr>
<tr><td>보육실무 영역</td><td>필수 교과목</td><td>아동관찰 및 행동연구, 보육실습</td><td>2과목
(6학점)</td></tr>
<tr><td colspan="2">전체</td><td colspan="2">17과목 51학점 이상</td></tr>
</table>

출처: 보건복지부(2016). 영유아보육법 시행규칙 제12조1항 별표4.

보육교사는 유치원교사보다 다양한 양성기관에서 배출되어 보육교사의 인성과 자질을 향상시키고 전문성을 높이고자 보육교사 자격기준이 강화되었다. 2015년 9월 「영유아보육법 시행규칙」 개정을 통하여 교육영역과 필수교과목을 변경하였고 대면교육과 보육실습 기준을 강화하였다. 즉, 교육영역을 교사인성영역, 보육지식과 기술영역, 보육실무영역으로 나누고 대면교육 교과목을 지정하였다. 또한 보육실습을 4주에서 6주로 확대하였다.

보육교사 자격증은 보건복지부장관이 검정·수여하는 국가자격증이며 보육교사 자격검증은 보건복지부의 위탁을 받아 한국보육진흥원 보육인력개발국에서 하고 있다. 보육교사자격은 3급, 2급, 1급으로 나뉘어져 있으며 원장과 교사의 등급별 자격 기준은 〈표 8-8〉과 같다.

표 8-8 어린이집 원장, 보육교사 자격기준

종별	구분	자격기준
원장	일반	가. 보육교사 1급 + 3년 경력 나. 유치원정교사 1급 + 3년 경력
	가정	보육교사 1급 + 1년 경력
	사전직무교육	어린이집 원장의 자격기준 중 어느 하나에 해당하는 사람은 사전 직무교육(80시간)을 이수해야 어린이집 원장 자격을 취득할 수 있다.
교사	보육교사 1급	가. 보육교사 2급 자격을 취득한 후 3년 이상의 보육업무경력이 있는 사람으로서 보건복지부장관이 정하는 승급교육을 받은 사람 나. 보육교사 2급 자격을 취득한 후 보육 관련 대학원에서 석사학위 이상을 취득하고 1년 이상의 보육업무경력이 있는 사람으로서 보건복지부장관이 정하는 승급교육을 받은 사람
	보육교사 2급	가. 전문대학 또는 이와 동등 이상의 학교에서 여성가족부령이 정하는 보육관련 교과목 및 학점을 이수하고 졸업한 사람 나. 보육교사 3급 자격을 취득한 이후 1년 이상의 보육업무 경력과 여성가족부장관이 정하는 승급교육을 받은 사람
	보육교사 3급	고등학교 또는 이와 같은 수준 이상의 학교를 졸업한 사람으로서 보건복지부령으로 정하는 교육훈련시설에서 정해진 교육과정을 수료한 사람

출처: 한국보육진흥원(2014). 보육교직원 자격기준.

4 유아교사의 현직교육

유아교사는 사회 변화와 유아 및 가족의 다양한 요구에 부응할 수 있는 자질을 끊임없이 키워나가야 한다. 즉, 수업운영기술뿐만 아니라 유아에 대한 이해, 교육적 신념 돌아보기 등의 지속적인 자기 점검과 발전을 위한 노력을 통하여 성장하고 발달할 수 있다.

현직교육은 교사자격 취득 및 교직입문 이후에 이루어지는 과정으로 교사들이 교수행위를 보다 효과적으로 수행하기 위해 전문적 지식과 기술 및 태도를 증진시키기 위한 목적으로 참여하는 형식적 · 비형식적 교육이다(박상완, 2014; 한국유아교육학회, 2003). 교직에 있는 교사들은 전문적인 성장발달을 위하여 끊임 없이 자기 발전의 과정을 거치며 상급자격을 취득하고 처우개선을 도모한다.

유아교사는 계속해서 현장을 배우고 응용 · 적용하고 연구해야 하며 새로운 지식과 기술을 경험하고 전달할 수 있어야 한다. 현재 현직교육은 교원 재교육, 교원 연수교육, 교원 현직교육 등의 다양한 용어로 표현한다. 현직교육을 개인주도 현직교육, 유아교육기관주도 현직교육, 정부주도 현직교육으로 구분하여 살펴보면 다음과 같다.

1) 개인 주도 현직교육

개인이 주도하는 현직교육이란 교사 스스로가 수행의 여부를 직접 선택 · 결정할 수 있는 현직교육의 유형이다. 즉, 교사 스스로 유아교육과 관계있는 책, 정기 간행물, 비디오 테이프, 텔레비전 프로그램 등을 통해서 스스로 자질 향상을 위해 노력하는 것은 물론이고, 교사들끼리 자의에 의해 적극적이며 정기적으로 토의 모임을 갖거나 자문을 구하거나, 교사가 개인적으로 전문단체에 가입하여 단체에서 제공하는 여러 형태의 현직교육에 참여하는 것, 대학원 · 평생교육원 등에 진학하여 새로운 지식 · 기술 · 정보를 습득하고 자신을 연마하는 것을 포함한다.

2) 유아교육기관 주도 현직교육

유아교육기관에서 주도하는 현직교육이란 그 기관을 운영하는 원장이 전체 교사의 계속적인 성장과 발달을 위해 노력하는 것을 말한다. 기관 자체 내에서 공개수업, 연구수업을 하는 것, 강사를 초빙하여 강의를 듣는 것, 또 기관에서 단체로 유아교육 전문단체에 가입하여 이들이 실시하는 각종 연수교육에 교사가 참여하도록 하는 활동 등을 의미한다.

3) 정부 주도 현직교육

정부에서 주도하여 유아교사에게 제공하는 현직교육은 크게 장학지도와 연수교육으로 나누어 볼 수 있다. 장학이란 학습지도의 개선을 위해 제공되는 지도 · 조언으로 교육목표를 효과적으로 달성하기 위하여 제공되는 전문적 참모활동을 의미한다(서울대학교 사범대교육연구소, 1995). 즉, 장학은 교사의 발달수준을 파악하여 필요한 도움을 제공하고 교사의 교수행동의 변화를 꾀하는 것이 목적이다(조부경 외, 2005).

2010년 유아교육선진화 사업의 일환으로 누리과정의 안정적인 정착을 위하여 누리과정 컨설팅 장학이 시작되었다. 컨설팅 장학은 유아교육기관 대상의 지도와 감독보다 자발적 참여를 촉진하여 유아교육의 질적 수준을 높이고자 하는 것으로 전문성을 갖춘 전문가가 단위 기관 또는 기관의 구성원이 요청한 문제나 과제의 해결을 위한 컨설팅 중심의 조력활동으로 정의할 수 있다. 정부에서 실시하는 각종 연수교육은 현직교육의 가장 대표적인 예로 자격연수, 일반연수, 직무연수 등으로 나눌 수 있다, 교사의 연수 규정은 유치원교사는 「유아교육법」 제6조〈표 8-9〉와 「교원연수에 관한 규정」 제6조〈표 8-10〉, 보육교사는 「영유아보육법」 제23조〈표 8-11〉에 의해 이루어진다.

표 8-9 유아교육법

제6조(유아교육진흥원)
① 국가 및 지방자치단체는 유아교육에 관한 연구와 정보 제공, 프로그램 및 교재 개발, 유치원 교원연수 및 평가를 담당하는 유아교육진흥원을 설치하거나 당해 업무를 교육관련 연구기관 등에 위탁할 수 있다.

표 8-10 교원연수에 관한 규정

제6조(연수의 종류와 과정)
① 연수는 다음 각 호의 직무연수와 자격연수로 구분한다. 1. 다음 각 목의 직무연수 가. 제18조에 따른 교원능력개발평가 결과 직무수행능력 향상이 필요하다고 인정되는 교원을 대상으로 실시하는 직무연수 나. 그 밖에 교육의 이론 · 방법 연구 및 직무수행에 필요한 능력 배양을 위한 직무연수

2. 자격연수: 「유아교육법」 제22조제1항부터 제3항까지, 같은 법 별표 1 및 별표 2, 「초 · 중등교육법」 제21조 제1항부터 제3항까지, 같은 법 별표 1 및 별표 2에 따른 교원의 자격을 취득하기 위한 자격연수

② 직무연수의 연수과정과 내용은 연수원장(위탁연수를 실시하는 경우에는 위탁받은 기관의 장을 말한다. 이하 같다)이 정한다.

③ 자격연수의 연수과정은 정교사(1급)과정, 정교사(2급)과정, 준교사과정(특수학교 실기교사를 대상으로 하는 과정을 말한다), 전문상담교사(1급)과정, 사서교사(1급)과정, 보건교사(1급)과정, 영양교사(1급)과정, 수석교사과정, 원감과정, 원장과정, 교감과정 및 교장과정으로 구분하고, 연수할 사람의 선발에 관한 사항 및 연수의 내용은 교육부령으로 정한다.

[전문개정 2013. 7. 15.]

표 8-11 영유아보육법

제23조(어린이집 원장의 보수교육)

① 보건복지부장관은 어린이집 원장의 자질 향상을 위한 보수교육(補修敎育)을 실시하여야 한다. 이 경우 보수교육은 집합교육을 원칙으로 한다. 〈개정 2008. 2. 29., 2010. 1. 18., 2011. 6. 7., 2011. 12. 31., 2015. 5. 18.〉

② 제1항에 따른 보수교육은 사전직무교육과 직무교육으로 구분한다. 〈개정 2011. 12. 31.〉

③ 삭제 〈2011. 8. 4.〉

④ 제1항에 따른 보수교육에는 다음 각 호의 사항에 관한 내용을 포함하여야 한다. 〈신설 2015. 5. 18., 2015. 12. 29.〉

1. 성폭력 및 아동학대 예방
2. 실종 · 유괴의 예방과 방지
3. 감염병 및 약물의 오남용 예방 등 보건위생 관리
4. 재난대비 안전
5. 교통안전
6. 어린이집 원장의 인성함양(영유아의 인권보호 교육을 포함한다)
7. 그 밖에 보건복지부령으로 정하는 사항

⑤ 그 밖에 보수교육의 기간 · 방법 등에 필요한 사항은 보건복지부령으로 정한다. 〈개정 2008. 2. 29., 2010. 1. 18., 2011. 8. 4., 2015. 5. 18.〉

[전문개정 2007. 10. 17.]

제23조의2(보육교사의 보수교육)

① 보건복지부장관은 보육교사의 자질 향상을 위한 보수교육(補修敎育)을 실시하여야 한다. 이 경우 보수교육은 집합교육을 원칙으로 한다. 〈개정 2015. 5. 18.〉

② 제1항에 따른 보수교육은 직무교육과 승급교육으로 구분한다.

③ 제1항에 따른 보수교육에는 다음 각 호의 사항에 관한 내용을 포함하여야 한다. 〈신설 2015. 5. 18., 2015. 12. 29.〉

1. 성폭력 및 아동학대 예방
2. 실종 · 유괴의 예방과 방지
3. 감염병 및 약물의 오남용 예방 등 보건위생 관리
4. 재난대비 안전
5. 교통안전
6. 보육교사의 인성함양(영유아의 인권보호 교육을 포함한다)
7. 그 밖에 보건복지부령으로 정하는 사항

④ 그 밖에 보수교육의 기간 · 방법 등에 필요한 사항은 보건복지부령으로 정한다. 〈개정 2015. 5. 18.〉

(1) 유치원교사 자격연수

자격연수란 자격을 취득하기 위하여 받는 교육을 의미한다. 자격연수의 연수과정은 정교사(1급)과정, 정교사(2급)과정, 원감과정, 원장과정으로 구분하고 연수대상자와 내용은 교육부령으로 정한다.

(2) 유치원교사 직무연수

직무연수는 교원능력개발평가 결과 직무수행능력 향상이 필요하다고 인정되는 교원을 대상으로 실시하는 직무연수와 교육의 이론 · 방법 연구 및 직무수행에 필요한 능력 배양을 위한 직무연수(교원연수에 관한 규정 제6조 1항)가 있다. 1982년 「유아교육진흥법」이 공포된 이후 정부주도로 유아교사를 위한 직무연수를 집중적으로 실시하기 시작하였으며, 2011년 교원연수 강화, 자격연수 체재 개편, 연수 지원 인프라 구축 등 교원연수 선진화 방안을 발표하였다. 매년 '교원연수 중점 추진방향'을 안내하여 교사의 역량을 강화하고 연수내용과 질관리를 강화하고 있다.

(3) 보육교사 보수교육

보육교사 보수교육은 보육교직원의 자질향상을 위해 실시하는 교육으로서, 보육에 필요한 지식과 능력을 유지개발하기 위하여 보육교직원이 정기적으로 받는 직무교육과 보육교사가 상위 등급의 자격(3급 → 2급, 2급 → 1급)을 취득하기 위해 받아야 하는 승급교육 및 어린이집 원장의 자격을 갖추기 위하여 받아야 하는 사전직무교육을 말한다(영유아보육법 제23조).

보육교사 승급교육은 보육교사 3급 자격을 취득한 후 보육 경력이 만 2년 이상 경과한 자는 80시간의 교육을 통해 보육교사 2급 승급교육을 받을 수 있으며, 보육교사 2급 자격을 취득한 후 보육업무 경력이 만 3년 이상 경과한 자 및 석사학위 소지자로서 보육업무 경력이 만 6개월 이상 경과한 자는 80시간의 교육을 통해 보육교사 1급 승급교육을 통해 자격을 취득할 수 있다.

보육교사 보수교육과정은 일반직무교육과 특별직무교육으로 나누어 볼 수 있는데, 일반직무교육은 현직에 종사하고 있는 보육교사로서 보육 경력이 만 2년 이상, 매 3년마다 40시간씩 이수하도록 명시되어 있다. 특별직무교육은 영아보육, 장애아보육, 방과 후 보육으로 구분되는데, 교육 대상자는 일반직무교육 대상자로 영아보육(혹은 장애아보육, 방과 후 보육)을 담당하고 있거나 담당하고자 하는 보육교사 및 원장이 40시간을 이수하도록 되어 있다. 보육교사 승급교육과 일반직무교육 및 특별직무교육의 내용(한국보육진흥원, 2019)은 〈표 8-12〉, 〈표 8-13〉, 〈표 8-14〉, 〈표 8-15〉와 같다.

표 8-12 승급교육과정 내용

영 역		2급 승급교육 교과목	시간	1급 승급교육 교과목	시간
인성·소양 (11시간)		• 아동복지와 인권의 이해	4	• 아동복지와 인권의 실제	4
		• 보육교사의 역할과 윤리	4	• 보육교사의 역할과 윤리	4
		• 보육교사의 건강관리와 힐링법	3	• 보육교사의 건강관리와 힐링	3
건강·안전 (12시간)		• 영유아 건강안전교육 계획 및 실행	3	• 영유아 건강안전교육 계획 및 실행	3
		• 안전사고 예방교육	3	• 안전사고 예방교육	3
		• 보건위생관리	3	• 보건위생관리	3
		• 아동학대, 성폭력, 실종 예방 및 사후관리	3	• 아동학대, 성폭력, 실종 예방 및 사후관리	3
전문지식·기술 (55시간)	장애 및 다문화 실제 (8시간)	• 다양한 가정의 영유아 이해	4	• 다문화 가정의 영유아 지원	4
		• 장애영유아의 이해	4	• 장애영유아의 이해 및 지원	4
	보육활동 운영의 실제 (39시간)	• 영유아 관찰 사례 이해 및 실제	4	• 영유아 관찰 및 평가	4
		• 대소집단활동 운영	4	• 대소집단활동 운영의 실제	4
		• 신체·예술(음률)활동 운영	4	• 신체·예술(음률)활동 운영의 실제	4
		• 언어·수과학활동 운영	4	• 언어·수과학활동 운영의 실제	4
		• 역할·쌓기놀이활동 운영	4	• 역할·쌓기놀이활동 운영의 실제	4
		• 보육계획 수립 및 보육일지 작성	4	• 보육일지 작성의 실제	4
		• 표준보육과정의 이해 및 평가	4	• 보육실습 지도의 적용과 사례	4
		• 누리과정의 이해 및 평가	4	• 어린이집의 개인정보보호 관리	4
		• 영유아 행동의 발달적 이해	4	• 영유아 문제행동 조기발견	4
		• 실내외 놀이 환경 구성	3	• 어린이집 환경 구성 및 관리	3
	가족 및 지역사회 협력 (8시간)	• 다양한 부모-자녀 관계의 이해	4	• 부모참여 계획 및 실행	4
		• 부모참여 및 상담 실제	4	• 지역사회 연계활동 계획 및 운영	4
평가시험		• 2급 승급교육 평가시험	2	• 1급 승급교육 평가시험	2
계		21과목+평가시험	80	21과목+평가시험	80

※ 「건강 · 안전」영역의 응급처치 관련 교육은 심폐소생술, 응급처치 실습 등 이론보다 실습 위주로 교육하도록 함

표 8-13 일반직무교육 내용

영 역		보육교사 일반직무교육(기본 과정)		원장 일반직무교육(기본 과정)	
		교과목	시간	교과목	시간
인성·소양 (8시간)		• 보육교사와 인권	3	• 보육철학과 윤리	3
		• 보육교사의 직무역량 강화	3	• 원장의 건강관리	3
		• 보육교사의 건강관리	2	• 보육교직원의 인문적 소양	2
건강·안전 (9시간)		• 안전사고 예방교육	3	• 안전사고 예방 및 대응	3
		• 보건위생관리	3	• 보건위생관리	3
		• 아동학대, 성폭력, 실종 예방 및 사후관리	3	• 아동학대, 성폭력, 실종 예방 및 사후관리	3
전문 지식 · 기술 (23시간)	장애 및 다문화 실제 (4시간)	• 다문화교육 이해와 실제	2	• 다문화교육 프로그램 이해와 실제	2
		• 장애통합보육 운영 실제	2	• 장애통합보육 운영 실제	2
	보육 활동 운영의 실제 (16시간)	• 영유아 관찰 및 기록 실제	3	• 어린이집 내 영유아 관찰과 평가	3
		• 영유아 부적응 행동의 이해	2	• 보육계획과 보육일지 작성 관리	2
		• 보육정보 탐색의 적용과 사례	2	• 영유아 생활지도를 위한 교사교육	2
		• 디지털시대의 교수매체 활용 및 적용	3	• 교수매체 선정과 평가	2
		• 영유아 인성교육의 실제	3	• 원장의 대외협력 관리	2
		• 영아교사의 상호작용 전략 (선택)	3	• 영상정보처리기기(CCTV)의 관리 및 운영	2
		• 유아교사의 상호작용 전략 (선택)	3	• 우수 보육프로그램 사례(선택)	3
		• 보수교육기관 자체개발 교과목 (선택)	3	• 보수교육기관 자체개발 교과목 (선택)	3
	가족 및 지역 사회 협력 (3시간)	• 부모-교사 의사 소통의 이해와 실제(선택)	3	• 부모자원 활용 계획과 운영 (선택)	3
		• 부모 개별 면담 기법(선택)	3	• 어린이집과 지역사회 자원 연계의 실제(선택)	3
계		15과목	40	16과목	40

※ 교육영역 별 이수시간을 고려하여, 보수교육기관에서 일부 교과목 선택하여 운영·개설 가능
예) 보육활동 운영의 실제」와 「가족 및 지역사회 협력」영역의 경우 교과목 일부 선택이수 가능
※ 「건강 · 안전」영역의 응급처치 관련 교육은 심폐소생술, 응급처치 실습 등 이론보다 실습 위주로 교육하도록 함

표 8-14 원장자격 연수 내용

영역		교과목	시간
인성·소양 (12시간)		• 아동권리와 아동학대	4
		• 원장직무의 이해 및 윤리	4
		•원장의 건강관리와 힐링	4
건강·안전 (18시간)		• 영유아의 건강안전교육의 계획 및 관리	3
		• 안전사고 예방 및 대응	3
		• 보건위생관리	3
		• 아동학대, 성폭력, 실종 예방 및 사후관리	3
		• 친환경 급식 및 영양관리	3
		• 시설·설비 안전관리	3
전문 지식 기술 (48시간)	장애 및 다문화 관리 (8시간)	• 다문화가정과 연계한 영유아 지원	4
		• 장애통합보육의 운영관리	4
	기관 운영의 실제 (32시간)	• 보육정책의 최신 동향	3
		• 보육 관련 법규의 이해	3
		• 어린이집 인사관리	3
		• 재무회계 관리(예산·집행·결산)	3
		• 조직관리와 리더십	3
		• 사례별 발달지원 및 전문가 연계	3
		• 보육교직원의 수업 멘토링	4
		• 보육프로그램 개발과 운영	4
		• 어린이집의 개인정보보호 관리	3
		• 보육통합정보시스템 이해 및 실제	3
	가족 및 지역사회 협력(8시간)	• 부모참여 계획 및 운영	4
		• 어린이집과 지역사회 자원의 연계	4
평가시험		• 원장 사전직무교육 평가시험	2
계		22과목+평가시험	80

※ 「건강 · 안전」 영역의 응급처치 관련 교육은 심폐소생술, 응급처치 실습 등 이론보다 실습 위주로 교육하도록 함

※ 「보육통합정보시스템 이해 및 실제」 교과목은 사회보장정보원에서 교육자료 제공 등 교육 협조

표 8-15 특별직무교육 내용

		영아보육	장애아보육	방과후보육
인성·소양 영역		• 보육교사의 건강관리 • 영아보육교사의 역할과 윤리 • 아동권리와 영아학대예방	• 장애아동 복지와 장애인식 개선 • 장애아 보육교사의 역할과 윤리 • 아동권리와 장애아학대 예방	• 현대사회 변화와 방과후보육의이해 • 방과후보육교사의 역할과 윤리 • 아동권리와 아동학대 예방
건강·안전 영역		• 영아 건강교육 • 영아 안전사고 예방교육 • 보건위생관리	• 장애아급식 및 영양관리 • 장애아 안전사고 예방 및 대응 • 장애아 보건위생관리	• 초등학생의 보건·위생관리 • 초등학생의 안전사고 예방 및 대응
전문 지식 · 기술	보육활동 운영의 실체	• 영아 일상생활지도 I • 영아 일상생활지도 II • 표준보육과정 운영의 실제 • 영아 놀이지도 • 감각탐색활동 영역 • 역할·쌓기 영역 • 신체활동 영역 • 언어 영역 • 예술(음률,미술) 활동 • 실외놀이 활동 • 영아 적응프로그램 • 영아행동관찰과 평가 • 영아와의 상호작용 실제	• 장애아의 이해 I • 장애아의 이해 II • 일반보육과정에 기반한 장애영유아 교수방법 I • 일반보육과정에 기반한 장애영유아 교수방법 II • 운동발달 교수방법 • 의사소통 발달 교수방법 • 사회성 발달 교수방법 • 인지발달 교수방법 • 자조기술 발달 교수방법 • 개별화교육프로그램 작성 • 개별화교육프로그램 실행 및 평가 • 긍정적 행동 지원	• 초등학생의 발달적 특성 • 초등학교 교육과정의 이해 • 초등학생을 위한 교수-학습방법 • 학습지도 • 숙제 및 과제 지도 • 놀이지도 • 방과후 교육 프로그램에 대한 이해 I • 방과후 교육 프로그램에 대한 이해 II • 방과후 교육 프로그램에 대한 이해 III • 초등학생 생활지도 • 초등학생 문제행동 지원
	가족 및 지역사회 협력	• 영아 부모 상담 실제	• 장애 영유아 가족지원 • 지역사회 연계	• 초등학생 부모와의 상담 및 연계 • 방과후 아동을 위한 지역사회연계
	장애 및 다문화 연계			• 학령기 장애아동의 이해와 교사지원 • 다문화사회와 아동
계		20과목, 40시간 (과목당 2시간)	20과목, 40시간 (과목당 2시간)	20과목, 40시간 (과목당 2시간)

Chapter 09

유아교육기관의 환경

09 Chapter

유아교육기관의 환경

배울 내용

1. 환경구성의 중요성
2. 실내환경 공간구성
3. 실외환경 공간구성

학습목표

1. 유아교육기관의 물리적 환경구성의 중요성을 알게 된다.
2. 실내 · 외 물리적 환경구성을 할 수 있다.

유아교육기관은 유아가 가정 밖에서 처음으로 오랜 시간을 머무르게 되는 낯선 공간이다. 친숙하지 않은 환경에서 유아들에게 전인적 성장과 발달을 돕는 교육을 하기 위해서는 어떤 프로그램인가보다도 유아들이 신체적 · 심리적으로 편안함을 느낄 수 있도록 해 주는 것이다. 즉, 가정과 같이 안락하고 자유롭고 마음껏 탐색하는 것이 가능하여 행복감을 느낄 수 있는 곳이어야 한다. 다시 말해 유아교육기관 환경의 질은 유아들의 놀이에 영향을 미치는 중요요인이다. 따라서 유아교사는 환경구성의 중요성을 인식하고 환경구성에 많은 시간을 할애해야 한다. 본 장에서는 환경구성의 중요성, 실내 · 실외환경의 공간구성에 대해 살펴보고자 한다.

1 환경구성의 중요성

유아교육기관의 물리적 환경은 유아가 느끼고 행동하는 데 영향을 주고 다른 유아들과의 상호작용 여부를 결정지을 뿐만 아니라 유아의 교육적 목표를 성공적으로 달성하는 데 결정적인 역할을 한다. 즉, 공간을 흥미영역으로 구분하여 배치하고, 다양한 교재 · 교구가 가득한 환경에서는 놀이활동이 활발히 이루어지고, 놀이지속시간이 길어지며, 다른 유아와 함께 노는 행동, 놀잇감을 정리하는 행동이 나타난다. 반면, 교재 · 교구 등 놀잇감이 부족하면 유아의 경험이 제한되거나 좌절, 욕구불만으로 공격적 행동이 일어날 위험성이 높다(이영자 외, 1999). 여러 연구결과(신혜원, 1992; 황현주, 1991; Anderson, 1989; Field, 1980), 양질의 물리적 환경의 유아교육기관에 다닌 유아일수록 좀 더 긍정적인 사회행동을 하고, 과제 지향적이며, 의사소통기술과 언어적 지능이 높은 것으로 나타났다.

또한 물리적 환경의 공간 면적도 유아의 놀이에 많은 영향을 미친다. 유아들이 공간 밀도가 높은 상태에서는 공격적이거나 아무것도 하지 않고, 집단놀이보다 혼자놀이에 보다 많이 참여하였다. 그러나 공간이 증가함에 따라 유아는 잘 사용하지 않던 설비를 사용하게 되고, 유아와 설비 간의 상호작용도 증가하였다. 그리고 유아가 활동을 선택하는 주도성도 증가되었다(임미혜, 2000 재인용).

위에서 살펴본 바와 같이, 유아기는 외부의 환경적 요인에 쉽게 영향을 받는 시기로 잘 구성된 물리적 환경은 유아의 적극적이고 창의적인 활동에 매우 중요한 요인이 된다. 올즈(Olds, 1987)는 발달적으로 적합한 공간을 제시하기 위해서는 유아의 세 가지 욕구, 즉 활동을 위한 욕구, 안락함에 대한 욕구, 다양한 환경에 대한 욕구를 충족시켜 주어야 하며, 이를 위해 감각적으로 자극을 줄 수 있는 다양한 활동을 제시하도록 환경을 계획해야 한다고 주장하고 있다. 따라서 유아교사는 유아들의 균형 있는 성장 · 발달에 도움을 줄 수 있도록 물리적 환경을 조직적이고 합리적으로 잘 구성하는 능력이 필요하다.

2 실내환경 공간구성

실내환경(교실)은 유아들이 하루의 대부분을 자유롭게 다양한 놀이를 하며 보내기 때문에 가장 핵심적이고 중요한 공간이다. 이를 위해 유아교사는 실내환경 공간을 흥미영역으로 구성하는 것이 바람직하다.

흥미영역이란 대 · 소근육발달, 문해활동, 창의적 사고, 수와 과학적 문제해결능력 등 활동내용에 따라 실내환경을 여러 형태의 교구장 또는 칸막이 같은 것으로 공간과 공간을 경계지어 놓은 것을 말한다. 흥미영역으로 공간 구성을 할 때 장점은 〈표 9-1〉과 같다(임미혜 외, 2017).

표 9-1 흥미영역구성의 장점

• 유아 자신이 원하는 활동을 스스로 선택하기 때문에 능동적이고 자율적인 활동을 하게 된다. • 유아가 다양한 흥미영역에서 활동을 할 수 있기 때문에 유아는 폭넓고 다양한 경험을 할 수 있다. • 물리적이고 시각적인 경계를 지어줌으로써 유아로 하여금 자신의 활동에 집중할 수 있어 심리적인 안정감을 느끼게 해 준다. • 유아 개개인의 개별수준과 속도에 맞게 활동을 전개할 수 있다.

유아를 위한 실내환경 공간구성은 개별적 휴식영역, 쌓기 놀이영역, 언어영역, 조작영역, 수영역, 과학영역, 역할놀이영역, 조형활동영역, 음악과 동작활동영역, 컴퓨터영역 등의 흥미영역별로 구성할 수 있다(교육과학기술부, 보건복지부, 2013). 실내환경 공간구성의 예는 〈그림 9-1〉, 〈그림 9-2〉와 같다.

그림 9-1 실내환경 공간구성의 예

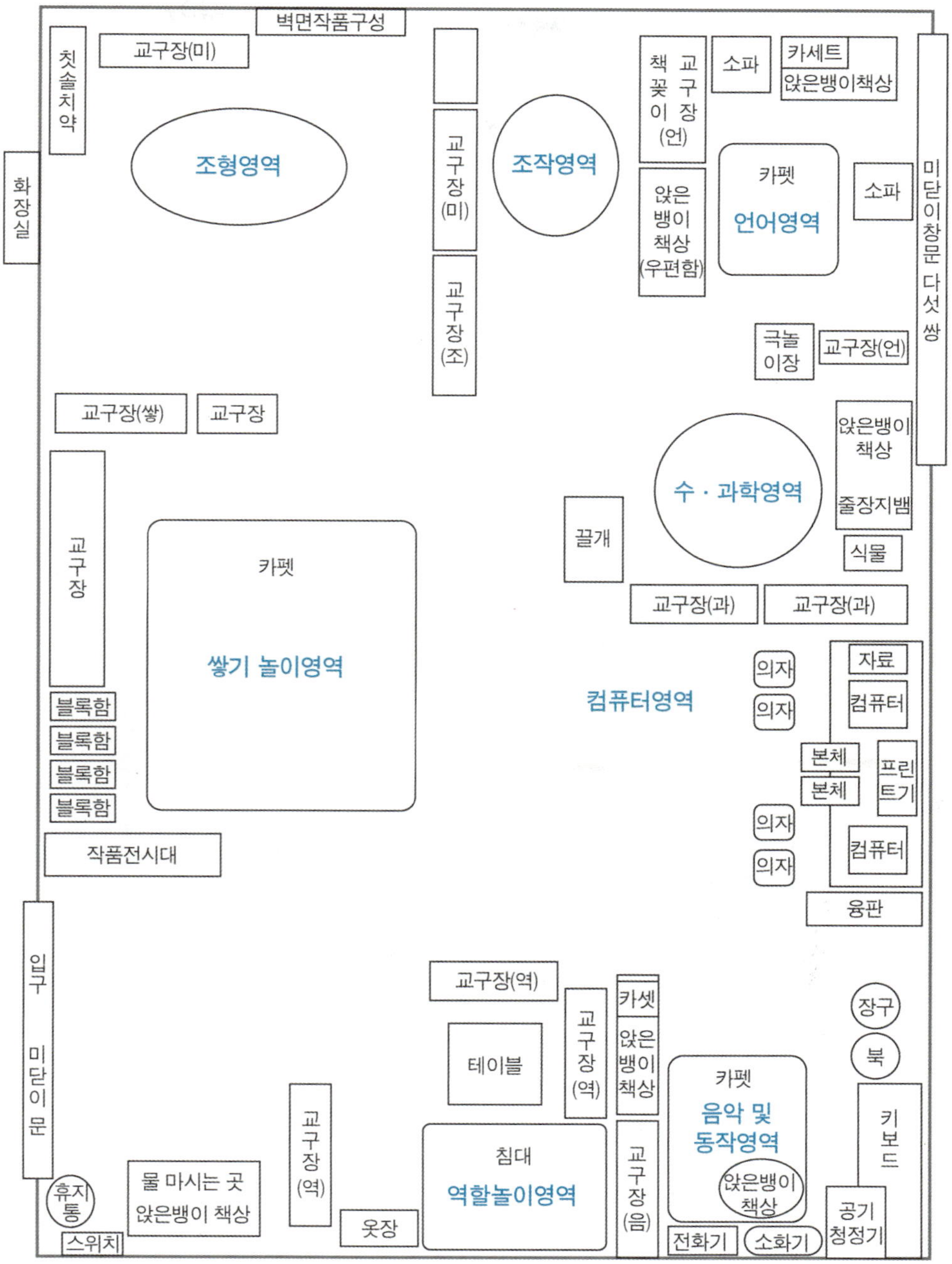

그림 9-2 실내환경 공간 배치도

1) 휴식영역

휴식영역은 활동영역은 아니지만 심리적으로나 신체적으로 피로감을 느낄 때 유아가 쉴 수 있도록 꼭 준비해 주어야 한다. 이 영역은 다른 별도의 방보다 교실 내에 위치하여 유아가 혼자 휴식을 취하면서도 다른 유아들이 무엇을 하는지 볼 수 있도록 하는 것이 좋다. 왜냐하면 혼자 따로 방에 격리되어 있게 하는 것은 벌을 받는 것처럼 느끼기 때문이다.

〈그림 9-3〉과 같이 냉장고를 담았던 박스를 이용하여 문과 창문을 만들고, 바닥에 작은 카펫을 깔고 스펀지나 헝겊으로 쿠션을 놓아두면 유아가 개별적으로 안정을 취할 수 있는 충분한 공간이 마련될 수 있다.

그림 9-3 휴식영역의 예

2) 언어영역

언어영역은 말하기, 듣기, 읽기, 쓰기와 관련된 활동을 위한 공간이다. 이 영역은 왕래가 많은 출입구나 음악 및 동작활동영역, 쌓기놀이영역 등 움직임이 많은 동적 활동영역과 멀리 떨어진 햇빛이 잘 들고 밝고 조용한 곳에 배치하여 유아들이 집중할 수 있도록 한다. 바닥에는 카펫을 깔고 낮은 책상과 흔들의자, 쿠션 등을 준비해 주어 편안하고 안정된 분위기 속에서 책을 읽을 수 있도록 배려해 준다.

유아용 책꽂이에는 유아들의 흥미와 발달수준에 적합한 책을 겉표지가 보일 수 있도록 진열한다. 한꺼번에 여러 권의 책을 진열하지 말고 활동주제와 유아의 흥미에 따라 자주 책을 바꾸어 주도록 한다.

그림 9-4 언어(도서)영역의 예

3) 조작영역

조작영역에서는 조작적 기술, 즉 손과 손가락을 능숙하게 사용하는 능력, 눈과 손의 협응력 등 소근육발달이 이루어진다. 조작적 기술의 습득은 옷의 단추를 끼우고, 지퍼를 올리며, 구두끈을 매고 연필을 쉽게 잡게 할 뿐만 아니라 읽기 기술 · 습득에도 중요하다. 이 영역은 언어영역이나 수 · 과학영역과 인접하여 조용한 영역에 배치한다. 바닥에 카펫을 깔아 주거나 낮은 책상을 배치해 두어 안정감을 가지게 배려해 준다. 소그룹 또는 개인적으로 놀이할 수 있도록 다양한 놀잇감을 제공해 주어야 한다.

조작적 놀이의 자료로는 퍼즐, 페그와 페그보드, 작은 블록들, 커다란 구슬과 줄, 커다란 플라스틱 볼트와 너트, 나무로 된 그림 도미노, 바느질 도구, 본뜨기, 일상생활 훈련 틀, 듀플로, 팅거토이, 소형와플 블록(10cm 정도 크기) 등을 배치한다.

그림 9-5 조작영역의 예

4) 수영역

수영역은 수 세기, 공간과 도형, 측정, 패턴, 분류, 확률, 그래프 등 수의 기초이해 능력을 발달시켜 수개념을 명료히 할 뿐 아니라 논리적 사고능력을 기를 수 있는 활동을 하는 곳이다. 따라서 유아들이 활동에 몰두할 수 있도록 조용한 장소에 카펫을 깔거나 책상과 의자를 적절히 배치하여 영역을 구성한다. 과학활동영역에 인접하여 배치하면 더욱 좋다.

수영역의 자료로는 1 : 1 대응, 분류, 비교, 서열 등 수 이전 활동을 할 수 있도록 구슬, 솔방울, 모래, 단추, 솜, 그 외 다른 자료들을 상자에 담고 상자 앞에 물건의 이름을 붙여 선반에 둔다. 또한 평형 저울, 온도계, 시계, 체중계, 퀴제네어 막대, 색 입방체 블록, 줄자, 카드 게임, 숫자퍼즐, 기하학적 도형, 달력, 게임 판, 여러 모양의 패턴 블록과 패턴카드 등의 기본 자료를 제공한다.

그림 9-6 수영역의 예

5) 과학영역

과학영역은 곤충이나 동물 기르기, 콩 심어보기 등을 통해 생태계와 여러 가지 자연 현상 및 물리·화학적 현상을 경험할 수 있는 곳이다. 따라서 이 영역은 조용한 곳에 위치하여 실험·탐색해 보는 기회를 가질 수 있도록 여러 기구와 재료를 배치한다.

과학영역에는 너트와 볼트, 자석(막대자석, 말굽자석 등), 확대경, 현미경, 프리즘, 온도계, 측정용 컵과 스푼, 곤충표본이나 누에, 햄스터 등 동물을 기를 수 있는 통, 씨앗(채송화, 해바라기, 나팔꽃 등) 자료를 비치한다.

그림 9-7 과학영역의 예

6) 쌓기놀이영역

쌓기놀이영역은 다양한 모양과 크기, 재질의 블록과 소품을 활용하여 동물원 또는 우리 동네를 구성하는 활동을 하는 곳이다. 유아는 쌓기놀이를 통해 수, 형태, 색깔 등에 대한 개념을 형성할 수 있고, 상상력과 창의력이 길러진다. 그 밖에 눈과 손의 협응력, 대근육발달과 신체적 긴장해소, 성취감, 문제해결능력도 기를 수 있다. 쌓기놀이영역은 시끄러운 영역에 배치하고 한 번에 편안하게 놀이할 수 있는 유아의 수에 따라 충분한 공간을 확보한다(유아 1~2명당 2/3평 정도, 3~5명의 유아에게는 2평 정도). 유아의 상상력을 확장시킬 수 있고, 놀이를 증가시킬 수 있는 놀잇감이나 소품들을 준비해 주어야 한다. 바닥에는 카펫을 깔아 소음을 방지하고 유아에게 안정된 분위기를 제공해 주어야 한다.

쌓기놀이영역의 자료로는 렉스 블록, 유니트 블록, 듀플로/레고 블록, 인형집 가구, 나무 곳간, 교통수단 블록, 소품(동물, 사람, 차, 트럭, 오토바이), 교통신호판, 매트, 와플 블록, 종이벽돌 블록, 공간 블록 등을 준비해 준다.

그림 9-8 쌓기놀이영역의 예

7) 역할놀이영역

역할놀이영역은 병원이나 음식점, 가게, 공공기관(우체국, 소방서, 경찰서, 은행) 등에서 유아들이 흥미롭게 느꼈던 사건이나 경험을 재현해 보거나, 자신의 상상이나 생각 등을 행동으로 표현해 보는 다양한 활동을 할 수 있는 곳이다. 역할놀이를 통해 유아는 사회화 기술 증진(다른 사람과 상호작용하는 법), 지시에 따르기, 문제해결능력, 나누기, 차례 지키기, 성인 역할 해보기, 언어기술발달 및 지적 발달이 촉진되고, 놀이를 하는 동안 부정적인 감정을 발산시켜 정서가 안정되기도 한다. 그 밖에 유아의 상상력, 경험 및 희망에 따라 자유롭게 구성되는 놀이로 구성하고 역할을 분담하고 적절한 놀잇감을 선택하며 준비하는 과정에서 유아는 무엇이든 새롭게 창조해 보는 기회를 가질 수 있어 창의력이 발달된다.

역할놀이영역은 움직임이 많고 활동이 다양하여 시끄러운 놀이영역에 위치하도록 배치한다. 때로는 쌓기놀이는 역할놀이와 병행되는 경우도 있으므로 쌓기놀이영역과 이웃되게 배치하는 것도 좋다. 이 영역은 기본적으로 가정과 같은 분위기를 느낄 수 있도록 구성하며, 주제(병원, 가게, 미용실, 소방서, 우체국, 은행 등)에 따라 다양한 옷과 소품을 제공한다.

그림 9-9 역할놀이영역의 예

8) 음악과 동작활동영역

이 영역은 유아들이 음악을 감상하고 다양한 악기를 탐색하고 연주하기, 노래 부르기 등의 음악과 동작활동을 하는 곳이다. 음악과 동작활동은 시끄러운 활동이므로 시끄러운 영역에 위치하도록 배치하고, 유아가 편안하게 생각에 따라 움직일 수 있는 충분한 크기의 공간을 마련해 주어야 한다. 또한 안전하고 소음을 줄일 수 있도록 바닥에 카펫을 깔아준다. 벽면에는 전신을 볼 수 있는 거울을 부착해 주어 신체의 움직임을 관찰할 수 있도록 하는 것이 바람직하다.

음악활동영역에는 여러 가지 리듬악기, 피아노, 가야금, 장고, CD 플레이어와 CD, 헤드폰 등을 준비해 준다. 리듬악기는 낮은 선반에 보관하고 악기의 위치에 악기 이름표나 그림을 부착시켜 놓아 유아가 스스로 손쉽게 사용하고 정돈할 수 있도록 한다. 피아노는 창가, 출입구, 스팀, 에어콘 가까이에 두지 않도록 유의한다. 그 밖에 동작을 위해 여러 가지 소품(리본테이프, 리듬 막대, 스카프, 고무줄 등)을 준비해 주고 벽에 무용가나 음악가의 사진을 부착하여 다양한 동작을 격려해 줄 수 있다.

그림 9-10 음악과 동작활동영역의 예

9) 조형영역

조형영역은 도화지에 크레파스로 그림을 그리는 것뿐만 아니라 상자 또는 병으로 구성하기, 폐품을 이용한 악기 만들기 등 다양한 물체의 탐색과 실험을 통해 자유롭게 표현하는 활동을 하는 곳이다. 가위질, 풀칠, 색칠 등은 소근육과 눈과 손의 협응기술을 발달시키며, 손가락 그림, 밀가루 반죽놀이 등은 대근육을 사용한 운동기술의 발달을 도울뿐 아니라 자신의 선택과 방법에 의한 작업의 결과로부터 성취감과 자아감을 갖게 하고, 정서적인 분출구로서도 중요한 역할을 한다.

조형활동은 정적인 활동이 이루어지므로 출입구에 가까운 곳이나 음악이나 동작활동영역 등 동적인 영역과 분리하여 조용한 장소에 배치하는 것이 바람직하다. 또한 작업용 책상과 의자, 이젤 등이 설치되어야 하며, 싱크대 옆에 배치하여 수시로 물을 쓸 수 있어야 한다. 항상 종이 수건이나 스펀지, 마른 수건 등을 구비하고 밀가루 반죽이나 손가락 그림 그리기를 할 때에는 책상용 비닐보를 준비한다. 또한 유아용 작업복을 비치해 놓아 필요시 유아가 입을 수 있도록 한다.

풀, 가위, 크레용, 그림 그리기 종이(흰색, 분홍색, 검은색, 연두색 등), 사인펜, 물감, 붓, 색종이, 시험지, 파스텔, 찰흙, 핑거페인팅, 상자, 스테이플러, 스카치 테이프, 구멍뚫개, 콜라주 활동을 위한 폐품 자료 등을 항상 조형활동영역 선반에 구비해 둔다. 유아들이 자신이 그린 그림에 이름을 쓰는 데 도움이 되도록 이름카드를 준비한다.

유아는 이젤과 책상에서 물감으로 실험하기를 즐기므로 이젤은 조명이 좋은 곳에 두고 여러 가지 색물감(흰색, 파랑, 검정, 노랑, 빨강)과 여러 크기의 붓, 큰 종이(약 45cm×60cm)를 갖추어야만 한다. 이젤 페인팅을 위해 새로운 색깔을 첨가하거나 종이의 종류를 바꾸거나 붓의 종류를 변화시켜 줄 수 있다.

조형활동 시 유아들이 활동자료를 입에 대어 맛보기 시도를 하는 일이 없도록 잘 관찰해야 한다. 또한 자신이나 다른 사람을 가위나 붓으로 상해하는 일이 없도록 항상 감독하여야 한다.

그림 9-11 조형영역의 예

10) 테크놀로지(컴퓨터)영역

21세기 정보화 사회에서 컴퓨터는 유아에게 놀이환경이며 작업환경이다. 컴퓨터를 통해 친구들과 대화를 나누고, 놀이를 하며, 학습하게 되므로 컴퓨터 기술은 살아가는 데 필수적인 기본적 기능이다.

컴퓨터활동을 위한 적합한 환경은 별도의 컴퓨터실이나 독립된 방이 아니라 학급 내 흥미영역으로 설치하여 다른 교과과정에 통합되어 사용되는 것이 가장 바람직하다. 컴퓨터영역은 혼자보다는 2~3명의 유아들이 서로 상호 작용하면서 사용할 수 있도록 하고, 컴퓨터는 유아 크기에 맞는 책상에 놓아야 하며, 프린터는 꼭 구비하는 것이 좋다. 컴퓨터 조작방법을 위한 그림 설명서를 제시하는 것이 좋다.

그림 9-12 컴퓨터영역의 예

3 실외환경 공간구성

실외환경은 실내환경의 연장일 뿐만 아니라 자연과 더불어 놀이경험을 더욱 폭넓게 확대시켜 나갈 수 있는 곳이다. 실외환경은 실내환경에 비해 넓기 때문에 실내에서 경험할 수 없는 자유로움과 융통성을 제공할 수 있다. 유아들에게 실내와 실외의 두 공간이 연계되어 제공되면 유아들의 놀이는 복잡하고, 도전적이며, 다양한 형태로 확장되고, 창의성, 학습, 발달적인 측면에 도움이 된다(임미혜 외, 2017).

그동안 많은 영유아교사들이 실외환경은 단순히 뛰어 노는 것으로만 생각하여 실외환경구성에 대한 유아교사의 조직적인 계획이 필요하지 않은 것으로 생각하는 경향이 있었다. 그러나 실외환경은 실내놀이활동의 연장으로서 모든 실내놀이활동과 마찬가지로 자연스럽게 유아의 학습이 이루어질 수 있도록 흥미영역으로 공간을 구성하는 것이 필요하다. 일반적인 실외놀이 공간은 개방된 영역, 바퀴 달린 놀잇감영역, 그늘 및 지붕이 있는 영역, 모래놀이영역, 물놀이영역, 대근육운동영역 등으로 구성할 수 있다.

그림 9-13 실외환경의 예

1) 개방된 영역

이 영역에서는 공놀이, 술래잡기, 뛰놀기, 달리기, 게임 등과 같이 마음껏 자유롭게 뛰어놀 수 있는 곳으로, 아무 것도 없는 넓은 공간을 제공해야 한다.

그림 9-14 개방된 영역의 예

2) 바퀴 달린 놀잇감영역

이 영역은 자전거, 짐수레, 인형 유모차, 끌차 등을 끌고 다니는 곳이므로 바닥은 딱딱한 곳이 좋다. 길의 모양은 원형이나 타원형으로 만들어 놀잇감을 타기 시작하는 장소에서 한 바퀴를 돌면 다시 돌아올 수 있도록 한다. 곳곳에 도로 표지판을 설치해 준다.

그림 9-15 자전거 도로의 예

3) 그늘 및 지붕이 있는 영역

이 영역은 다양한 크기와 색깔의 나무, 관목, 포도넝쿨 또는 지붕을 사용하여 그늘을 마련해 준 곳이다. 휴식을 취하거나 이야기 나누기, 동화 들려주기, 목공놀이, 물감이나 풀 물감으로 그림 그리기, 종이접기 등의 작업을 하기에 아주 적절하다.

그림 9-16 그늘 및 지붕이 있는 영역의 예

4) 모래놀이영역

모래는 쉽게 젖고 또 빨리 마른다는 장점을 지니면서 손으로 만질 때의 촉감이 곱고 부드러워 감각을 발달시켜 주고 유아의 소근육도 발달시켜 주는 재료이다. 이 영역은 모래를 여러 가지 도구를 사용하여 모양을 찍어내거나 두꺼비 집과 같은 구조물을 구성하는 곳이다.

모래놀이영역은 대근육활동영역과 멀리 떨어진 한적하고, 양지가 바르나 햇빛이 너무 강렬하게 비치지 않는 곳에 배치한다. 모래는 수시로 뒤집어 일광소독을 해 주거나 최소한 1년에 한 번씩은 갈아주어야 먼지나 더러운 것이 쌓이지 않게 된다. 모래놀이영역을 시멘트나 나무 상자로 대신 할 경우, 깊이는 20~25cm 이상이 되도록 한다.

표 9-2 모래 세척하는 방법

- 모래밭 10㎡를 세척할 경우 표백 용액 22m와 물 18L를 준비한다.
- 먼저 9L 물에 11mL의 표백 용액을 잘 섞어서 모래밭에 골고루 뿌린다.
- 조금 후에 나머지 9L물에 11mL 표백 용액을 섞어서 모래밭에 뿌린다.
- 모래밭 전면에 용액을 골고루 뿌렸으면 속에 있는 모래와 골고루 뒤섞어 준다.
- 수도에 호스를 연결해서 모래밭에 물을 뿌려 용액이 밑으로 다 흘러가게 한다.
- 모래를 다시 섞은 뒤 다시 한 번 물을 뿌려서 용액이 완전히 제거되도록 한다.

출처: 보건복지부, 어린이집안전공제회, 중앙육아종합지원센터(2017). 2017 어린이집 보육교직원 안전교육 자료집.

5) 물놀이영역

이 영역에서는 물을 용기에 담거나 쏟아 붓고, 배를 띄우는 등 물놀이를 하는 곳이다. 물놀이영역도 뜨거운 햇빛을 가려주는 차양이나 파라솔로 그늘을 만들어 주고 물 사용이나 배수가 용이한 곳에 설치한다.

수영이나 물장난을 위해서는 풀이 좋으나 뜨고, 가라앉고, 물결 치고, 흐르는 등의 물의 성질을 알게 하는 실험적 활동에는 물통 같은 것이 더 유용하다. 이곳에도 모래놀이와 마찬가지로 물을 푸는 바가지, 깔때기, 고무호스, 구멍 뚫린 플라스틱 통, 물에 뜨는 것과 가라앉는 물체, 스펀지 등 여러 기구들을 준비하여 준다. 식용물감으로 여러 가지 색의 물을 제공하면 또 다른 흥미를 불러일으킬 수도 있다.

그림 9-17 물 · 모래놀이영역의 예

6) 대근육운동영역

이 영역에서는 대근육운동 놀이를 하는 곳으로, 그네, 미끄럼틀, 다목적 놀이터 등 고정된 놀이기구를 설치한다. 고정된 놀이기구는 실외놀이 공간의 둘레에 설치하여 눈에 띄기 쉽고 감독이 용이하도록 한다. 시설물 간에는 충분한 공간을 두어 배치하고 바닥은 모래나 고무로 처리하여 안전사고에 대비한다.

그림 9-18 대근육운동영역의 예

실외놀이는 건물 밖에서 이루어지는 놀이로서, 개방된 공간에서 마음껏 움직일 수 있고 소음에 긴장하지 않아도 되기 때문에 실내에서 불가능한 여러 가지 활동이 다양하게 이루어질 수 있어 유아의 전인적 성장과 발달을 위해 필수적인 곳이다. 그러나 실외놀이 공간은 유아들의 활발한 신체활동이 이루어지는 곳이기 때문에 놀이시설물에서의 추락과 골절의 위험성이 높은 장소이다.

안전사고의 위험을 줄이기 위해 충분한 실외놀이 공간이 확보되어야 한다. 일반적으로 공간의 크기는 유아의 수, 토양의 형태, 자연환경의 특성, 필요한 건물 구조의 유형 등에 따라 대개 만 4~8세 유아 1인당 4.5~9㎡(약 1.36~2.73평)가 필요하다. 실외놀이터에서 발생하는 안전사고를 예방하기 위해 고려할 사항은 〈표 9-3〉과 같다.

표 9-3 실외놀이터에서 발생하는 안전사고를 예방하기 위해 고려할 사항

- 유아가 길이나 도로에 나가는 일을 방지하기 위해 울타리를 설치한다. 120cm 이상의 높이로 담을 쌓을 필요가 있지만, 너무 높이 쌓으면 유아의 시야를 가리게 되므로 지나치게 높은 것은 피하도록 한다(김재숙 외, 2004).
- 위험시설로부터 50m 떨어진 곳에 위치한다.
- 바닥에 파인 곳이나 튀어나온 곳 등 단차가 없도록 처리한다.
- 모래놀이터 등에 개와 고양이 등의 배설물, 돌, 담배꽁초 등 위험한 것이 없는지 수시로 확인한다.
- 미끄럼틀 등 실외놀이 기구에 나사나 튀어나온 부분, 갈라진 틈 등이 있는지 점검한다.
- 칠이 벗겨지거나 파손된 곳이 있으면 즉시 보완한다.
- 입에 넣을 만한 것이나 손이 베일만 한 유리파편 등 위험한 물질이 없는지 확인한다.
- 모래놀이터는 무게감 있는 덮개로 덮어 놓으며, 주기적으로 살균 소독한다.
- 실외놀이 도중 일사광선을 피해 잠시 쉴 수 있는 그늘을 확보한다.
- 미끄럼틀은 1.8m 높이, 31~33° 경사, 8~15cm 높이의 난간이 있어야 하며, 그늘에 설치하는 것이 좋다. 착지지점 밑바닥 부분에는 25cm 이상의 깊이로 톱밥이나 모래를 설치하여야 내려오는 속도로 인한 낙상의 위험이 적어 안전하다.
- 그네는 앉아서 타는 것으로 벽으로부터 1.8m 떨어져야 하며, 양쪽 받침대에서 최소한 70cm 간격을 두고 매달며, 두 그네 사이의 간격도 70cm 정도 띄워 놓아야 한다. 땅바닥에서 그네 밑면까지의 높이는 40cm 정도로 한다. 그네 주변은 타고 내리는 데 필요한 2개의 출입구를 제외하고 낮은 나무를 심어 보호벽을 설치한다.
- 시소는 땅에 닿는 부분은 폐타이어를 묻어 시소를 탈 때 유아의 뇌나 척추에 충격이 가지 않도록 하며, 손잡이를 반드시 부착하여 유아가 손잡이를 붙잡고 안전하게 탈 수 있도록 한다.
- 모래놀이영역은 곰팡이 등의 번식을 위해 양지바른 곳에 설치하며, 수시로 체를 쳐서 유리조각이나 돌멩이 등의 위험물질을 골라낸다. 모래가 부족하면 첨가해 주며, 한 학기에 한 번 정도는 모래를 깨끗이 세척해야 한다.

Chapter **10**

유아교육의 주요 문제

10 Chapter

유아교육의 주요 문제

배울 내용

1. 유아 창의인성 교육
2. 유아와 전자미디어 교육
3. 다문화 반편견 교육
4. 아동학대 예방 교육
5. 4차 산업혁명 시대와 유아교육

학습목표

1. 유아 창의인성 교육의 의미를 살펴보고, 창의인성을 높일 수 있는 방안들을 모색해본다.
2. 유아의 전자미디어 중독에 대하여 알고 예방할 수 있는 방법을 모색해본다.
3. 다문화와 편견에 대하여 바르게 이해하고 반편견 교육내용과 교육방법을 숙지한다.
4. 아동학대에 대한 이해를 바탕으로 아동학대 예방법을 숙지한다.
5. 4차 산업혁명 시대에 필요한 유아교사의 자질을 모색해본다.

최근 유아교육에서 중요하게 다루고 있는 주요 문제들에는 유아 창의인성 교육, 유아 전자미디어 중독, 다문화 반편견 교육, 아동학대 및 4차 산업혁명 시대 등이 제기되고 있는데, 본 장에서는 현재 제기되고 있는 유아교육 주요 문제들에 대해 구체적으로 살펴보고자 한다.

1 유아 창의인성 교육

1) 창의성의 개념

현대 사회는 예측 불가능한 시대로 변화하고 있다. 모든 분야에서 이러한 시대적 흐름에 대처하기 위한 필수적인 요소로서 창의성을 꼽고 있으며, 많은 국가에서는 창의성이 자국의 생존 및 번영에 큰 영향을 미치는 것으로 인식하고, 창의적인 인재를 발굴·육성하기 위해 많은 시도와 노력을 하고 있다(이광우, 오은순, 2012).

창의성은 인간의 사고 특성 중 하나로 심리학 이론의 발달과 더불어 직접적인 학문 분야로서 연구와 논의가 진행되어 왔다. 창의성이란 학자들에 따라 다양하게 논의되고 있지만 일반적으로는 모든 인간에게 보편적으로 내재된 능력으로 새롭고 유용한 가치를 산출하는 능력과 그 바탕이 되는 성격 특성을 가리킨다(김경은, 2019).

이러한 창의성에 대한 정의는 〈표 10-1〉과 같이 인지적 측면으로 보는 입장, 태도의 측면으로 보는 입장, 과정적 측면으로 보는 입장, 결과적 측면으로 보는 입장, 통합적 측면으로 보는 입장 등으로 구분할 수 있다(최은영, 김정원, 2008).

표 10-1 창의성에 대한 정의

구분	내용
인지적 측면	인지적 측면에서 접근하는 입장은 창의성을 주로 지적 능력의 한 부분으로 간주하는데 이를 위해 창의성을 확산적 사고 및 수렴적 사고로 구분한다. 길포드(Guilford)는 지능의 구조모형을 제시하면서 요인 분석적 연구를 통해 확산적 사고의 하위 요인이 창의성을 높이기 위한 분명한 지침이 된다고 밝혔고 확산적 사고의 하위 요인으로 문제에 대한 민감성, 사고의 독창성, 사고의 유창성, 사고의 정교성, 재정의 등을 제시하였다.
태도의 측면	태도의 측면에서 접근하는 입장은 창의성을 욕구나 동기, 성격의 일부로 설명하려는 관점이다. 토런스(Torrance)는 창의적 인간의 대표적인 성격 특성으로 호기심, 상상력, 융통성, 민감성, 높은 독서열, 하는 일에 몰두하고 전념함, 유머, 뛰어난 지각력, 시각적, 낙관적, 위험을 기꺼이 감수하는 능력 등을 제시하였다.
과정적 측면	과정적 측면에서 접근하는 입장은 창의성을 문제해결 과정이나 정신적 과정으로 보는 방법론적 측면을 강조한다.
결과적 측면	결과적 측면에서 접근하는 입장은 새로운 것을 만들어내는 힘으로 보는 관점으로써 예술품, 발명품, 문학작품, 문제의 해결, 광고, 개인의 내적 이미지, 일상의 지적·정의적·행위적 표현 등의 형태로 구상화된다는 관점이다. 결과적 측면에서 창의성은 '새롭고 질적으로 수준이 높으며 적절한 산물을 생산해 내는 능력'이다.
통합적 측면	통합적 측면에서 접근하는 입장은 창의성을 독창적이고 가치가 있으며 실천할 수 있는 사고과정 또는 산출물로 이해한다. 즉, 창의성이 나타나기 위해서는 여러 가지 요소들이 상호 관련성을 맺고 있어야 한다는 것이다.

그러나 창의성 관련 연구들에서는 단편적 접근으로는 창의성을 완전하게 이해할 수 없을 뿐 아니라 적용에 한계가 있다는 점을 지적하고 있다. 따라서 개인의 인지적 요인과 정의적 요인 및 환경적 요인 간 상호작용을 창의성의 발현으로 보는 통합적 접근을 강조하고 있다. 통합적 접근에서의 창의성이란 새로움을 창출하는 사고과정, 개인적 성향, 동기유발 등 여러 요소들이 상호작용함으로써 발휘된다. 통합적 접근방법으로 수행된 창의성 연구는 〈표 10-2〉와 같이 요소모델(Componential Approach, Amabile, 1988), 체계모델(System Approach, Csikszentimihalyi, 2014), 상호작용 모델(Confluence Approach, Woodman & Schoenfeldt, 1990), 구성요소 모델(Urban, 1995), 투자이론(An Investment Approach, Stenberg, & Lubart, 1999)으로 구분할 수 있다.

표 10-2 통합적 접근의 구분과 내용

구분	내용
요소모델	요소모델은 창의성의 영역을 관련지식 능력, 창의성 관련기술, 내적 동기와 같은 하위요소의 복합체라고 하였다. 그리고 창의성은 문제해결 과정에서 고정된 정신적 틀에서 벗어날 수 있는 인지양식, 집중적으로 노력하고 기꺼이 어려움에 맞서고자 하는 끈기와 인내 등의 인성적 요소, 새로운 아이디어를 산출해 낼 수 있는 발견적인 지식으로 이루어져 있다. 따라서 창의적 능력은 인지적 능력과 인성적 특성, 그리고 사회적 환경의 조합 속에서 발휘될 수 있다.
체계모델	창의적 능력은 영역, 분야, 개인 등 세 가지 시스템(체계)이 상호작용하여 발휘되는 것으로 보았다. 영역이란 문화적으로 새롭게 선택된 상징체계 및 지식의 축적물로서 이를 보전하여 타인과 다음 세대에 전달하는 것을 의미한다. 그리고 분야란 개인의 창의적 아이디어를 평가하고 선택하는 사람들의 집합체로서 영역에 영향을 미칠 수 있는 모든 사람들을 포함한다. 개인은 인지적 과정, 인성적 · 성격적 특성, 동기 등을 활용하여 어떤 영역 내에서 창의적이라고 보게 되는 변화를 야기하는 체계를 뜻한다.
상호작용 모델	상호작용 모델은 기존의 창의성 이론들이 제시하고 있는 많은 창의성의 요소들과 관련 변인들을 함께 고려하는 창의성에 대한 결합적 접근으로 명명된다. 즉, 지능, 지식, 사고방식, 인성, 동기, 환경의 6가지 창의성의 발현요소가 역동적 관계를 유지하는 것을 가리킨다.
구성요소 모델	창의성 구성요소 모델 속에는 창의성의 구성요소가 개인적 성향과 인지적 요소로 구분되어 제시된다. 창의성의 개인적 성향 속에는 과제 집착력과 집중력, 동기유발, 개방성과 모호함에 대한 인내가 포함된다. 인지적 요소는 확산적 사고력과 행동력, 일반지식과 사고력, 영역지식과 기능의 요소가 포함된다.
투자이론	창의성을 위한 투자이론에서는 지적 능력, 지식, 사고양식, 인성, 동기, 환경 등 6가지 자원이 균형 있는 상호작용에 의해 창의성이 개발된다고 보았다. 즉, 문제해결에 있어서 종합적 · 분석적인 인지적 능력을 뜻하는 지적 능력, 창의성이 발휘되기 위한 기본적 바탕으로서의 지식, 어떤 것에 관여하고 어떤 능력을 사용할 것인가와 관련된 사고양식, 모험을 즐기고 용감하며 유머감각이 뛰어난 것 등과 관련한 인성, 하고자 하는 동기 그리고 창의적인 아이디어를 지원하고 격려해주는 환경 등이 창의성 발휘에 필수적임을 강조하였다.

이상과 같은 창의성에 대한 통합적 접근을 종합해보면, 창의성은 과거의 경험과 지식을 토대로 하여 거기에 새로운 것을 첨가해 가는 지적 과정이며 과거의 경험과 현재의 환경이 재결합되어 새로운 패턴, 새로운 아이디어, 새로운 산출을 만들어 내는 능력 및 사고과정이라고 볼 수 있다(김경은, 2019).

2) 인성의 개념

인성(人性)의 사전적 의미는 '사람의 성품'이다(국립국어원, 2018). 사람의 성품이란 성격과 품격의 합성어로 성격은 각 개인의 특징을 나타내는 선천적 · 후천적 행동특성을 의미하며, 품격은 사람된 바탕과 타고난 성품이라고 정의된다. 이처럼 인성, 성격, 성품, 인격, 자질 등의 용어로 혼재되어 사용되며 학자들마다 인성에 대한 정의를 다양한 관점에서 내리고 있다(강선보 외, 2008).

인성은 더불어 사는 우리 모두에게 필요한 성품이다. 인성에 대하여 버코위츠(Berkowitz)와 푸카(Puka)(2009)는 가치관, 영향력, 추론, 자기 개념, 성격과 같은 심리적 특성을 포함하여 도덕적 매개체를 촉진시키는 역할을 하는 심리적 특성들의 복합체라고 정의하며 특히 '도덕적 선'의 역할을 강조하였다. 도승이(2013)는 인성은 〈표 10-3〉과 같이 크게 두 가지 관점에서 바라볼 수 있다고 주장하였다.

표 10-3 인성의 관점

구분	내용
개인적 관점	개인적 관점은 개인이 선천적으로 타고난 성격과 품성을 바탕으로 도덕적인 덕목요소와 태도를 갖추는 것이다. 이러한 관점은 인성을 개인의 변하지 않고 지속되는 특징이라고 하였으며, 마음의 바탕이 되는 성질이라고 보았다. 즉, 인간이 갖추어야 할 올바른 성질과 품격이라는 것이다.
사회 · 문화적 관점	사회 · 문화적 관점은 그 시대에서 요구하는 올바른 인재상의 관점에서 바라보는 것이다. 즉, 인성을 그 인간이 속한 시대 · 문화적 맥락 안에서 인간답다고 인정받는 성향이며, 사회 · 정서적 유능함과 함께 윤리적인 행동을 실행하는 성향이라고 주장한다. 국가 수준의 누리과정에서도 다원화되는 시대에 미래 민주 시민의 기초를 형성하기 위해 유아의 인성을 타인의 생각과 행동을 존중하고 배려해 긍정적 대인관계를 맺음으로써 공동체의 구성원이자 미래를 이끌고 갈 리더로서의 지식과 태도를 갖추는 것이라고 주장하고 있다.

위의 두 가지 관점을 종합하면, 인성은 개인이 인성덕목 요소와 가치에 대한 내면화를 바탕으로 자신의 잠재력을 발휘하며, 더 나아가 타인과 더불어 살아가는 공동체 생활에 필요한 것이다. 이러한 종합적 관점에서 인성은 개인이 능력을 최대한 발휘하는데 있어서 필수불가결한 것이며 공동체 생활에 있어서 중심적인 역할을 하는 것으로 이해할 수 있다.

3) 창의성과 인성의 관계

창의성과 인성은 모든 교육 영역에서 비중 있게 다루어지고 있다. 과거에는 창의성과 인성이 독립적 관계로 인식되었다. 그러나 현대 사회에서 창의성과 인성이 조화를 이루어야 할 필요성이 제기되고 있다. 예를 들어, 창의성에 대한 개념이 나를 중심으로 하는 개인적 차원에서 나를 둘러싸고 있는 주변의 모든 사람과 사물을 포함하는 세계 중심적 차원으로 점점 확산되고 있으며 공동의 문제를 해결하기 위해 서로의 의사소통과 협력을 통해 생산되는 집단적 창의적 산물의 필요성이 강조되고 있다. 이러한 변화에 따라 개인의 지적 탁월함과 공동체의 도덕적 선을 동시에 추구하는 것으로서의 창의인성이 부각되고 있다.

최현주와 최연철(2017)의 연구에서는 창의성과 인성의 융합 중심 연계 관점을 제시하면서 '창의인성'이라는 하나의 독립된 개념으로 정립하고 창의성 요소와 인성요소의 유기적 결합을 시도하여 창의인성 요소를 도출하였는데, 이는 문제에 관심 갖기(사회문제 인식능력, 탐구능력), 대안모색(다양성 수용능력, 구체적 판단능력), 행동 실천력(자기행동 조절능력, 관계형성 능력) 등 3개의 유목을 중심으로 한 6개의 세부유목과 27개의 세부요소이다. 창의인성 요소의 개념을 도식화한 것은 〈그림 10-1〉과 같다.

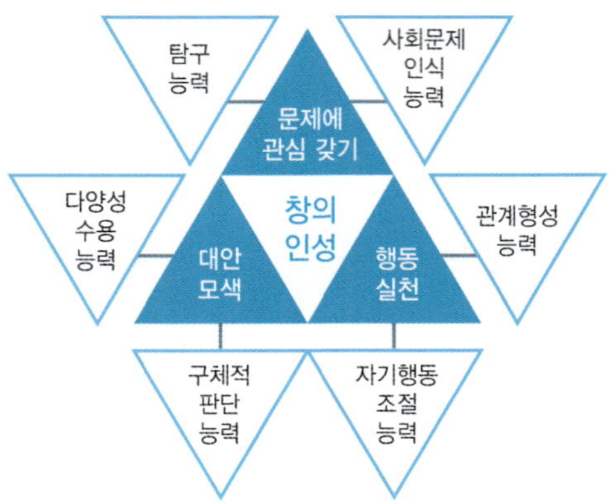

그림 10-1 창의인성 요소 개념 도식화

출처: 최현주, 최연철(2017).

그들이 도출한 창의인성 요소에서 첫 번째 유목인 '문제에 관심 갖기'는 주변에서 나타나는 작은 문제부터 사회적, 국가적으로 발생하는 모든 문제에 호기심을 갖고 민감하게 반응하는 것, 다양한 방법으로 문제를 해결하기 위해 자신의 지식과 주변의 상황을 종합적으로 생각하여 적극적으로 참여하려는 자세를 의미한다. 두 번째 유목인 '대안 모색'은 다양한 시각에서 관심 주제를 바라보고, 이를 통해 문제를 발견하며 창의적으로 해결할 수 있도록 자료탐색 및 해결안을 모색하고 생성해 내는 과정을 의미하는데, 여기서의 대안이란 공공의 이익을 추구하고 인간의 삶에 긍정적 방향으로 유용하게 작용하는 것을 의미한다. 세 번째 유목인 '행동 실천'은 자신의 의사결정에 따라 자신의 행위에 책임을 지는 자율적 행동을 하는 것이며 공동체를 위한 선택을 하고 이를 지속적으로 유지하는 것이다.

이를 근거로 하여 창의인성은 다양성에 대한 이해, 사회 문제를 민감하게 인식하여 도덕성을 근거로 문제를 해결하는 능력, 기존 맥락에서 벗어난 다각적 사고, 문제해결 과정에 적극적으로 참여하고 자발적으로 탐구하는 능력, 상황에 적절한 의사소통능력, 상호 이해와 협동을 통한 관계 형성 능력으로 개념화 할 수 있다.

4) 유아 창의인성 교육 프로그램

현재 창의인성 교육은 미래 사회 인재양성을 위한 중요한 한 축이라고 볼 수 있다. 즉, 시대적, 사회·문화적, 국가적 차원에서 창의인성 교육의 필요성이 강조되는 것과 함께 많은 학자들은 유아기를 창의성과 인성 발달의 결정적인 시기로 보고 있기 때문에 발달적 관점에서 유아의 창의인성 교육의 중요성 역시 강조되고 있는 것이다.

이처럼 창의인성이 미래 인재의 핵심역량 및 자질로서 새롭게 정의되고 있는 가운데 교육정책의 방향은 창의성과 인성을 함께 길러줄 수 있는 창의인성 교육을 강조하는 패러다임으로 전환되어 가고 있다(교육과학기술부, 2013). 그리고 누리과정에서 창의인성 교육을 강조하는 것은 유아기부터 창의성과 인성을 모두 갖춘 인적자원을 키우는 것이 국가 차원에서 매우 중요한 목표임을 의미한다. 이처럼 유아교육에서 지속적으로 창의인성 교육의 중요성이 강조되었고, 특히 국가 수준 교육과정의 주도 하에 창의인성 교육이 대두되었다. 앞으로도 이러한 흐름이 국가 수준에서 각 지역, 유치원 수준으로 확장될 것으로 예상할 수 있다.

하지만 창의인성 교육은 창의성 교육과 인성 교육을 동시에 추구하는 데서 야기되는 창의성과 인성의 양립의 어려움, 정책적 제안으로 탄생한 태생적 한계 등으로 인해 많은 비판을 받아온 것이 사실이다. 또한 창의인성을 교육현장에 안정적으로 정착시키려는 다양한 노력에도 불구하고 유아교육현장에서는 창의인성 교육이 창의성 교육과 인성 교육으로 분류되어 상호 개별적으로 이루어지고 있는 것으로 나타났다(박영태, 2014). 교육현장에서는 창의인성 교육의 명확한 개념 및 교수학습방법의 자료 부족 등으로 창의인성 교육을 구체적으로 적용하는데 적지 않은 어려움을 겪고 있다(이경민 외, 2013). 따라서 유아의 창의성과 인성을 함께 길러주기 위한 구체적인 교육 프로그램 개발의 필요성이 강조되고 있다.

2 유아와 전자미디어 교육

최근 부적응 아동의 출현배경으로 중요성이 강조되고 있는 것이 사이버 환경이다. 우리 사회에서 인터넷의 사용은 1990년대 이후로 급속하게 증가하였으며, 주요 정보원으로 또 하나의 사회 및 커뮤니티를 형성하는 원동력으로서 기능하고 있다. 이와 같은 순기능 외에도 인터넷과 스마트폰 중독이라는 심각한 사회적 위험 요인이 우리 아이들을 위협하는 세상이 되었다. 최근 유아에게 가장 많은 영향을 미치고 있는 TV 시청과 스마트폰 사용에 대해 살펴보면 다음과 같다.

"2~5세 유아 39% 매일 TV 시청"…공격적 행동 · 수면 문제 등 우려

입력: 2018.05.30.(10:15) 수정 2018.05.30.(10:16)

우리나라 2~5세 유아 39%가 TV를 매일 시청하고, 12%는 스마트폰을 매일 사용한다는 조사결과가 나왔습니다. 아주대병원 소아정신건강의학과 신윤미 교수팀은 경기도에 사는 만 2~5세 유아(평균나이 3.85세)의 부모 390명을 대상으로 가정 내 전자미디어 사용빈도를 조사한 결과 이같이 나타났다고 30일 밝혔습니다. 연구팀은 가정 내 전자미디어 기기를 6가지(스마트폰, TV, 컴퓨터, 태블릿PC, 비디오 콘솔, 휴대용 게임기) 유형으로 나눠 유아들의 하루 평균 사용빈도를 조사했습니다. 이 결과 전체의 39.3%가 TV를 거의 매일 시청했으며, 1주일에 사흘 이상 TV를 보는 유아는 70%에 달했습니다. TV를 시청하는 유아 중에는 평일 평균 1시간 이상 시청이 48%를 차지했습니다. 주말 기준으로 평균 1시간 이상 TV를 보는 경우가 63.1%였습니다. 전체의 66.5%가 만 두 살이 되기 전에 TV 시청을 시작한 것으로 분석됐습니다. 스마트폰의 경우 조사 대상 유아의 12%가 매일 사용하는 것으로 집계됐습니다. 36.5%가 1주일에 사흘 이상 사용했고, 만 1살(12개월)이 되기 전에 스마트폰을 사용한 유아가 12.2%, 2살(24개월) 이전은 1살 이전을 포함해 31.3%였습니다. 이처럼 어린 나이에 전자미디어에 노출되면 건강에 해가 될 우려가 있습니다. 각종 연구결과에 따르면 TV와 스마트폰에 일찍 노출되고, 스크린을 보는 시간이 과도한 아이일수록 언어지체, 집중력(주의력) 저하, 비만, 공격적인 행동, 수면 문제 등이 생길 위험이 크다는 의학보고가 있습니다. 이 때문에 외국에서는 생후 24개월 전에 아예 전자미디어를 쓰지 못하도록 권고하고 있으며, 이런 문제가 적발되는 경우 벌금을 물리는 나라도 있습니다. 신윤미 교수는 "30~40대인 부모들이 스마트폰 등의 미디어 기기와 매우 친숙하다 보니 자녀들도 조기에 노출되는 것으로 보인다"고 설명하며 "만 2세 이전에는 가급적이면 전자미디어 기기를 쓰지 않도록 하고, 이후에 쓰게 되더라도 아이가 어떤 프로그램을 사용하는지 부모가 관심을 갖고 올바르게 사용하도록 지도해야 한다"고 조언했습니다. 이 연구결과는 대한신경정신의학회가 발행하는 국제학술지 '정신의학 연구'(psychiatry investigation) 5월호에 실렸습니다.

엄진아 기자

출처: KBS NEWS(http://news.kbs.co.kr/news/view.do?f=o&ncd=3657020&ref=D).

1) TV 시청

유아의 행동 양상 변화 중 TV 시청이 유아의 생활에 미치는 영향은 엄청나게 크다고 할 수 있다. 이러한 영향이 부정적이냐, 긍정적이냐에 대한 논의가 많이 되고 있지만 어떻게 할 것인가에 대해서는 스스로 결정하도록 하는 것이 바람직하다. TV 시청이 영유아발달에 미치는 영향을 살펴보면 〈표 10-4〉와 같다.

표 10-4 TV 시청이 영유아발달에 미치는 영향

부정적인 영향	긍정적인 영향
• 창의성이나 상상력이 개발되지 못한다. • 폭력적인 장면에 그대로 노출되면 공격적인 성향을 강화시킨다. • 시청시간이 길어지면서 독서나 취미생활, 운동, 가족 간의 상호작용이 소홀해져 대인관계형성에 문제가 발생할 수 있다.	• 즐거움을 주어 일상 생활에서 오는 권태로움으로부터 벗어날 수 있다. • 다른 사람의 대화의 소재로 유용하게 활용한다. • 다양한 언어적 경험을 통해 언어발달에 긍정적인 영향을 미친다. • 모방을 통해 친사회적 행동을 배울수 있다.

(1) 공격적인 행동 학습

많은 문헌연구들에서 TV 시청이 유아의 공격적인 행동 학습에 영향을 준다는 주장이 지속적으로 보고되고 있다. 그 중 대표적인 것으로는 반두라(Bandura, 1977)의 연구로써 아동들에게 공격적인 행동의 모델을 단기간 보여준 후에 이를 시청한 아동들의 행동이 보다 공격적이 된다는 주장이다. 그러나 TV의 폭력적인 장면이 모든 아동에게 똑같이 부정적인 행동 학습으로 연결되는 것은 아니다. 아이의 성격이 이미 공격성이 강한 아이들만이 공격적인 행동모델을 관찰한 경우 더욱 심한 폭력적 반응을 나타낸다는 것이다.

한편, 폭력적인 TV를 시청한 유아들의 장기적인 효과에 대해서 종합적으로 분석해 보면, 역시 폭력적 장면의 TV 시청과 공격적인 행동 학습사이에는 상관성이 있는 것으로 나타났다. 특히, 8세를 전후로 TV를 시청한 아동이 성인이 되었을 때 반사회적 행동양식을 많이 나타내었기 때문에 폭력물 시청의 효과가 성인기까지 지속되는 민감기는 8세 전후인 것으로 분석되었다.

(2) 친사회적 행동 학습

TV의 프로그램 중 친사회적 행동의 내용이 유아에게 미치는 효과에 관한 연구도 꾸준히 계속되고 있다. 이에 관한 종합적인 견해로는 이들 프로그램 시청을 통해 유아들은 나누어 갖기, 협력하기, 자기통제하기 또는 타인의 감정 존중하기 등의 친사회적인 행동습득이 가능하다는 것이다. 따라서 문제로 등장하는 분명한 사실은 프로그램 제작자와 교육 전문가의 협조로 친사회성이 강한 프로그램을 유아들에게 공급함으로써 이들 행동 학습의 기회를 보다 증대하는 것이다.

2) 스마트폰 중독

스마트폰은 손 안의 PC로 기존의 휴대폰에 PC와 같은 고도화된 기능을 결합한 것으로 앱을 설치하고 동작시켜 다양한 기능을 수행할 수 있도록 만든 모바일기기로 정의된다(방송통신위원회, 한국인터넷진흥원, 2012). 따라서 스마트폰은 기존의 휴대전화 기능을 수행할 수 있으며, PC와 유사한 기능 및 사양을 가진 것이 특징이고, 모바일 인터넷 기능을 활용하여 언제 어디서나 인터넷에 접속할 수 있다는 장점을 가지고 있다(권기덕 외, 2010; 이주연, 2011). 하지만 장시간의 스마트폰 사용으로 스마트폰 중독 증상이 나타나게 되는 부작용을 초래하게 되었다.

스마트폰 중독은 스마트폰을 지나치게 사용하여 스마트폰 사용에 대한 금단과 내성을 갖고 있으며, 이로 인해 정상적인 생활을 할 수 없는 상태를 말한다. 어린아이들의 경우 '유아 스마트폰 증후군'이라고 부른다. 다시 말해 유아 스마트폰 중독 증후군은 6세 미만 영유아들이 스마트폰의 영상 · 게임 등에 장시간 노출되어 뇌가 불균형적으로 발달하는 정신적 질환을 일컫는 말이다〈그림 10-2〉.

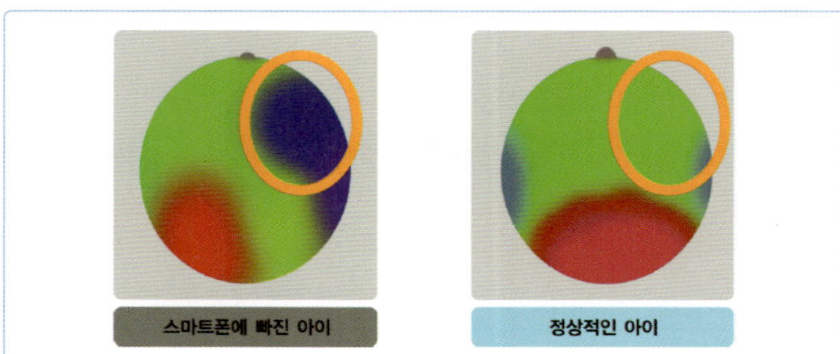

그림 10-2 영유아의 스마트폰 사용이 뇌에 미치는 영향

〈그림 10-2〉에서 보는 것과 같이 영유아의 스마트폰의 사용은 뇌의 우측 전두엽에 부정적인 영향을 주는 것으로 나타났다. 우측 전두엽의 이상은 주의력결핍 과잉행동장애(ADHD) 아동에게 나타나는 현상으로 아이들의 경우 하루 30분 이상 휴대폰에 노출되면 매우 위험하다고 주장한다. 또한 3~5세의 유아가 있는 27가족을 대상으로 관찰한 결과에 의하면, TV 시청 및 유아가 스마트폰을 사용하는 동안 부모-자녀 사이의 상호작용은 거의 발생되지 않음으로써 가족 구성원 간의 친밀성을 유지하게 되는 대화 및 접촉이 거의 없는 것으로 보고되고 있다.

이러한 현상이 계속 반복되면 주의력결핍 과잉행동장애(ADHD)나 틱장애, 발달장애로 이어질 수 있다. 또한 현실에 무감각해지고 주의력은 떨어져 팝콘처럼 강한 자극에만 반응을 하는 '팝콘 브레인' 현상을 나타내기도 한다. 즉, 뇌가 스마트폰 동영상이나 게임처럼 빠르고 강한 정보에는 익숙하고, 현실의 느리고 약한 자극에는 반응을 하지 않게 되는 것이다. 이러한 팝콘 브레인 현상은 즉각적인 것에만 반응하다 보니 사고과정이 사라져 인지 발달을 저해하게 되는 것이다.

(1) 스마트폰 이용현황

최근 연간 100만 명 이상의 청소년들이 인터넷 환경이 가져다 준 미디어 중독으로 인해 학습장애와 정서문제 등의 심각한 정신적 위기를 맞고 있는 것으로 보고되고 있다. 특히, 미디어 사용의 연령이 점점 낮아져 영유아에게도 부정적인 영향을 미치는 것으로 나타나고 있다. 스마트론 과의존 위험군 비율을 살펴보면 〈표 10-5〉, 〈그림 10-3〉과 같다.

표 10-5 스마트폰 과의존 위험군 비율(2015~2021)

(단위: %)

구분		2015	2016	2017	2018	2019	2020	2021
과의존위험	유아동(만3~9세)	12.4	17.9	19.1	20.7	22.9	27.3	28.4
	청소년(만10~19세)	31.6	31.6	30.3	29.3	30.2	35.8	37.0
고위험	유아동(만3~9세)	1.7	1.2	1.2	2.0	2.3	3.7	4.3
	청소년(만10~19세)	4.0	3.5	3.6	3.6	3.8	5.0	5.7
잠재적위험	유아동(만3~9세)	10.7	16.7	17.9	18.7	20.6	23.6	24.1
	청소년(만10~19세)	27.6	27.1	26.7	25.7	26.4	30.8	31.3

출처: 과학기술정보통신부, 한국정보화진흥원(2022). 2021 스마트폰 과의존 실태조사.

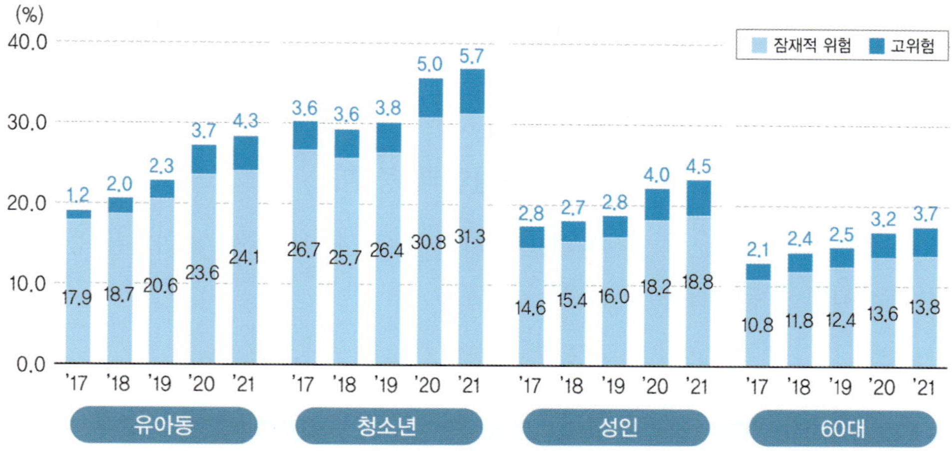

그림 10-3 연령대별 스마트폰 과의존 위험군 비율(2017~2021)

주: 유아동은 만 3~9세, 청소년은 만 10~19세, 성인은 만 20~59세, 60대는 만 60~69세에 해당함.
출처: 과학기술정보통신부, 한국정보화진흥원(2021). 2021 스마트폰 과의존 실태조사.

〈표 10-5〉, 〈그림 10-3〉에서 보는 것과 같이 2021년 유아동의 경우, 과의존 위험군은 28.4%(잠재적 위험군은 24.1%, 고위험은 4.3%)로 나타났다. 유아동 과의존 위험군에 대한 구체적인 내용을 살펴보면 〈그림 10-4〉와 같다.

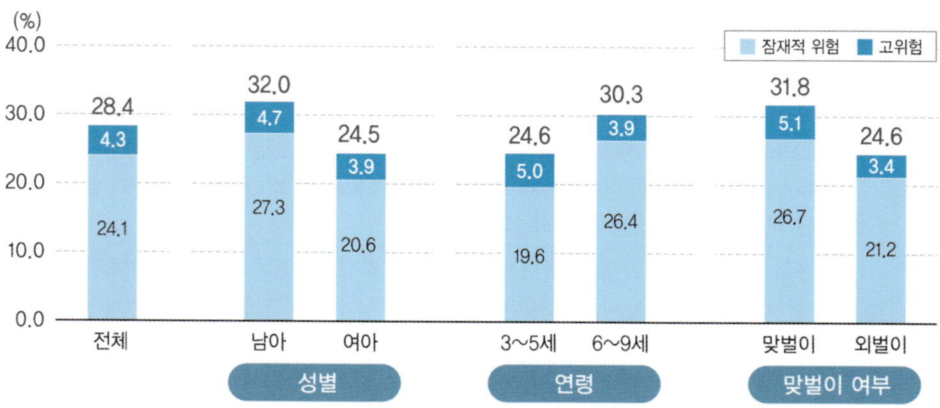

그림 10-4 유아동 스마트폰 과의존 위험군 현황(2021)

출처: 육아정책연구소(2022). 2021 영유아 주요 통계.

〈그림 10-4〉에서 보는 것과 같이 유아동 과의존 위험군은 남아가 여아보다 많았으며 맞벌이 가정에서 더 많은 것으로 나타났다.

(2) 유아 스마트폰 증후군의 발생원인과 증후군

유아 스마트폰 증후군의 발생원인을 살펴보면 〈표 10-6〉, 유아 스마트폰 증후군이 유발하는 다양한 문제들을 살펴보면 〈표 10-7〉과 같다.

표 10-6 유아 스마트폰 증후군의 발생원인

구분	내용
접근성	스마트폰이 널리 보급되기 이전에는 가정에서 주로 컴퓨터나 TV를 많이 사용하였기 때문에 사용 기간에 대한 제한도 비교적 수월하고 집 밖을 나서면 전자기기를 접할 가능성도 매우 낮았다. 그러나 손 안에 쏙 들어오는 스마트폰은 아이들이 언제 어디서나 휴대할 수 있다는 점이다. 따라서 집에서나 밖에서나 쉽게 스마트폰에 노출이 되고 가정에서 또는 학교에서 스마트폰 사용을 제재하는 것이 힘들어지게 되었다.
환경적 요인	아이들이 공공장소에서 울면서 떼를 쓰면 부모들이 곤란함을 느껴 아이에게 스마트폰을 주는 경우가 있다. 이런 경우 대부분의 아이들은 스마트폰 영상에 빠짐과 동시에 울음을 그치게 된다. 하지만 이와 같은 상황이 잠시 동안 아이의 울음을 멈추게 하는 데는 좋은 방법일 수 있으나 이런 상황이 반복된다면 아이가 스마트폰 없이는 울음을 그치지 않을 수도 있다는 점에 유의해야 한다.
심리적 요인	또래와의 유대감이 커지고 강한 자기주장을 나타내는 청소년의 시기에는 SNS 활동을 통한 관계 형성을 중요하게 생각하게 된다. 친구들 사이에서 소외되지 않기 위해 무작정 스마트폰을 사달라고 투정을 부리기도 하고, 더 좋은 게임 캐릭터를 얻기 위해서 스마트폰 사용시간을 늘리기도 한다. 스마트폰 보급률이 80%를 넘어가는 시대에서 또래 친구들의 대화나 관심사가 모두 스마트폰에서 이루어지다 보니 또래관계에서 소외되지 않기 위해 스마트폰에 집착하는 것은 어쩔 수 없는 현상일지도 모른다.
기술의 발달	점점 늘어나는 다양한 애플리케이션과 그 속에서 발전하는 여러 기능들은 아이들의 흥미를 쉽게 사로잡을 수 있다. 화질과 음향의 향상으로 더 자극적이고 박진감 넘치는 게임과 영상 등을 통해 아이는 스마트폰에 쉽게 질리지 않고 계속해서 더 많은 욕구를 가지게 된다.

표 10-7 유아 스마트폰 증후군의 문제

구분	내용
충동장애	스마트폰을 지속적으로 사용하게 되면 과도한 영상 자극에 노출되어 이성적 판단으로 충동을 조절하고 억제하는 기능이 발달하지 못해 주의력결핍 과잉행동장애(ADHD)를 유발할 수 있다.
우뇌증후군	스마트폰을 지속적으로 사용하게 되면, 스마트폰의 자극이 우뇌의 발달을 저하시키는 우뇌증후군을 유발할 수 있다. 우뇌는 면역 기능을 억제하는 브레이크 역할을 하고 좌뇌는 면역 기능을 촉진하는 엑셀과 같은 역할을 하는데 만약 좌우 뇌의 기능이 균형을 갖추지 못하면 면역 기능에 이상이 생기면서 주의력결핍 과잉행동장애(ADHD)나 틱장애와 같은 질환이 생길 수 있으며, 균형감각이나 공간지각 능력에 문제가 생길 수 있다.
팝콘브레인	미국 연구발표에 따르면, 지나치게 스마트 기기에 노출된 아이는 현실에 무감각해지는 팝콘브레인으로 뇌 구조가 변한다는 결과를 발표하였다. 스마트폰에서 나타나는 영상들은 빠르고 강한 정보이기 때문에 이것에 익숙해진 아이들은 현실의 약한 자극에는 반응을 하지 않는 것이 바로 팝콘 브레인의 증상이다.
VDT증후군	VDT증후군(Visual Display Terminal Syndrome: 컴퓨터단말기 증후군)은 스마트폰, 태블릿 PC나 컴퓨터 모니터와 같은 영상기기를 오랫동안 사용해 생기는 현대병을 의미한다. 가장 큰 원인으로 지목받는 것이 스마트폰이다. 특히, 스마트폰 사용에 따라 생길 수 있는 나쁜 자세는 아무리 유연한 아이들이라 할지라도 경추 압박을 받게 된다. 미국 뉴욕의 척추전문의사인 케네투 한스라이 교수 연구진이 국제외과기술저널(Surgical Technology International)에 보고한 논문에 따르면, 스마트폰을 사용하면서 고개를 숙이는 각도에 따라 성인의 경우 최대 27kg의 부담이 가해지는 것으로 나타났다.
사회성 · 정서발달	표현을 잘하지 못하여 말을 할 때도 눈을 잘 마주치려 하지 않고 자기만의 세계에 빠져 또래와의 대화나 놀이에 흥미를 느끼지 못하게 되어 사회성 및 정서발달에도 부정적인 영향을 미치게 된다.
성장장애	스마트폰을 볼 때 눕거나 엎드려서 사용하면 체형이 삐뚤어지고 척추 측만증 등이 생겨 학습 능력이 떨어지고 성장장애를 나타낼 수도 있다. 또한 눈 깜박임이 줄어 안구건조증이나 근시도 가져올 수 있고 휴대전화의 전자파가 뇌에 침투할 수 있다.

3 다문화 반편견 교육

정보통신과 각종 미디어의 발달로 인하여 인류는 하나의 문화를 고집하던 시대를 뛰어넘어 '세계화'라는 명목으로 여러 가지 문화가 혼재된 지구촌시대를 살아가고 있다. 하지만 이렇게 다양한 민족, 인종, 문화가 함께 어울려 더불어 살아가는 환경은 자신에 대한 정체감과 타인에 대한 편견이 없는 이해를 바탕으로 가능하다(Robertson, 1992). 이러한 편견 없는 다양한 시각과 포용력 있는 가치관은 현대인으로서 갖추어야 할 소양이며, 특히 미래를 짊어질 우리의 자녀들은 필수적으로 유아기부터 다양한 문화를 접하고 긍정적인 수용과 자신의 문화에 대한 정체성을 갖추는 교육이 요구된다.

1) 반편견 교육

편견이란 공정하지 못하고 한쪽으로 치우친 생각을 뜻하는 것으로 적절한 지식, 사고, 이성 등이 없는 상태에서 다른 사람이나 상황에 대하여 가지게 되는 태도나 의견 혹은 감정 등으로 결국에 편견은 다른 사람이나 집단에 대하여 좋아하거나 적대시하는 판단을 하게 만든다(Johns & Derman Sparks, 1992). 우리는 생활의 다양한 상황에서 편견을 경험하고, 이때 느끼는 상처나 분노 또는 죄책감 등을 외면하고 싶어한다. 하지만 부정적인 결과를 초래하는 편견에 대해 대처하는 능력을 배양하기 위한 교육, 즉 반편견 교육에 대해서는 상대적으로 소홀한 것이 사실이다. 그러므로 여러 가지 내적인 가치관이 형성되는 유아기부터 반편견 교육에 대한 교육계의 올바른 이해를 기반으로 편견에 대한 부정적 영향을 직시하여 편견이 배제된 가치관을 심어주는 교육이 필요하다. 반편견에 대한 해석은 여러 학자들에 의해 이루어져 왔으며, 그 의미를 살펴보면 〈표 10-8〉과 같다.

표 10-8 반편견에 대한 학자들의 견해

구분	내용
램시 (Ramsey, 1987)	반편견 교육이란 끊임없이 이루어지고 있는 불평등의 사회를 변화시킬 수 있도록 사람을 준비시키는 것
스파크스와 포스 (Sparks & Force, 1989)	긍정적인 자기 정체성 발달과 사회적 편견에 적극적으로 대처할 수 있는 교육
베이커 (Baker, 1994)	반편견 교육이란 모든 유아들이 다양성을 수용하며, 서로 활발한 상호작용을 하고, 편안한 감정이입을 발달시켜 자신 있고 폭넓은 자아정체감을 구성하도록 돕는 것
장영희 (1998)	반편견 교육은 새로운 내용이나 방법을 제기하는 교육이라기보다는 우리의 삶 안에서 다른 문화에 대한 고정관념이나 편견, 차별적 행동이 다른 사람에게 상처를 준다는 것을 알게 하고, 다른 문화에 대한 긍정적인 수용과정에서 자신의 문화적 정체성을 스스로 구성할 수 있도록 방향짓게 하는 것

반편견과 관련된 교육으로는 다민족교육, 다문화교육, 평화교육, 세계이해교육 등이 있으며, 서로 혼재되어 사용되기도 하지만 시대적 상황에 따라 강조되는 부분이 각각 존재한다.

(1) 다민족교육

다민족교육(Multiethnic Education)을 살펴보면, 대표적인 다민족 국가인 미국에서 1964년 소수 민족의 권리와 가치를 존중하기 위해 공교육에 반영하기 위한 법을 제정하면서 처음으로 사용되었다. 다양한 민족이 가진 그들만의 고유한 문화나 특성에 대하여 이해하고 존중하는 것을 배우는 민족적 내용을 강조하는 교육이다.

(2) 다문화교육

다문화란 한 사회 안에서 여러 민족이나 여러 국가의 문화가 혼재하는 것을 말하며, 다문화교육(Multicultural Education)이란 인종, 민족, 사회적 지위, 성별, 종교, 이념에 따른 집단의 문화를 동등한 가치로 인식하며, 다른 문화에 대한 편견을 줄이고 다양한 문화를 이해하기 위한 지식, 태도, 가치 교육을 가르치는 것이다. 소수 민족이라는 소수자에 대한 배려를 다민족교육이라고 한다면, 다문화교육은 다양한 가치를 인정하고 문화 간의 교류를 활성화시키는 교육이라고 할 수 있다.

(3) 평화교육

평화교육(Peace Education)이란 전쟁과 폭력에 의해 인간 존엄성이 위협받는 상태를 극복하고 대안으로 평화와 협력을 이끌어내는 태도, 행동양식, 가치관을 형성시키는 교육을 의미한다. 구체적으로는 자기 이해, 자존심, 의사소통, 갈등해결능력, 다양성의 탐구와 이해 등이 있다.

(4) 세계이해교육

세계이해교육(Education for Global Understanding)이란 세계를 하나의 체제로 인식하고 상호의존적 세계관에서 요구되는 지식, 기술, 태도를 양성하는 교육이다(Jarolimek, 1986). 즉, 세계를 하나의 전체 체제(whole system)로 인식하고 상호의존적 세계에서 효과적으로 살아가기 위해 요구되는 지식, 기술, 태도를 기르는 교육이다(Jarolimek, 1986). 다양한 인종, 다양한 문화 그리고 국가 간 상호의존성의 요구증대 이해, 유한한 자원을 가진 지구에서 살아가기 위해 겸비해야 할 자질 등을 갖추는 교육이다. 다시 말해 세계이해교육은 다민족, 다문화, 평화교육 등을 포함하는 세계시민을 양성하는 교육이라고 말할 수 있다.

최근 논의되고 있는 다문화, 세계화의 추세는 민족과 국가라는 거시적 차원에서뿐만 아니라 사회 내에서 소외되고 무시되었던 계층의 문제, 인종문제, 장애문제 등에까지 시선을 확대하여 사회의 모순과 편견에서 벗어나려는 노력을 교육을 통하여 실현하고자 하고 있다.

2) 반편견 교육내용과 교수방법

대부분 편견은 성인들의 전유물이라는 인식이 일반적이며 어릴수록 어떤 사실을 받아들일 때 편견 없이 있는 그대로 받아들이기 쉽다고 생각한다. 하지만 성인은 유아들에게 가장 직접적인 모델링을 제공하며 직접적인 영향을 미친다. 그러므로 반편견 교육에서 가장 중요한 역할을 수행할 수 있는 가장 영향력 있는 성인은 교사이다. 교사가 어떤 사실을 받아들일 때 편견에서 얼마나 자유로울 수 있는지에 대한 태도나 가치관은 유아들의 반편견 교육에서 가장 중요한 부분이다. 홀과 롬버그(Hall & Rhomberg, 1995)는 유아기부터 갖게 되기 쉬운 편견의 영역으로 능력, 연령, 외모, 신념, 계층, 문화, 가족구성, 성, 인종, 성애 등을 제시하였는데, 이를 구체적으로 살펴보면 〈표 10-9〉와 같다(박찬옥, 1998 재인용).

표 10-9 유아기부터 갖게 되기 쉬운 편견

구분	내용
능력(Ability)	신체적 · 정신적 · 정서적 능력과 그 능력의 범위, 유아들에게 가장 공통적으로 인식되는 능력은 신체적 능력임. 능력에는 장애 여부가 포함되는 포괄적 의미를 가지고 있음
연령(Age)	나이가 많거나 적은 것. 또한 늙거나 젊게 보이는 것을 포함하는 세대 간의 차이를 포함함
외모(Appearance)	키(크다/적다), 몸매(살찌다/마르다), 손상된 상태(흉터/화상 등). 최근에는 외모에 따른 편견이 심하며 특히 뚱뚱한 아이의 자아개념이 낮은 경향이 심함
신념(Belief)	어떠한 것에 대해 믿거나 믿지 않는 것을 의미함. 다양한 종교, 자연에 대한 믿음 등
계층(Class)	개인의 생활양식을 반영하는 사회 · 경제적 지위
계층결정요인	직업, 주거 형태, 복장, 교통수단방식, 교육적 배경 등
문화(Culture)	같은 집단의 구성원들과 공유하는 생활방식, 사고, 신념, 언어, 공휴일, 기념일, 습관 등을 포함함
가족구성(Family)	가족 및 그들의 역할
성(Gender)	남자 또는 여자로서의 명명, 성차에 의한 편견은 역사적으로 전형적인 편견에 속함
인종(Race)	피부색, 머리카락, 얼굴 모습 등과 같은 유전적으로 결정된 일련의 신체적 특징 및 공통의 뿌리에 의해 연결된 사람들의 집단
성애(Sexuality)	성적인 지향 또는 선호(동성애 등이 여기에 포함)

김영옥(2002)은 다문화교육의 목표를 유아들이 긍정적, 개방적, 배려적, 공동체적인 삶을 살아가기 위한 것이라고 설정하고 다문화교육의 내용은 교육목표와 통합되어야 한다는 전제 하에 다음과 같이 세 가지로 구분하였다. 첫째, 다양한 문화 이해에 관한 내용을 통해 주제를 중심으로 우리나라와 다른 나라의 문화를 비교해 보고 유사점과 차이점을 인식하도록 한다. 이를 통해 유아들은 문화의 다양성을 이해하고 자신의 문화뿐 아니라 타문화의 가치를 존중하는 긍정적 태도를 갖게 된다. 둘째, 상호의존성에 관한 내용을 통해 타인과 함께 더불어 살아가고, 어려운 일은 상호 간에 돕고 살아가야 한다는 것을 이해해야 한다. 이를 위해 상호 갈등을 조절하고 함께 해결해 나갈 수 있는 능력 형성에 관한 내용을 다루어 타인과의 긍정적인 관계 형성능력을 갖도록 한다. 셋째, 친밀감과 존중감에 관한 내용을 통해 서로 다른 문화권의 사람들과 친구가 될 수 있고 문화뿐만 아니라 일상생활 속에서 교류하며 살고 있음을 인식하도록 한다. 이는 유아들이 반편견적 사고와 태도를 형성하여 타인에 대한 친밀감을 느끼고 서로의 의견과 감정을 존중할 수 있는 긍정적인 태도를 기를 수 있게 한다.

반편견 교육과정에서 제시하는 목표를 중심으로 반편견 교육에서 강조하는 내용을 정리하면 〈표 10-10〉과 같다.

표 10-10 반편견 교육에서 강조하는 내용

- 유아기는 자기 정체감과 다른 사람에 대한 이해를 발달시키는 시기이다. 내가 누구이고, 네가 누구이며, 나에 대해서 어떻게 느끼는가를 생각하는 것은 3~5세 유아들이 열중하는 과제이다.
- 유아들이 그들 자신과 다른 사람에 대하여 신체적 특징이나 차이점에 대하여 질문하는 것은 자연스러운 일이다.
- 성이나 생식기에 대한 유아들의 질문에 진지하게 반응해준다.
- 성역할 고정관념은 점차 변화되고 있으며 각자의 가능성을 최대한 살릴 수 있는 기회와 지원이 필요하다.
- 반편견 교육은 사람들의 서로 다른 차이점을 강조하며 이를 인간의 존엄성의 측면에서 접근하는 것이 바람직하다. 다른 사람에 대한 관심과 다른 사람과 기꺼이 함께하고 싶어하고 협동할 수 있도록 지원한다.
- 반편견 교육은 일상생활 중에서 우연히 일어나는 상황을 교육적으로 적절하게 개입하는 것이 좋다. 늘

유아들의 행동을 잘 관찰하는 것이 적절한 교육 기회를 포착하는 첫 단계이다.
- 유아들이 자기 민족이나 나라에 대하여 우월성이 아닌 긍지를 느낄 수 있도록 격려한다.
- 다른 사람의 삶의 방식에 대한 이해와 존중감을 발달시킨다. 이러한 이해를 기초로 다른 나라와 문화에 대한 존중감을 가지게 한다.
- 유아들이 우리가 공유하고 있는 신체적 공통점에 대하여 이해하도록 격려한다.
- 효과적이고 상호적인 가정과 학교와의 협력을 통하여 유아의 반편견 교육을 지원한다.

3) 다문화교육에서 유아교사의 역할

모든 유아교육에서 교사의 역할이 중요하듯이 유아를 대상으로 하는 다문화교육에서도 교사의 역할은 매우 중요하다. 유아교사는 유아교육기관에서 유아들이 사회적 관계를 형성하는 과정을 통하여 타인에 대해 이해하는 능력을 가지도록 지도한다. 유아들은 또래들과의 사회적 관계를 통해서도 타인이해지능을 키우기도 하지만 가장 가까운 성인들 중 하나이면서 유아들의 정서지능 형성에 영향력을 가진 교사의 태도를 통해서도 타인에 대한 이해나 태도를 배울 수 있다. 켄덜(Kendall, 1996)은 교사의 역할을 〈표 10-11〉과 같이 제시하였다.

표 10-11 다문화교육에서의 유아교사의 역할

- 교사는 유아들의 모범적인 모델로서 사람들을 존중하고 배려하는 태도를 유아가 본받도록 보여 주어야 한다.
- 교사는 각 유아가 그들이 가진 가치를 발달시키도록 경험을 제공해 주어야 한다.
- 교사는 유아가 탐색하고, 적극적으로 행동하고, 질문하고, 어려운 문제를 해결하고, 무언가를 먼저 활발하게 시작하도록 격려해야 한다.
- 교사는 유아의 학습에 적극적으로 참여하는 참여자가 되어야 한다.
- 교사는 유아에게 의도적으로 또는 무의도적으로 자신의 가치와 태도를 전달한다. 그러므로 교사가 자신의 태도와 가치를 민감하게 인식할 필요가 있다.

지금까지 살펴본 바와 같이, 교사의 역할에 대해 다양하게 정의를 하였지만 유아를 지도하는 교사일수록 자신에 대한 행동과 태도에 더욱더 주의해야 된다는 점은 공통적이다.

4 아동학대 예방 교육

2014년 국회에서 「아동학대범죄의 처벌 등에 관한 특례법(법률 제12341호)」과 개정된 「아동복지법」시행으로 아동학대에 대한 국가의 적극적인 개입이 가능해졌다. 기존에는 사회복지적 접근으로 피해아동을 보호하는 차원에서 업무가 진행되었기 때문에 아동보호전문기관 상담원이 현장에서 아동과 학대행위자에 대한 조치 및 개입을 하려고 할 때 '개입 거부'로 종결되는 사례들이 많았다. 이 특례법 중 임시조치를 통하여 친권 제한 · 정지, 상담위탁, 치료위탁 등으로 적극적이고 강제적인 개입이 가능해졌고, 응급조치를 통하여 학대 피해아동이 신속하고 안전하게 보호받을 수 있게 되었다.

1) 아동학대의 개념과 현황

아동학대란 「아동복지법」 제3조 제7항에 따르면 보호자를 포함한 성인이 아동의 건강 또는 복지를 해치거나 정상적 발달을 저해할 수 있는 신체적 · 정신적 · 성적 폭력이나 가혹 행위를 하는 것과 아동의 보호자가 아동을 유기하거나 방임하는 것으로 정의된다. 즉, 아동에게 해로운 행위를 가하는 작위적 행동으로서의 학대와 아동에게 주어야 할 것을 주지 않는 부작위의 행동인 방임을 포함한다. 학대의 유형은 학대받은 부위에 따라 크게 신체학대, 정서학대, 성학대로 나누며, 학대가 일어난 장소를 중심으로 가정 내 학대와 가정 외 학대로 나눈다. 방임은 보호자가 고의적 · 반복적으로 아동에 대한 양육 및 보호를 소홀히 하여 아동의 건강이나 복지를 해치거나 정상적인 발달을 저해하는 행위를 말한다. 방임을 유형별로 크게 나누면, 신체 방임, 정서 방임, 교육 방임, 의료 방임, 성 방임 등이 있다. 이러한 아동학대의 사례유형을 구체적으로 살펴보면 〈표 10-12〉와 같다.

표 10-12 아동학대 사례유형(2020)

(단위: 건, %)

구분	전체	신체학대	정서학대	성학대	방임	중복학대
건수	30,905	3,807	8,732	695	2,737	14,934
비율	100.0	12.3	28.3	2.2	8.9	48.3

주: 2020년 기준임.
자료: 보건복지부, 학대피해아동보호현황.
출처: 육아정책연구소(2022). 2021 영유아 주요 통계.

2020년 아동학대의 전체 건수는 30,905건이며, 신체학대 3,807건, 정서학대 8,732건, 성학대 695건, 방임 2,737건, 중복학대 14,934건으로 나타났다. 중복학대에 대한 사례유형은 〈표 10-13〉과 같다.

표 10-13 중복학대 사례유형(2020)

(단위: 건, %)

구분	신체학대·정서학대	신체학대·성학대	신체학대·방임	신체학대·정서학대·성학대	신체학대·정서학대·방임	신체학대·성학대·방임	신체학대·정서학대·성학대·방임	정서학대·성학대	정서학대·방임	정서학대·성학대·방임	성학대·방임
건수	12,130	28	316	166	996	2	19	175	1,086	9	7
비율	38.6	0.1	1	0.7	3	0	0.7	0.6	3.4	0	0.1

주: 1) 2020년 기준임.
2) 전체 아동학대 건수 중 해당 중복사례유형 건수의 비율임.
자료: 보건복지부, 학대피해아동보호현황
출처: 육아정책연구소(2022). 2021 영유아 주요 통계.

2020년 중복학대 사례유형은 전체 14,934건으로 신체학대·정서학대가 12,130건(38.6%)으로 가장 많았으며, 정서학대·방임 1,086건(3.4%), 신체학대·정서학대·방임 996건(3%) 순으로 나타났다. 아동학대 사례유형별 현황은 〈표 10-14〉와 같다.

표 10-14 아동학대 사례유형별 현황(2020) (단위: 건, %)

구분	아동학대사례	전체	신체학대	정서학대	성학대	방임
아동성별						
남아	24,261	51.6	55.1	50.6	16.8	51.4
여아	22,789	48.4	44.9	49.4	83.2	48.6
아동연령						
1세 미만	747	1.6	0.8	1.2	0.0	6.3
1~3세	3,824	8.1	6.2	8.3	1.0	15.6
4~6세	5,761	12.2	11.4	12.2	5.8	17.0
7~9세	9,284	19.7	19.8	19.3	16.3	22.2
10~12세	10,785	22.9	23.3	23.1	25.5	20.2
13~15세	11,072	23.5	25.8	23.6	32.3	13.7
16~17세	5,577	11.9	12.8	12.3	19.1	5.1
가족유형						
부모	39,233	83.4	83.9	84.7	31.6	86.9
친인척	2,471	5.3	5.8	5.1	6.8	3.9
대리양육자	4,131	8.8	8.6	8.3	22.1	8.6
기타	1,215	2.6	1.7	1.9	39.5	0.6

주: 1) 2020년 기준임.
2) 중복학대 미분류된 총 30,905건의 사례에 대한 현황임.
자료: 보건복지부, 학대피해아동보호현황.
출처: 육아정책연구소(2022). 2021 영유아 주요 통계.

2020년 아동학대 사례유형별 현황을 살펴보면, 남아(51.6%)가 여아(48.4%) 보다 많았으며, 아동연령은 1세 미만 747건(1.6%), 1~3세 3,824건(8.1%), 4~6세 5,761건(12.2%)으로 나타났으며, 가족유형으로는 부모에 의한 아동학대가 83.4%로 가장 높은 것으로 나타났다. 연도별 학대피해아동 보호 건수에 대한 현황은 〈그림 10-5〉와 같다.

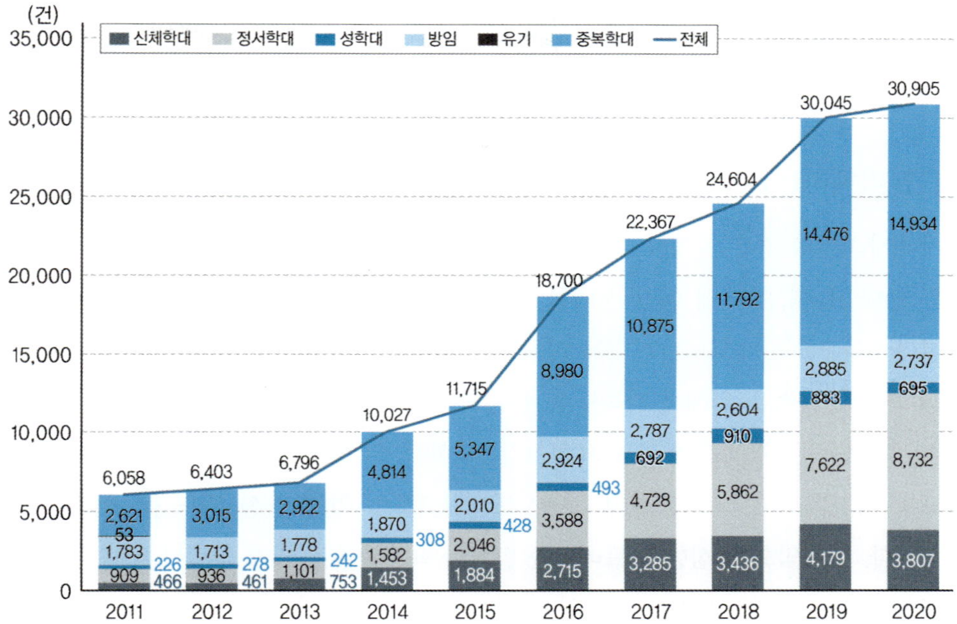

그림 10-5 연도별 학대피해아동 보호 건수(2011~2020)

주: 1) 아동보호전문기관에 신고접수된 사례만 분석한 결과로 경찰서 등 타 기관을 통해 접수된 건은 미반영되어 있어, 실제 우리나라 아동학대 실태와는 차이가 있을 수 있음.
2) 2012년부터 유기는 방임에 포함하여 집계되어 0으로 표시됨.
자료: 보건복지부, 전국아동학대현황보고서.
출처: 육아정책연구소(2022). 2021 영유아 주요 통계.

연도별 학대피해아동 보호 건수는 2011년 6,058건에서 2016년 18,700건, 2020는 30,905건으로 해마다 증가하고 있는 것으로 나타났다.

2) 아동학대의 예방

아동학대의 경우 치료보다는 예방이 더 효과적이다. 왜냐하면 학대받은 아동의 치료는 어렵고 시간도 많이 소모되며 효과도 별로 없기 때문이다. 또한 아동학대의 예방은 우리 사회의 다른 문제들을 감소시킬 수 있다. 예로 아동학대와 성장 후의 범죄, 약물남용, 사회 부적응 그리고 결혼 부적응과 성적 문제 등은 상관관계가 매우 높기 때문이다. 그러므로 아동기에 학대를 받지 않고 자란다면 이런 여러 가지 부정적인 문제들은 막을 수도 있다. 아동학대 예방에 대해 간략하게 살펴보면 다음과 같다.

(1) 가해자(어른)의 경우

가해자(어른)의 경우는 첫째, 학대 또는 폭력의 충동을 느끼는 경우 마음을 가라앉히도록 한다. 둘째, 자녀에 대한 지나친 기대보다는 기대수준을 현실적으로 맞추도록 노력한다. 지나친 기대로 그 기대에 미치지 못하는 경우 학대가 발생할 수 있다. 셋째, 항상 화목한 가정을 위해서 가족구성원이 노력해야 한다. 넷째, 아동양육이 힘들 때는 친척이나 주위 사람에게 도움을 요청한다. 다섯째, 알코올중독이나 약물중독에 빠지지 않도록 대화를 자주하고 고민에 대해서도 의논할 수 있는 가정분위기를 만드는 것이 중요하다. 마지막으로 심한 스트레스를 받거나 욕구충족이 되지 않도록 노력하고 고민이 있는 경우는 전문가에게 상담을 요청한다.

(2) 피해자(아동)의 경우

피해자(아동)의 경우는 먼저 크게 울거나 싫다고 소리를 지르는 등 학대거부의사를 확실하게 밝히도록 가르쳐야 한다. 둘째는 학대의 현장에서 피하도록 한다. 그리고 잘 모르는 사람은 따라가지 않도록 교육시킨다.

3) 아동 성학대의 예방

아동 성학대를 예방하기 위해서는 먼저 지식을 습득시키도록 한다. 즉, 성 교육을 통해 지식을 갖도록 해야 한다. 둘째, '학대가 무엇인지' 알려준다. 셋째, '부당하게 취급받았을 때, 즉시 믿을만한 어른에게 이야기하고 숨기지 말라'고 가르친다. 넷째, '괜찮은, 적절한' 접촉과 '안 되는, 부당한' 접촉을 구별하여 부당한 접촉은 거부하도록 가르친다. 그러나 문제는 근친강간의 경우 평소에 친분이 두터운 '좋은, 괜찮은 사람'으로부터의 '접촉'으로 일어날 수 있기 때문에 접촉을 구별하도록 가르치는데 어려움이 있는 것이다. 다섯째, 피하는 행동전략을 습득시킨다. 여섯째, '싫어요'라고 말한다 → '피한다' → '다른 어른에게 이야기한다'를 연합해서 학습시킨다. 그리고 마지막으로 자기주장 훈련을 통해 스스로 행동 전략이나 판단을 주장할 수 있도록 가르친다.

5 4차 산업혁명과 유아교육

현대는 4차 산업혁명 시대로 교육 패러다임도 변화하고 있으며〈그림 10-6〉, 따라서 교사의 4차 산업혁명 시대에 필요한 새로운 역량을 요구하고 있다. 유아교사는 4차 산업혁명 시대에 맞는 역할을 충실히 수행할 수 있는 능력을 함양할 수 있도록 지속적인 노력이 필요하다. 유아교육에서의 4차 산업혁명에 대한 교육의 의미는 〈표 10-15〉와 같다.

그림 10-6 대한민국 미래교육 인재역량

출처: 국제미래학회, 한국교육학술정보원(2017). 대한민국 미래교육보고서.

표 10-15 유아교육에서의 4차 산업혁명에 대한 교육의 의미

• 4차 산업사회의 흐름 속에 누리과정 · 표준보육과정의 개정을 통한 인간상의 새로운 제시는 미래 사회가 요구하는 인간상으로 우리가 교육을 통하여 추구해 나가야 할 방향이다. 4차 산업혁명 시대의 인공 지능, 로봇, 빅데이터 등으로 대체될 수 있는 지식과 인지 중심 교육이 아닌 로봇으로 대체할 수 없는 인간의 유일한 능력인 정서와 감성역량을 기르는 교육이 강조되어야 한다. 개정된 누리과정과 표준보육과정에서 새롭게 제시된 감성이 풍부한 사람은 미래사회에 요구되는 인간상의 반영이다. • 지식중심 교육에서 벗어나 지식을 연계한 창의적 사고가 요구되고 있다. • 아동중심, 놀이중심의 통합적 교수법을 바탕으로 융합적 사고와 자기주도적 놀이중심 학습이 이루어져야 하며, 놀이를 통한 문제해결능력을 익히고 통합적 사고능력을 키워나가도록 교사는 관찰자, 놀이지원자의 역할을 해야 한다.

참고문헌

강선보, 박의수, 김귀성, 송순재, 정윤경, 김영래, 고미숙(2008). 21세기 인성교육의 방향설정을 위한 이론적 기초 연구. 교육문제연구, 30, 1-38.

고정곤, 김소영, 김의석, 손현숙, 시옥진, 이정순, 임영심, 최철용(2016). 부모교육. 양서원.

과학기술정보통신부, 한국정보화진흥원(2022). 2021 스마트폰 과의존 실태조사.

곽노의(1998). 유아교육 개혁 모델로서 자유 발도르프 유치원교육 탐색. 열린유아교육연구, 3(1), 173-208.

곽노의(2005). 홀리스틱 관점에서 본 발도르프 유아교육의 실제. 한국홀리스틱교육학회지, 9(1), 1-19.

곽주영(1996). 보육교사 행동의 질적 수준과 아동의 사회적 행동 특성. 연세대학교 대학원 석사학위논문.

교육과학기술부 유아교육지원과(2009). 유아교육 선진화를 위한 종합적인 발전 방안 마련. 교육과학기술부.

교육과학기술부(2012). 3~5세 연령별 누리과정. 교육과학기술부.

교육과학기술부(2013). 유아교육발전 5개년 계획.

교육과학기술부, 보건복지부(2012). 5세 누리과정 해설서.

교육과학기술부, 보건복지부(2013). 3~5세 연령별 누리과정 해설서.

교육부(2013). 누리과정의 현장 안착 및 충실한 운영 지원을 위한 누리과정 컨설팅장학 운영 계획(안).

교육부, 보건복지부(2020). 2019 개정 누리과정 놀이운영사례집: 놀이를 지원하는 교사의 역할(유아의 발현적 놀이에 리듬을 맞추는 교사).

국립국어원(2018). 인성, 품격. Retrieved June, 14, 2018 from 〈http://stdweb2.korean.go.kr/main.jsp〉

국제미래학회, 한국교육학술정보원(2017). 대한민국 미래교육보고서.

권기덕, 임태윤, 최우석, 박성배, 오동현(2010). 스마트폰이 열어가는 미래. CEO Information, 741, 1-22.

권화숙, 김선, 남현주, 박현숙, 윤혜영, 임미혜(2018). 부모교육. 수양재.

김경배, 김억환(2004). 교육과 사상의 역사. 한성대학교 출판부.

김경은(2019). 포스트모던 그림책 기반 유아 창의인성교육 프로그램 개발. 한국교원대학교 대학원 박사학위논문.

김규선(1993). 한국 유치원교육의 변천과정 연구. 건국대학교 교육대학원 석사학위논문.

김기환(2002). 저소득층 가정의 아동을 위한 포괄적 보육서비스의 이론적 개념과 지역사회 연계 프로그램의 활용. 삼성복지재단 제9회 학술대회 자료집. 삼성복지재단.

김무길(2016). 듀이의 교육목적관에 대한 일 고찰: 발현과 성장의 관계를 중심으로. 교육철학연구, 38(3), 27-47.

김미라(2018). 영아-교사 간 애착증진을 위한 신체활동 프로그램 개발 및 적용효과. 배제대학교 대학원 박사학위논문.

김미량, 김수희(2013). **영유아 교수학습 방법론**. 공동체.

김성원(2002). Rudolf Steiner의 유아교육론 연구. 대구카톨릭대학교 대학원 박사학위논문.

김수애(2016). 유아교육정책 전달에 관한 사립유치원 교원의 인식 연구. 계명대학교 유아교대학원 석사학위논문.

김수영(2000). 유아의 또래수용도, 놀이상호작용 및 놀이형태와의 관계. **유아교육연구, 20**(3), 47-66.

김수영, 김수임, 김현아, 정금자(2006). **유아놀이의 이론과 실제**. 양서원.

김수영, 김수임, 정정희, 천신현(2016). **영유아 프로그램 개발과 평가**. 양성원.

김애자, 김희연, 박경희, 민행란, 서미옥, 서화니, 성소영, 이선영, 이진희, 윤은주, 정선아(2012). **부모의 눈맞춤, 자녀의 웃음(0~2세 자녀교육서)**. 대구광역시 교육청.

김연진, 이상희(2012). **부모교육**. 태영출판사.

김영옥(2002). **유아를 위한 다문화교육**. 정민사.

김유미(2002). **두뇌를 알고 가르치자**. 학지사.

김유미(2006). 뇌 발달 접근에서 본 유아교육의 방향. **유아교육연구, 26**(4), 31-49.

김의영(1997). **아동보육론**. 동문사.

김이영, 배헌석, 이우언(2018). **인간이해를 위한 심리학**. 양성원.

김이영, 백경숙, 전재선, 최윤희, 한용기, 홍성훈(2016). **교육심리학**. 양성원.

김재숙, 임미혜, 김선희, 김혜경, 배선이(2004). **유아교사를 위한 실외놀이 가이드 북**. 정민사.

김정원, 김유정(2006). 방과후 프로그램의 실태와 부모와 교사의 요구에 관한 연구. **아동권리연구, 10**(1), 49-72.

김정임(2003). 발도르프 유아교육원리에 대한 고찰. **교육과학연구, 34**(2), 117-130.

김정희(2004). **지혜, 지능 그리고 창의성의 종합**. 시그마프레스.

김종석(2011). 아버지의 놀이성과 부모 효능감 및 양육행동이 유아의 놀이성에 미치는 영향. 성균관대학교 대학원 박사학위논문.

김지영, 성연승(2011). **몬테소리 유아교육**. 양서원.

김진영, 최윤정, 백혜리(2009). **유아를 위한 교수학습 방법론**. 양서원.

김춘경, 민하영, 박경희, 송규운, 신인숙, 유승희, 이명환, 이미란, 이영미, 임영심, 조성자(2016). **유아교육개론**. 양성원.

남명자(1995). **어린이와 텔레비전 환경**. 나남출판.

도승이(2013). 행복한 미래 인재 양성을 위한 인성교육의 필요성과 실천방안. **사고개발, 9**(2), 143-159.

마송희(2003). 유아교육기관에서의 다연령집단에 관한 연구. **한국영유아보육학회지, 4**, 171-193.

목영해, 양진건, 이항재, 한규원(2004). **교육의 역사와 철학**. 교육과학사.

문성영(2020). 부모의 놀이성과 놀이 참여도가 유아의 놀이성 및 회복탄력성에 미치는 영향. 원광대학교 대학원 박사학위논문.

문연심(2014). **영유아 프로그램 개발 및 평가**. 공동체.

문정화, 하종덕, 박경빈, 김선진(2019). (또 하나의 교육) 창의성(3판). 학지사.

민송이(1995). 탁아 교사의 언어유형에 따른 아동의 놀이실 행동. 이화여자대학교 대학원 석사학위논문.

박경희, 이진희(2011). 연령 간 교류를 위한 친사회성 증진 버디 프로그램을 통한 유아들의 경험과 변화 과정. **유아교육연구, 31**(3), 353-379.

박경희, 이진희(2014). 단일연령 학급 유아들의 연령 간 교류활동 방안에 대한 교사의 인식 및 요구조사: 버디 프로그램을 중심으로. **아동교육, 23**(2), 127-147.

박상완(2014). 현직교사교육 연구 동향 분석: 특징과 과제. **한국교원교육연구, 31**(2), 227-254.

박선영(2012). 유아의 놀이성과 친사회적 행동과의 관계. **한국유아교육연구, 14**(1), 129-152.

박영태(2014). 창의인성 함양을 위한 누리과정에의 MeFOT 적용방안. **MeFOT 창의인성연구, 3**(1), 5-33.

박은혜(2003). **유아교사론**. 양서원.

박은혜, 장민영(2016). OECD 국가별 공립 유치원 교원제도 분석: 임용, 입문 및 현직교육, 근무여건 제도를 중심으로. **한국교원교육연구, 33**(2), 259-286.

박의수(1994). 루돌프 슈타이너와 발도르프 교육. **안암교육학연구, 1**(1), 107-126.

박주영(2008). 여섯 색깔 사고 모자 기법의 이론과 적용. 경북대학교 대학원 석사학위논문.

박찬옥(1998). 반편견 교육과정의 정의 및 필요성. 반편견 교육과정을 통한 인간교육. 한국어린이육영회, 15-34.

박찬옥, 서동미, 엄은나(2014). **유아사회교육**. 정민사.

박화윤(2009). 유아교사의 놀이지도관련 학술지연구의 내용분석. **한국영유아보육학, 57**, 75-102.

반영섭(2014). **줄탁동시(啐啄同時)와 교사의 역할**. 음성신문.

배공민, 황희숙(2014). 창의적 사고기법을 활용한 이야기 나누기 활동이 유아의 창의성 및 언어표현력에 미치는 효과. **동북아시아문화학회 국제학술대회 발표자료집, 28**, 318-323.

배미연, 이순복(2014). 영아-교사관계가 영아의 교사애착안정성과 어린이집 적응에 미치는 영향. **어린이문학교육연구, 15**(2).

배재정(2011). 교사가 지각한 유아 다문화교육의 내용. **유아교육연구, 31**(4), 143-163.

보건복지부, 어린이집안전공제회, 중앙육아종합지원센터(2017). 2017 어린이 보육교직원 안전교육자료집.

서울대학교 교육연구소(1994). **교육학 용어 사전**. 하우.

서지은(2014). 영아교사의 놀이신념, 놀이교수효능감이 교사-영아 상호작용에 미치는 영향. 중앙대학교 대학원 석사학위논문.

서현아, 임희수, 최남정, 하선혜, 한희정, 허수윤(2016). **창의적 사고와 문제해결**. 공동체.

성민경(2021). 영유아의 발달을 지원하는 부모-자녀 놀이상호작용 척도 개발 및 타당화 연구. 명지대학교 대학원 박사학위논문.

신의숙(2004). 한국 유아교육 제도의 발전과정 및 개선 방향모색 · 일본 유아교육제도와의 비교연구. 중부대학교 교육대학원 석사학위논문.

신의진(2002). 유아기의 부적절한 양육이 두뇌 발달에 미치는 효과: 애착 장애아동의 두뇌 양전자 방출 단층촬영 및 자기공명영상 소견을 중심으로. 한국과학재단 연구보고서.

신혜원(1992). 보육시설의 질적 수준에 따른 유아의 놀이실 행동. 연세대학교 대학원 석사학위논문

신화식, 김헌수(1995). **몬테소리 교육모형**. 양서원.

심성경 외(2004). **유아교육개론**. 창지사.

안경식(2005). **한국전통아동교육사상**. 학지사.

양옥승(2004). 보살핌의 텍스트로서의 유아교육과정의 이해. **유아교육연구**, 24(4), 247-262.

양옥승(2015). 한국 유아교육 정책의 변화와 전망. 한국유아교육학회 2015년 추계정기학술대회.

양옥승, 나은숙, 신은미, 조유나, 황혜경(2015). **유아교육개론**. 정민사.

양지현(2022). 영아-교사 간 상호작용에 따른 영아의 애착안정성 및 놀이성의 차이. 덕성여자대학교 교육대학원 석사학위논문.

여성가족부(2006). **보육사업 안내**. 여성가족부 보육정책국.

염지숙, 이명순, 조형숙(2018). **유아교사론**. 정민사.

오석(2005). 한국 유치원교육 정책의 변천과정 연구. 동해대학교 교육대학원 석사학위논문.

우남희(2004). 뇌발달과 아동의 인지발달. **생활과학연구**, 9, 158-168.

우수경, 정원주, 박숙희(2013). **영아발달**. 공동체.

유승희, 성용구(2011). **프로젝트 접근법**. 양서원.

유효순, 이원영(2007). **부모교육**. 한국방송통신대학교 출판부.

육아정책연구소(2022). 2021 영유아 주요 통계.

이경민, 강정원(2011). 런치 버디 프로그램이 유아의 식습관 및 또래 유능성에 미치는 효과. **유아교육학논집**, 15(6), 275-294.

이경민, 최윤정, 박순정 (2013). 예비유아교사를 위한 창의 · 인성교육프로그램 개발 및 적용. **어린이미디어연구**, 12(2), 73-96.

이경순(2003). 유아들의 쌓기 놀이에 관한 질적 연구. 서울여자대학교 대학원 박사학위논문.

이경화(2002). 4, 5세 유아의 창의적 능력과 창의적 성격. **교육심리연구**, 16(3), 147-160.

이경화, 김동춘, 김정원, 조화연, 전선옥, 이연규, 이문정(2009). **유아교육개론**. 양서원.

이경화, 유경훈(2014). **창의성: 사회(Society), 문화(Cultuer), 교육(Education)**. 동문사.

이경희, 이순옥, 이옥임, 이태영, 임미혜, 정정옥(2012). **유아교육개론(개정판)**. 교육아카데미.

이광우, 오은순(2012). 창의적 인재 교육을 위한 중등학교 교육과정에 대한 전문가 인식. **통합교육과정연구**, 6(1), 45-68.

이기숙(2000). **유아교육과정(개정판)**. 교문사.

이기숙, 김정원, 이현숙, 전선옥(2013). **영유아교육과정**. 공동체.

이기숙, 김정원, 이현숙, 전선옥(2014). **영유아교육과정**. 공동체.

이기숙, 김정원, 이현숙, 전선옥(2015). **영유아교육과정**. 공동체.

이기숙, 장영희, 정미라, 엄정애(2002). **유아교육개론**. 양서원.

이다혜(2020). 유아의 강점과 놀이성이 행복감에 미치는 영향. 부산대학교 교육대학원 석사학위논문.

이미경(2019). 유아의 신체활동 역량과 놀이성, 또래유능성 및 학습행동의 관계. 경기대학교 대학원 박사학위논문.

이사라, 이주연, 박민선, 송승민, 박선영(2013). **영아발달**. 파워북.

이순형, 이성옥, 이완정, 권혜진, 황혜신, 이혜승, 이영미, 정윤주, 성미영, 권기남(2009). **영유아 보육·교육 프로그램의 이해**. 학지사.

이영석(1997). **유아교육론**. 형설출판사.

이영자, 이기숙, 이정욱(1999). **유아교수·학습방법**. 창지사.

이용남(2002). **교육학과 교육: 교육학의 현황과 미래**. 교육과학사.

이은해, 정문자(1981). 취학 전 아동의 놀이실 행동과 어머니의 행동 태도. 연세대 어린이 생활지도 연구원 보고서, 104-118.

이은화, 이정환, 이경우, 이기숙, 홍용희, 박은혜, 김희진(2001). **유아교육개론**. 이화여자대학교 출판부.

이정림, 도남희, 오유정(2013). **영유아의 미디어 매체 노출실태 및 보호대책**. 육아정책연구소 연구보고 2013-15.

이정원, 이혜민(2014). **2014 보육정책의 성과와 과제**. 육아정책연구소.

이정주(2014). **스마트폰 중독 이기는 아날로그 교육**. 중앙위즈.

이정희(2020). 유아교사의 놀이성, 놀이교수효능감, 교수창의성, 교사-유아 상호작용 간의 구조적 관계. 인천대학교 대학원 박사학위논문.

이주연(2011). 유아교육용 스마트폰 앱에 대한 부모 인식조사: 유아의 행동패턴에 따른 부모 인식 조사를 중심으로. 경희대학교 경영대학원 석사학위논문.

이진희, 윤은주, 성소영, 이병호, 전홍주, 안지령(2010). **영유아 프로그램의 다양성과 역동성**. 아카데미프레스.

이형득(1989). **인간관계 훈련의 실제**. 중앙적성출판사.

임미혜(2000). **영유아 보육프로그램**. 동문사.

임미혜, 김영애, 신혜영, 장정애, 최윤희(2017). **유아교육과정**. 양성원.

임미혜, 최경애, 이혜원, 황윤세(2018). **유치원 및 어린이집 운영관리**. 공동체.

임부연, 김성숙, 송진영(2014). **유아교사론**.

임소연(2021). 유아의 인지적·사회적 놀이와 마음이론 및 공감능력간의 관계분석. 중앙대학교 대학원 석사학위논문.

임재택(1993). **현대교육과정**. 양서원.

장영희(1997). 유아를 위한 다문화 교육의 개념 및 교수방법에 대한 이론적 고찰. **연구논문집**, 35, 295-314.

장유경, 성지현(2011). 영아, 어머니, 가정의 사회경제적 특성이 24개월 영아의 표현어휘 습득에 미치는 상대적 영향. **한국심리학회지: 발달**, 24(2), 137-154.

장은영(2022). 어머니의 양육태도가 유아의 사회성발달에 미치는 영향에서 유아의 놀이성과 기질의 매개효과. 칼빈대학교 대학원 박사학위논문.
전남련 외(2012). **영유아놀이지도**. 신정.
전남련, 김기선, 성은숙, 이은임, 엄은옥(2011). **영유아 교수학습방법**. 신정.
전선옥(1997). 한국 유치원 교육과정의 변천과정. 이화여자대학교 대학원 박사학위논문.
전유진(2019). 유아 기질, 모 애착이 유아의 사회성에 미치는 영향에서 놀이성의 매개 효과. 숙명여자대학교 대학원 박사학위논문.
전은수(2017). 초등학교 무용수업을 위한 브레인스토밍 적용 방안 연구. 신라대학교 일반대학원 석사학위논문.
전현진(2017). 스캠퍼 기법과 ARCS 학습동기이론을 적용한 음악수업지도안 개발. 경희대학교 대학원 석사학위논문.
정갑순(2006). **개정 부모교육론**. 창지사.
정미라, 권정윤, 박수경(2011). 영유아 관련 뇌 기반 연구에 대한 고찰. **유아교육연구, 31**(2), 207-231.
정선희(1997). 다문화 교육에 관한 유아교사의 인식과 실태조사. 이화여자대학교 대학원 석사학위논문.
정옥분(2002). **아동발달의 이해**. 학지사.
정옥분, 정순화(2016). **부모교육**. 학지사.
정혜손(2008). 한국 국공립 유치원의 변천과정. 이화여자대학교 대학원 박사학위논문.
정희영, 이선복, 김성원, 윤선화, 김정희, 김선아, 방승미(2014). **유아발달**. 파워북.
조성자(2011). **몬테소리 교육철학의 이해와 실제**. 창지사.
조연순, 성진숙, 이혜주(2008). **창의성교육: 창의적 문제해결력 계발과 교육방법**. 이화여자대학교 출판부.
조혜진(2017). **유아교사의 정서역량: 교사인성교육의 첫걸음**.
중앙육아종합지원센터(2015). **존중받는 아이 함께 크는 부모(영아편)**.
지성애(2004). **유아놀이지도**. 정민사.
지옥정(1996). 프로젝트 접근법이 유아의 학습준비도, 사회정서 발달, 자아개념 및 프로젝트 수행에 미치는 효과. 한국교육대학교 대학원 박사학위논문.
지옥정(2002). **유아교육현장에서의 프로젝트 접근법**. 창지사.
지옥정, 김수영, 정정희, 고미애, 조혜진(2008). **유아교육개론**. 창지사.
지옥정, 김수영, 정정희, 고미애, 조혜진(2014). **유아교육개론**. 창지사.
최명선, 김지혜(2006). 유아의 성별에 따른 놀이성이 사회성 기술에 미치는 영향. **아동학회지, 27**(4), 103-116.
최은영, 김정원(2008). 유아 창의성 프로그램 관련 연구 분석. **육아지원연구, 3**(2), 51-74.
최현주, 최연철(2017). 창의성요소와 인성요소의 유기적 결합을 위한 탐색. **학습자중심교과교육연구, 17**(12), 1-25.
한국산업인력공단(2016). **의사소통능력 학습자용 워크북**.
한국어사전(2021). 놀이성. https://dic.daum.net. 2021.11.02.
한국청소년상담원(1993). **자녀의 힘을 북돋우는 부모**.

한국청소년상담원(1994). 바른 행동의 길 다지기.

한국청소년상담원(1994). 자녀의 힘을 북돋우는 대화

한국청소년상담원(1995). 생활의 기틀 세우기.

한국청소년상담원(1995). 어울려 사는 지혜 기르기.

한국청소년상담원(2005). 자녀와 함께 성장하는 부모.

한미라. 전예화, 신혜영, 서현아, 천희영, 최미현, 안부금(2002). **현대 유아교육의 이해.** 양서원.

한순미, 김선, 박숙희, 이경화, 성은현(2005). **창의성: 사람 환경 전략.** 학지사.

한은영(2016). 창의적 사고기법을 활용한 창작무용 학습지도안 개발 연구: 브레인스토밍, 스캠퍼, 마인드맵을 기반으로. 성균관대학교 일반대학원 석사학위논문.

한정수(2020). 스캠퍼(SCAMPER) 기법을 활용한 초등학교 5학년 창의적 음악 수업 지도방안: 뮤지컬 〈위키드〉를 중심으로. 서울교육대학교 교육전문대학원 석사학위논문.

홍대식(2011). **성공적 인간관계.** 박영사.

홍지연(2002). **영유아교육 프로그램.** 창지사.

황해익, 서정현, 송연숙, 이경화, 최혜진, 정혜영, 김남희, 이혜은, 손유진, 박순호, 손원경, 남미경, 김인순, 고은미, 유수경(2016). **유아교육개론(제3판).** 공동체.

황현주(1991). 유아교육기관의 질과 유아의 사회적 행동-종일제 유아교육기관을 중심으로. 이화여자대학교 대학원 석사학위논문.

Amabile, T. M.(1983). *The Social Psychology of Creativity*. New York: Springer-Verlag.

Amabile, T. M.(1988). A model of creativity and innovation in organizations. Research in organizational behavior, 10(1), 123-167.

Anderson, B.(1989). Effect of public day care: A longitudinal study. *Child Development*, 60, 857-866.

Barnett, L. A.(1991). The Playful Child: Measurement of a Disposition to Play. Play & Culture, 4(6), 51-74.

Berkowitz, M. W., & Puka, B.(2009). Dissent and character education. In M. Gordon (Ed.), Reclaiming dissent: Civic education for the 21st century (pp.107-130). Amsterdam: Sense Publishers.

Blackmore, S. J., & Frith, U.(2005). The learning brain: Lessons for education. *Developmental science, 8*(6), 459-471.

Bruner, J. S.(1972). The nature and uses of immaturity. *American Psychologist, 27*, 687-708.

Bruner, J. S.(1983). In search of mind: Essays in autobiography. New York: Harper & Row.

Carter, R.(1999). *Mapping the mind.* CA: University of California Press.

Christopher Day James Calderhead and Pam Denicolo(2014). Research on Teacher Thinking: Understandng Professional Development

Coie, J. D.(1990). 13 Toward a Theory of Peer Rejection. Peer Rejection In Childhood. NY: Viking

Press.

Crain, W.(2000). *Theories of development: Concepts and applications(4th Ed.)* Upper Saddle River, NJ: Prentice Hall.

Csikszentmihalyi, M.(1989). Society, cultule, and person: A systems view of creativity, The nature of cerativity. Cambridge University.

Csikszentmihalyi, M.(1996). *Creativity: Flow and the psychology of discovery and invention*. New York: Harper Collins.

Csikszentmihalyi, M.(2014). Society, culture, and person: A systems view of creativity. In M. Csikszentmihalyi (Ed.), *The Systems Model of Creativity* (pp. 47-61). Dordrecht: Springer.

De Bono, E.(1985). *Edward De Bono's Masterthinker's Handbook: A Guide to Innovative Thingking. Intl.*. Center for Creative Thinking.

De Bono, Edward(1985). Six thinking hats, 정대서(2001). 생각이 솔솔 여섯 색깔 모자. 한언.

Derman-Sparks, L., & ABC Task Force.(1989). *Anti-bias curriculum: Tools for empowering young children*. Washington, DC: NAEYC

Derman-Sparks, L., Higa, C. T., & Sparks, B.(1980). Children, race and racism: How race awareness develops. *Interracial Books for Children Bulletin, 11*, 3-9.

Dewey, J.(2008). 민주주의와 교육*[Democracy and education: An introduction to the philosophy of education].*(이홍우 역). 교육 과학사(원전은 1916년에 출판).

Dinkmeyer, D., & Makay, G. D.(1976). *Systematic Training for Effective Parentin: Leader's manual.* Cirde Pines, Minnesota: American Guidance Sevice.

Dreikurs, R.(1958). *The challenge of parenthood,* New York: Hawthorn BooksIns.

Edwards, C., Gandini, L., & Forman, G.(Eds.).(1996). 어린이들의 수많은 언어 레지오 에밀리아의 유아교육 *[The hundred languages of children: The reggio emilia approach to early childhood education].*(김희진, 오문자 역). 서울: 정민사.(원전은 1993년에 출판)

Erikson, E. H.(1972). Play and Civilzation. In J. S. Bruner, A. Joly, & K. Sylva (Eds.). *Play: It's role in development and evolution*. New York: Basic Books.

Fagot, B. I., & O'Brien, M.(1994). Activity level in young children: Cross-age stability, situational influences, correlates with temperament, and the perception of problem behaviors. *Merrill-Palmer Quarterly, 40*(3), 378-398.

Field, T.(1980). Preschool Play: Effect of teacher, child ratio and organization of classroom space. *Child Study Journal*, 10, 191-205.

Freud, S.(1961). The resistances to psycho-analysis. *In The Standard Edition of the Complete Psychological Works of Sigmund Freud, Volume XIX (1923-1925): The Ego and the Id and other works* (pp. 211-224).

Furman, R. A.(Ed.).(1995). *Preschoolers: questions and answers: Psychoanalytic consultation with parents, teachers, and caregivers*. Madison, WI: International Press.

Gardner, H.(1993). Multiple intelligences: *The theory of multiple intelligence*. New York: Basic Books.

Gardner, H.(2006). 다중지능*[Multiple intelligences]*.(문용린, 유경재 역). 웅진지식하우스(원전은 1993년에 출판).

Garvey, C.(1977). *Play*. Cambridge, CM: Harvard University Press.

GEORGE S. MORRISON(2005). 『Fundamentals of Early Childhood Education』

Ginott, H. G.(1965). *Between Parent and Child*. New York: Macmillan.

Goetz, E. T., Alexandor, P. A., & Ash, M. J.(1992). *Educational psychology: A classroom perspective*. New York: Merrill.

Goldstein, L. S.(2001). 사랑으로 가르치기: 유아교육에 대한 페미니스트 접근 *[Teaching with love: A feminist approach to early childhood education]*. (염지숙 역). 창지사(원전은 1997년에 출판),

Goodman, M.(1952). *Race awareness in young children*. Cambridge, MA: Addison-Wesley

Gordon, T.(1975). P.E.T *The Tested New Way to Raise Responsible Children*, N. Y. & Scarborough Ontario: A Plume Book.

Gordon, T.(1975). *Parent effectiveness training*. New York: Academic Press.

Grossmann, W.(1994). *Kindergarten, 2. Auflage weinheim and basel:* Beltz Verlag, 148-158.

Guilford, J. P.(1967). *The nature of human intelligence*. NY: McGraw-Hill.
http://www.mindmapart.com/how-to-focus-mind-map-jane-genovese/

Guilford, J. P.(1971). Some Misconceptions Regarding Measurement of Creative Talents. *Journal of Creative Behavior, 5*(2), 77-87.

Hall, N. S. & Rhomberg, V.(1995). *Teaching the anti0 bias approach to young children*. Nelson: Canada. International Thomson Pub.

Hannaford, C.(1995). *Smart moves*. Virginia: Great Ocean Publisher.

Helm, J. H., & Katz, L. G.(2001). *Young investigators: The project approach in the early years*. New York: Teachers College Press.(ERIC Document No. ED448856)

Howes, C.(1997). Teacher sensitivity, children's attachment and play with peer. *Early Education and Development, 8*(1), 41-49.

Howes, C., & Clement, D.(1994). Adults socilization of children's play in child care. In H. Goldman(Ed.), *Play and child care*(pp. 20-36). Albany, NY: SUNY Press.

Howes, C., & Smith, E. W.(1995). Relations among child care quality, teacher behavior, children's play activities, emotional security, and congnitive activity in child care. *Early Childhood Reserch Quarterty, 10*, 381-404.

Hyson, M. C.(1994). *The emotional development of young children: Building an emotion-centered curriculum*. New York: Teachers College Press.

Isaksen, S. G., & DeSchyver. J.(2000). Making a difference with CPS: A summary of the evidence.

In S. G. Isaksen(Ed.), *Facilitative leadership: Making d difference with Creative Problem Solving.*(pp. 187-248). Dubuque, IA: Kendall Hunt.

Jarolimek, John.(1986). *Social Studies in Elementary Education*, 7th edition. New York: Macmillan.

Jenson, E.(1998). *Teaching with the brain in mind.* Virginia: ASCD.

Joffe, L. S., & Vaughn, B. E.(1982). Infant-mother attachment: Theory, assessment, and implications for development. B. Wolman (Ed.), *Handbook of developmental psychology*, Prentice-Hall, Englewood Cliffs, NJ.

Johnson, J. E., Ershler, J., & Bell, C.(1980). Play Behavior in Discovery-Based and a Formal Education Preschool Program. *Child Development, 51*, 271-274.

Johnson, J., Christie, J. & Yawkey, T.(1999). *Play and Early Childhood Development.* New York: Longman.

Jones, E., & Derman-Sparks, L.(1992). Meeting the challenge of diversity. *Young Children, 47*(2), 13.

Katz, L. G., & Chard, S. C.(1989). *Engaging Children's Minds: The Project Approach.* NY: Ablex.

Katz, L. G., & Chard, S. C.(2000). The Project Approach. In J. L. Roopnarine, & J. E. Johnson(Eds.), *Approaches to early childhood education* (3rd) (pp. 175-189). NY: Macmillan Publishing Company.

Katz, L. G., & McClellan, D. E.(2003). 어린이들의 사회적 능력 배양: 교사의 역할 [*Fostering children's social competence: The teacher's role*]. (홍용희 역). 양서원(원전은 1997년에 출판).

Kendall, F, E.(1996). *Diversity in the classroom: New approaches to the education of young children.* 2th. N. Y: Teachers College Press.

Kilpatrick, W. H.(1918). The project method. *Teachers College Record, 19,* 319-335.

Kuhl, P. K.(2011). Early language learning and literacy: Neuroscience implications for education. *Mind, Brain, and Education, 5*(3), 128-142.

Levin, D. E.(1998). *Remote control childhood?: Combating the hazards of media culture.* NW, Washington, D. C. : NAEYC.

Lieberman, J. N.(1977). *Playfulness: It`s Relationship to Imagination and Creativity.* New York: Academic Press.

Lillard, P. P.(1972). *Montessori today: A modern approach.* New York. Schocken Books.

Lillard, P. P.(1996). *Montessori today: A comprehensive approach to education from birth to adulthood.* New York: Schocken Books.

Lubart, T. I.(1994). Creativity. In R. J. Sternberg(Ed), *Thinking and problem solving*(pp. 289-332). San Diego: Academic Press.

MaCarthy, M. A., & Houston, J. P.(1980). *Fundamentals of early childhood education.* Winthrop Publisher.

Maclean, P. D.(1990). *The triune brain in evolution: role in paleocerebral functions*. NY: Plenum Press.

Marquet, P.(2001). The role of sleep in learning and memory. *Science, 294*(5544), 1048-1052.

Mayer, J. D., & Salovey, P.(1997). *What is the emotional intelligence?* In P. Salovey & D. J. Sluyter (Eds.), *Emotonal development and emotonal intelligence: Educational implications* (pp. 3-31). New York: Basic Books.

McLoyd, V. C.(1980). Modes of transformation in the pretend play of black, low-income children. *Child Development, 51*, 1133- 1139.

Mindess.(1977). Social-Emotional Difficulties: The Dark Side of Learning Disabilitie s. of Minnesota Press. of Young Isolate, Normal, and Sociable Children. In K. H. Rubin, & ent New York: Wiley.

Montessori, M.(1949). *The absorbed mind* (C. A. Claremont trans.). New York: Henry Holt and Company, 1967.

Morrison, G. S.(1998). *Early childhood education today* (7th ed). New York: Macmillan.

NAEYC(1991). Guidelines for appropriate curriculum content and assessment in program serving children age 3 through 8. *Young Children, 46*(2), 21-67.

New, R. S.(2000). *Reggio Emilia: An approach or an attitude?, Approaches to early childhood education.* Roopnarine, J. L. & Johnson, J. E., Merrill Prentice-HALL.

O'Connell, B., & Bretherton, I.(1984). Toddlers play alone and with mother: The role of maternal guidance. In I. Brethertion (Ed.), *Symbolic Play.* Orlando, FL: Academic Press.

Osborn, A. F.(1953). *Applied Imagination.* New York: Charles Scribner's Sons.

Osborn, A. F.(1963). *Applied imagination Psychology: principles and procedures of creative problem solving*. NY: Charles Scribner.

Parten, M. B.(1932). Social participation among pre-school children. *The Journal of Abnormal and Social Psychology, 27*(3), 243-269.

Peters, D. L., & Klinzing(1990). The content of early childhood teacher education programs. In B. Spodek & O, Saracho (eds.). *Yearbook in early childhood education. Vol. 1* (pp. 67-81). New York : Teacher College Press.

Piaget, J.(1932/1965). *Moral judgment of the children* (M. Gabain. Trans.). NY: Free Press.

Piaget, J.(1954). *The construction of reality in the child*. New York: Basic Books.

Piaget, J.(1962). *Play, Dreams and Imitation in Childhood.* NY: Norton. Psychology, 14; Socialization, Personality, and Social Development.

Plucker, J. A., & Beghetto, R. A.(2004). Why creativity is domain general, why it looks domain specific, and why the distinction doesn's matter. In R. J. Stemberg, E. L. Grigorento, & J. L. Singer(Eds.), *Creativity: From potential to realization*(pp. 153-167). Washington, D.C:

American Psychological Association.

Ramsey, P. G.(1987). Teaching and learning in a diverse world: Multicultural education for young children. teachers college Press. N. Y: Columbia University. Research in review. *Young children, 50*(6), 18-22.

Rhodes, M.(1961). An analysis of Creativity. *Phi Delta Kappan, 42*, 305-310.

Richardson, A. J., & Montgomery, P.(2005). The Oxford-Durham study: A randomized controlled trial of dietary supplementation with fatty acids in children with developmental co-cordination disorder. *Pediatrics, 115*(5), 1360-1366.

Robertson, R.(1992). *Globalization; Social theory and global culture*. London: Sage Publication.

Rousseau(1762). 에밀(안인희 역, 1999). 양서원.

Rubin, Z.(1997). 어린이들의 우정 *[Children's friendships]*. (곽덕영 역). 서울: 학문사. (원전은 1980년에 출판)

Shaffer, D. R.(2005). 발달심리학 *[Development psychology]*. (송길연, 장유경, 이지연, 정윤정 역). 시그마프레스(원전은 2002년에 출판).

Shore, R.(2001). 유아의 두뇌발달 *[Rethinking the brain]*. (곽노의, 김유미 역). 양서원(원전은 1997년에 출판).

Singer, D. G., & Singer, J. L.(1979). *Television viewing, family style and aggressive behavior*. Washington, D. C. : Yale Univ., New Haven, CT.

Skinner, B. F.(1938). *The hehavior of organisms*. New York: Appleton- Century.

Smilansky, S.(1968). The effects of Social Dramatic Play on Disadvantaged Preschool Children. *Child Development, 29*, 339-361.

Smilansky, S.(1968). *The Effects of Sociodramatic Play on Disadvantaged Preschool Children.* New York, NY: John Wiley & Sons.

Smith, P. K., & Vollstedt, R.(1985). On defining play: An empirical study of the relationship between play and various play criteria. *Child Development, 56*(4), 1042-1050.

Spodek, B.(1991). Early childhood curriculum and cultural definition of knowledge. In B. Spodek, & P. N. Saracho(Eds.). *Issues in early childhood curriculum.* New York: Teachers College Press.

Sternberg, R. J., & Lubart, T. I.(1999). The concept of creativity: Prospects and paradigms. *Handbook of creativity, 1*, 3-15.

Sylva, K., Bruner, J. S., & Genova, P.(1976). The role of play in the problemsolving of children 3-5 years old. In J. S. Bruner, A. Jolly, & Sylva, K.(Eds.), *Play: Its role in development and evolution* (pp.244-261). New York: Basic Books.

Tizard, B., Philips, J., & Plewis, I.(1976). Play in pre-school centres: I. Play measures and their relation to age, sex and I.Q. *Child Psychology & Psychiatry & Allied Disciplines, 17*(4),

251-264.

Torrance, E. P.(1962). *Guiding creative talent*. Englewood Cliffs, NJ: Prentice-Hall.

Torrance, E. P.(1995). *Why fly? Cresskill.* NJ: Hampton Press.

Trepanier-Street. M.(1993). What's so new about the project approach? *Childhood Education, 70*(2), 25-28.

Twardosz, S.(2012). Effects of experience on the brain: The role of Neuroscience in early development and education. *Early Education and Development, 23*(1), 96-119.

Urban, K. K.(1995). *Creativity: A componeetial approach. Post conference China meeting of the I 1th world conference on gifted and talented children*. Beijing, China. August 5-8.

Wilkinson, R.(1996). *The spiritual basis of Steiner education.* London: Steiner Press.

Wolf, P., & Brandt, R.(1998). What do we know from brain research? *Educational Leadership, 56*(3), 8-13.

Woodman, R., & Schoenfeld, L. F.(1990). An inter-actionist model of creative behavior. *Journal of Creative Behavior, 24*, 279-280.

Zuckerman, D. M., Singer, D. G., & Singer, J. L.(1980). Television viewing, children's reading, and related classroom behavior. *Journal of Communication, 30*(1), 166-174.

http://www.usnews.co.kr/news/articleView.

교육과학기술부 http://www.moe.go.kr

한국보육진흥원 www.kpci.or.kr.

한국정보화진흥원 〈스마트쉼센터〉 http://www.iapc.or.kr

찾아보기

[인명]

[내용]

ㄱ

ㄴ

ㄷ

ㄹ

ㅁ

ㅂ

ㅅ

ㅇ

ㅈ

ㅊ

ㅌ

저 / 자 / 소 / 개

▪ **김이영**

계명대학교 대학원 심리학박사(임상 및 상담심리 전공)
현, 수성대학교 유아교육과 교수
〈논문 및 저서〉 영유아발달, 정신건강론, 교육심리학 외 다수

▪ **김은나**

경북대학교 대학원 아동가족학 박사(아동학 전공)
현, 수성대학교 유아교육과 교수
〈논문 및 저서〉 예비유아교사 대상 세계시민교육 모형개발 및 적용 외 다수

▪ **박경희**

계명대학교 대학원 교육학박사(유아교육 전공)
현, 계명문화대학교 유아교육과 교수
〈논문 및 저서〉 친사회성 증진 버디프로그램 연구, 부모의 사랑, 자녀의 행복 외 다수

▪ **오성숙**

대구대학교 대학원 교육학박사
현, 부산과학기술대학교 유아교육과 교수
〈논문 및 저서〉 유아생활지도 및 상담, 유아언어교육 외 다수

▪ **이영미**

이화여자대학교 대학원 문학박사(유아교육과정 전공)
현, 제주한라대학교 유아교육과 교수
〈논문 및 저서〉 역할놀이 활성화 프로그램 개발 외 다수

▪ **임미혜**

서울여자대학교 대학원 문학박사(유아교육 전공)
현, 호서대학교 유아교육과 교수
〈논문 및 저서〉 아동건강교육, 유아교육과정 외 다수

유아교육개론

1판 1쇄 인쇄 — 2023년 2월 14일
1판 1쇄 발행 — 2023년 2월 17일

저　　자 - 김이영 김은나 박경희 오성숙 이영미 임미혜
발 행 인 - 강철원
발 행 처 - 양성원
주　　소 - 경기도 파주시 검산로 173번길 29-12
전　　화 - 031-946-3861(代)
팩　　스 - 031-946-3864
이 메 일 - tnwpub@naver.com
홈페이지 - tnwpub.co.kr
출판등록 - 2015년 8월 31일 제 2015-000211 호

ISBN 979-11-6126-492-9

정가 22,000원